WIEN

일러두기
1. 외국어 표기는 외래어표기법에 따랐으며, 표기법과 다르게 표기된 외래어는 관용을 따랐다.
2. 여러 곡이나 악장을 모은 악곡명 및 장편소설, 희곡, 시집 등을 포함한 단행본은 『　』로 표기했다.
3. 악곡의 부제, 단악장으로 이루어진 곡, 노래 제목, 그림 및 조각명, 영화 제목은 「　」로 표기했다.
4. 논문, 중단편소설, 시, 잡지, 단행본 속의 소제목, 기타 독립된 짧은 글의 제목 역시 「　」로 표기했다.

풍월당 문화 예술 여행 04
WIEN

빈

세기말의 인간 정신이 한꺼번에 폭발했던
아직도 식지 않은 문화의 용광로

박종호

PUNG WOL DANG

풍월당 문화 예술 여행 시리즈를 펴내며

이제 유럽 여행은 우리에게도 흔한 일이 되었다. 그런데 간혹 유럽까지 가서 여전히 이름난 장소에서 사진을 찍고 명품 숍만 기웃거리는 사람들을 볼 때면 안타깝기 짝이 없다. 유럽은 모두가 알고 있듯이 문화와 예술이 가장 발달한 보고寶庫다. 그런 만큼 유럽 여행의 정수는 문화의 뿌리를 알고 예술을 누려 보는 데 있다고 생각한다. 그것은 행위 자체로 더할 나위 없는 즐거움이기도 하며, 그런 여행은 여행에서 돌아온 뒤의 생활을 보다 풍요롭고 가치 있게 바꾸어 줄 수 있다.

국내에 많은 여행안내서가 나와 있지만, 대부분 일회적 감상 위주거나 반대로 단순 가이드북 수준이다. 간혹 전문 예술 분야 안내서가 있긴 하지만 미술이나 건축 아니면 음식 같은 특정 분야에 한정되어 있는 것이 대부분이다. 하지만 도시에서 미술 작품만 감상하거나 음식만 먹으며 다닐 수는 없다. 우리는 유서 깊은 문화를 담고 있는 장소나 카페 그리고 현지에서의 수준 높은 공연도 원한다.

이 책은 그런 문화와 예술에 관한 본격 여행 안내서다. 이것은 문화와 예술을 찾아서 한 시기에 유럽을 편력했고 지금도 그러고 있는 저자가 두 발로 쓴 책이다. 이 책이 여행에 대한 범위와 깊이를 더해 주기를 소망하면서 세상에 내놓는다.

차례

풍월당 문화 예술 여행 시리즈를 펴내며   5

빈이라는 도시
내가 처음 만난 빈   19
중부 유럽의 오래된 수도   22
로마의 북방 한계, 유럽의 동방 한계   24
큰 제국의 수도에서 작은 공화국의 수도로   26
편안하지 않기에 최고가 유지되는 도시   28
링 슈트라세, 세기말 빈의 상징이 된 길   29

케른트너 슈트라세 부근
케른트너 슈트라세   35
빈 국립 오페라극장   36
인물 구스타프 말러   44
카페 카페 게르스트너   46
카페 카페 자허   47
호텔 자허   47
소설 『제3의 사나이』   50
영화 「제3의 사나이」   51
음악의 집   52

다 카포 클라시크	52
EMI	53
J. & L. 로브마이어	53
아메리칸 바 혹은 로스 아메리칸 바	54
슈테판 대성당	55
하스 하우스	57
하스 운트 하스	58
인물 한스 홀라인	59
후버 운트 레너	60
카페 클라이네스 카페	61

그라벤 및 콜마르크트 부근

그라벤	63
앙커 하우스	66
알트만 운트 퀴네	66
크니체	67
페스트조일레	68
성 페터 성당	68
율리우스 마이늘	70
콜마르크트	73
카페 데멜	73
포르투아 운트 픽스	76
에피소드 자허 토르테 사건 : 자허 대 데멜 사건	77
만츠	78
미하엘 광장	79
로스하우스	82

인물 아돌프 로스	84
로덴 플랑클	86
빌마이어	86
`카페` 카페 첸트랄	86
빈 카페의 특징	88
인물 아르투르 슈니츨러	92
희곡 『라이겐』	94

슈테판 성당 북쪽 지역

암 호프 광장	99
암 호프 교회	99
파크 하얏트 호텔	101
`카페` 카페 암 호프	101
오스트리아 은행 쿤스트포룸	102
홀로코스트 기념비	102
유대인 박물관	104
`카페` 카페 코르브	105
앙커 시계	106
모차르트하우스	108
`카페` 카페 알트 빈	109
`카페` 카페 디글라스	109
`식당` 그리헨바이슬	110

알베르티나 부근 및 호프부르크 궁전

`카페` 카페 모차르트	115
알베르티나	116

	극장 박물관	119
	도로테움	121
	빈 공방	123
	호른스	124
카페	카페 브로이니호프	124
	아우가르텐 도자기	125
	무지크하우스 도블링거	126
카페	카페 하벨카	126
	빈 커피의 역사	128
	빈 커피의 종류	129
	황실 납골당	133
	호프부르크 궁전	134
	오스트리아 국립 도서관	135
	호프부르크카펠레, 궁정 교회	137
	스페인 승마 학교	137
	시시 박물관	138
	폭스가르텐과 부르크가르텐	138

무제움스 콰르티어 부근

마리아 테레지아 광장		141
미술사 박물관		141
영화「뮤지엄 아워스」		146
자연사 박물관		147
무제움스 콰르티어		147
레오폴트 미술관		151
인물 루돌프 레오폴트		154

인물 에곤 실레		156
무목		159
탄츠콰르티어		160
발터 쾨니히 서점		160
빈 폭스 오페라극장		161

시청 부근

	빈 시청	165
식당	라트하우스켈러	167
	부르크 극장	167
카페	카페 란트만	169
	인물 펠릭스 잘텐	170
	리히텐슈타인 도시 궁전	171
	국회의사당	173
	대법원	176
	빈 대학교	176
	빈 대학 도서관	178
	요제프슈타트 극장	179
	베토벤 파스콸라티하우스	180
	지그문트 프로이트 박물관	180
	인물 지그문트 프로이트	182
	소설 『담배 가게 소년』	184
	포티프 교회, 봉헌 교회	186
	슈베르트 생가	188
	요한 슈트라우스 일가 박물관	190
	문화센터 부크	190

| 인물 프란츠 슈베르트 | 192 |

슈타트파크 부근

브리스톨 호텔	195
그랜드 호텔	197
호텔 임페리얼	197
카페 카페 임페리얼	199
카페 카페 슈바르첸베르크	199
아카데미 극장	200
콘체르트하우스	201
인물 엘프리데 옐리네크	204
소설 『피아노 치는 여자』	205
아르놀트 쇤베르크 센터	206
인물 아르놀트 쇤베르크	208
빈 시립 공원	211
응용 예술 박물관	212
카페 카페 프뤼켈	214
오스트리아 우편저축은행	216
인물 오토 바그너	218
연방정부 청사	220
빈 음악 대학교	221
비트겐슈타인 하우스	222
요한 슈트라우스 박물관	224
인물 요한 슈트라우스 2세	226

카를 광장 및 나슈마르크트 부근

`카페` 카페 무제움	231
빈 미술 아카데미	233
빈 분리파	234
제체시온	236
베토벤 프리즈	238
카를 광장	243
카를스플라츠 도시철도 역, 오토 바그너 파빌리온	245
브람스 기념상	246
빈 박물관	247
카를 교회	248
무지크페라인	249
빈 필하모닉 오케스트라	251
뵈젠도르퍼 피아노	253
`카페` 카페 슈페를	254
나슈마르크트	257
안 데어 빈 극장	257
`카페` 카페 드레흐슬러	260
빈차일렌호이저	260
슈베르트 최후의 집	262
포노 박물관	262
하이든하우스	262

벨베데레 부근

벨베데레 궁전, 오스트리아 국립 미술관	265
`인물` 구스타프 클림트	270

영화 「우먼 인 골드」	272
하우스 21	273
군사 역사 박물관	274
훈데르트바서하우스	277
쿤스트하우스	280
인물 프리덴스라이히 훈데르트바서	282
빈 중앙묘지	284
카를 보로메오 교회	289
중앙묘지 장례 박물관	289
이름 없는 자의 묘지	289

빈 외곽 지역

빌라 바그너 I, 에른스트 푹스 박물관	295
빌라 바그너 II	296
오토 바그너 병원	297
슈타인호프 교회	299
쇤브룬 궁전	301
카페 카페 돔마이어	304
보트루바 교회	304
히칭역	305
빈 슈타트반	306
슈타트반의 역사驛舍들	308
아우가르텐	309
빈 소년 합창단	309
아우가르텐 도자기 공장	311
티센보르네미사 아우가르텐 미술관	312

프라터	312
그린칭 묘지	314
슈피텔라우 쓰레기 소각장	315
하일리겐슈타트 유서의 집	316
베토벤 산책로	317
베토벤의 에로이카 하우스	318
인물 루드비히 반 베토벤	320

빈의 주변 도시

바덴

바덴	325
베토벤 하우스	326
카페 카페 첸트랄	327
롤레트 박물관	327
아르눌프 라이너 박물관	328
인물 아르눌프 라이너	329
카지노 바덴	330
바덴 시립 극장	330

마이얼링

마이얼링	331
에피소드 마이얼링 사건	334
성 요제프 카르멜파 수도원 교회	336
하일리겐크로이츠 묘지	336
하일리겐크로이츠 수도원	336

아이젠슈타트

아이젠슈타트	338
에스테르하치 궁전	339
리스트 기념상	341
베르크 교회	342
하이든 영묘	342
하이든 하우스	344
인물 요제프 하이든	346
장크트 마르가레텐	348
뫼르비슈	348

툴른

툴른 안 데어 도나우	350
에곤 실레 박물관	351
마르쿠스 아우렐리우스 기념상	352
니벨룽의 분수	354

부록

빈의 호텔	356
빈의 카페 및 식당	367
가는 방법	379
빈 추천 투어 코스	382

빈이라는 도시

내가 처음 만난 빈

처음 빈에 갔을 때는 유로화가 통용되기 전이었다. 유럽의 모든 나라들이 자국 화폐를 가지고 있어서, 국경을 통과할 때마다 환전을 해야 하는 번거로움이 따랐던 시절이다. 독일에서의 일정이 촉박해서 오스트리아 화폐를 준비하지 못한 채로 빈행 기차에 올랐다. 빈에 내려서 거리를 걷다가 현금 인출기와 맞닥뜨렸다. 오스트리아 돈을 약간 찾았다. 그런데 생각 없이 받아든 지폐에 그려진 노인이 눈에 익었다. 지그문트 프로이트였다. 정신의학을 공부할 때가 떠올랐다. 매일 그의 글들을 뒤적이던 날들. 프로이트는 오스트리아 사람이며 빈에 살았다. 나는 빈에 오면서 음악이며 미술 같은 것에만 정신이 팔려서 그에 대한 생각을 까맣게 잊고 있었는데, 빈에 도착하자마자 길에서 그의 얼굴이 나를 맞이한 것이다.

50실링짜리 화폐에 그려진 흐트러짐 없는 노인은 빈에서 음악이나 듣고 미술이나 보며 지낼 뻔했던 나를 조용히 꾸짖었다. 정신이 번쩍 들었다. 그렇다. 이곳은 오락과 여흥의 도시였을 뿐만 아니라, 실로 많은 철학자와 정신분석학자와 심리학자와 과학자들이 탄생한 곳이기도 하다. 그날로 나는 마음과 몸을 추슬러서 빈을 보다 진지하게 바라보기 시작했다.

그해 겨울은 유달리 추웠으며 눈도 내렸다. 하지만 추위보다도 견딜 수 없는 것은 내내 음침한 잿빛 날씨였다. 오후 두 시만 지나면 하늘은 어두워지기 시작했다. 야외 활동이 힘들다는 점은 여행자에게는 치명적인 방해 요소였다. 보통 새로운 도시에 닿으면 설렘과 흥분으로 가득 차서 가방을 숙소에 던지고 바로 밖으로 튀어나가곤 했는데, 그날은 눈이 펑펑 쏟아지는 창밖을 내다보면서 도무지 밖으로 나갈 생각을 하지 못했다.

그렇게 방에서만 보낸 첫날이 지나고 다음날이 밝았다. 여전히 눈이 내렸고, 하늘은 무겁게 내려앉아 있었다. 그렇다고 여기까지 와서 호텔에만 머물 수는 없는 노릇이었다. 그래서 나름대로 방 안에서 작전을 세웠다. 바로 카페였다.

그래, 카페다! 빈은 카페의 도시다. 어차피 그 카페들을 한 번씩은 가봐야 할 테니, 이런 날에 카페를 순례하는 것이다. 펑펑 내리는 눈송이들이 보이는 호텔 창가에 앉아서 지도를 펼쳤다. 그리고 유명한 미술관과 명소들을 표시해놓은 지도에 카페들을 하나씩 추가하기 시작했다. 그 점들을 이어 동선을 만들었다. 이 동선을 따라 길을 걷다가 추위나 눈 때문에 더 걷기 어려우면 지도에 표시된 다음 카페로 들어가는 것이다.

성공이었다. 걷다가 카페에 들어간다. 커피를 마시고 다시 걷고, 이번에는 미술관, 나와서 다시 카페, 커피가 지겨우면 홍차를 마시고, 배가 고프면 뭘 조금 먹는다. 빈의 카페에서는 거의 모든 식사가 가능하다. 카페에서 밥 먹고, 케이크 먹고, 커피 마시고, 다시 걷는다. 눈이 많이 내리면 카페에서 책을 읽고, 책을 읽다 보면 가 보고 싶은 새로운 행선지가 책 속에서 생겨난다(보통 나는 여행할 때는 그 도시에 관한 소설을 읽는다). 그렇게 나는 카페를 중심으로 빈의 거리를 계속 맴돌았다.

며칠이 지나자 눈이 그치고 새파란 하늘이 드러났다. 햇빛을 받아 빛나는 빈의 건물들은 완전히 새로운 아름다움과 경이로움을 안겨주었다. 하지만 나는 카페를 도는 패턴을 유지했다. 카페에서 만난 수많은 사람들, 직원, 손님, 책을 읽는 사람, 커피를 마시는 사람, 이야기를 나누는 사람, 글을 쓰는 사람, 그림을 그리는 사람… 카페에서 사람을 구경하는 게 그렇게 재미있을 수가 없었다. 카페마다 분위기도 조금씩 다르고 모이는 사람들도 약간씩 달랐다. 그들과 더불어 카페에서 책을 보고 글을 쓰면서, 커피를 마시고 케이크도 맛보고 밥도 먹으면서… 나는 그렇게 빈을 알아갔다.

이 패턴은 이후 다른 도시에 가서도 유지되었다. 명소만을 찾아다니지 않고, 카페를 그와 비슷한 비중으로 동선에 집어넣는 것이다. 그렇게 휴식과 영양 보충을 겸하면 지치지 않고 여행을 이어갈 수 있다.

카페들을 통해 만난 빈은 특별한 도시였다. 클림트와 실레가 주로 가던 카페 무제움에서는 화집을 보고, 카를 크라우스와 페터 알텐베르크가 다니던 카페 첸트랄에서는 세기말의 빈에 관한 책을 읽었다. 황제가 좋아했던 카페 데멜에서는 합스부르크가의 역사물을 읽고, 카페 자허에서는 그곳을 등장시킨 소설(그레이엄 그린의 『제3의 사나이』)을 읽었다. 프로이트가 거의 매일 들렀다던 카페 란트만에서는 『꿈의 해석』을 읽었으며, 카페 슈바르첸베르크에서는 빈 음악가들을 다룬 책을 읽었다. 이 카페들은 단순한 카페가 아니었다. 그 장소들은 지난 세기말을 향한 시간 여행이었다. 그 공간에서 오토 바그너가 빈의 설계를 구상했고, 아돌프 로스는 빈의 해체를 궁리했다. 카페에 앉은 브람스는 베토벤의 전통을 이으려고 했으며, 같은 카페에서 쇤베르크는 모차르트의 유산을 뒤엎으려는 혁명을 꿈꿨다.

나는 빈의 여러 곳을 좇아서 카페를 옮겨 다니며 유목민처럼 여행했다. 마치 보물지도를 가지고 정글을 헤매듯 과거의 흔적들을 찾아다니다 보면, 처음엔 의도하지 않았던 뜻밖의 보물을 만날 수 있었다. 나는 이를 통해 기존의 틀에서 벗어났다. 그리고 그 경험은 다시 새로운 장소로 나를 이끌었다.

역사적인 장소들 사이에 자리한 빈의 카페들…. 빈을 떠나온 지금, 빈을 떠올리면 가장 그리운 것은 미술관도 음악가의 집도 화려한 궁전도 멋진 극장도 아니다. 그것은 빈의 카페들이다. 빈의 카페들은 지금까지도 그 도시의 정신과 이야기를 이어가고 있는, 빈에서 가장 살아있는 장소다. 이 글을 쓰는 지금도 하벨카의 공기와 데멜의 커피가 그립다.

중부 유럽의 오래된 수도

우리가 종종 비엔나Vienna라고 부르는 도시의 본래 이름은 빈Wien이다. 한국에서 영어식 표현인 비엔나가 선호되는 데는 이유가 있다. '빈'은 한 글자라서 명사로 쓰기에는 까다롭기도 하고, 뜻도 헷갈릴 수 있다. '빈 사람'은 텅 빈 사람이 되고 '빈 사상'이라면 비어있는 사상이 되니 말이다. 그래서일까, 우리나라 국적 항공사에서는 빈을 취항할 때 처음부터 비엔나라고 표기했다. 분명히 빈이라는 말을 모르지 않았을 테지만, 업무상의 정확한 전달을 위해서였을 것이다. 하여튼 그렇게 되는 바람에 '빈'은 비엔나로 더 알려졌다.

하지만 비엔나보다는 빈이 더욱 정확한 말일 뿐 아니라, 앞으로 여기서 얘기할 여러 가지 이야기나 용어 때문에라도 빈이라는 말을 쓰기로 한다. 우리는 빈이라는 도시, '빈 도시'가 아니라 정말 '안이 꽉 찬 도시'를 탐색할 것이다.

잘 알고 있듯이 빈은 오스트리아의 수도다. 우리는 오스트리아라는 나라를 중부 유럽과 동부 유럽에 걸친 내륙의 작은 나라이자 영세중립

국 정도로 알고 있다. 실제로 오스트리아는 독일, 체코, 슬로바키아, 헝가리, 슬로베니아, 이탈리아, 스위스까지 무려 일곱 나라로 둘러싸인 내륙 국가다. 바다와는 무관하게 느껴지기도 한다.

하지만 오스트리아는 과거 유럽을 통치하던 대 군주국君主國으로, 지금의 중부 유럽과 동부 유럽을 망라하며 17개의 민족을 통치했던 무소불위의 대제국이었다. 그때부터 빈은 오스트리아의 수도였다. 이후 오스트리아는 한 번도 천도遷都한 적이 없으니, 빈은 약 750년 동안 이어진 오래된 수도다.

오스트리아의 인구는 약 850만 명 정도이고 빈의 인구는 180만이니, 대략 전 인구의 4분의 1이 빈에 살고 있는 셈이다. 실제로 빈은 오스트리아의 유일한 대도시. 정치, 경제, 문화 등 거의 모든 부분의 중심일 뿐만 아니라, 유럽에서도 경제와 문화의 중심에 속하는 핵심 도시 중 하나다. 이렇다 보니 오스트리아 사람을 '빈 사람'과 그 외의 '오스트리아 사람'으로 나눌 정도로 빈의 비중은 크다. 실제로 "오스트리아의"라는 표현보다는 "빈의Wiener"라는 표현을 훨씬 더 많이 접할 수 있다. '빈 사람', '빈 기질', '빈 언어', '빈 독일어', '빈 음식', '빈 카페'처럼 말이다. 음악에서도 '빈 음악', '빈 왈츠', '빈 악파'라고 부르며, 미술에도 '빈 분리파'가 있고, 문학에도 '빈 모더니즘'이라는 명칭이 있을 정도다.

로마의 북방 한계, 유럽의 동방 한계

이렇게 유서 깊은 도시인 빈은 상당히 오래전부터 사람이 살았던 것으로 알려져 있다. 그 기원은 석기시대까지 거슬러 올라간다. 지금의 빈이라는 공동체 지역이 형성된 시기는 고대 로마 시대다. 로마 제국이 기원전 15년에 제국의 북부 경계를 세울 때에 도나우강을 북방 한계로 삼았다. 그리고 이곳의 이름을 빈도보나Vindobona라고 지었는데, 이것이 빈이라는 이름의 유래가 되었다. 빈의 지리상 위치는 알프스 북쪽이지만, 이렇게 로마 황제 아래서 태어난 도시다 보니 빈에는 지금도 여러 분야에서 이탈리아적인 영향이 강하게 남아있다.

그러다가 800년대에는 로마가 물러가고, 마자르족을 거쳐 900년대에 들어서는 독일이 이곳을 지배했다. 그러다가 1273년부터 합스부르크 가문이 이곳을 통치하기 시작했다. 이후 15세기에 합스부르크 가문이 신성 로마 제국의 황제 가문으로 등극하면서 빈은 유럽의 중심 도시로 자리 잡았다.

요즘 '동유럽 며칠'이라는 식의 여행 패키지 상품에는 대부분 빈이 들어간다. 그만큼 빈은 우리나라 사람들의 동유럽 여행의 중심지다. 그렇다면 빈은 동유럽인가? 지리적으로는 그렇게 보기는 어렵지만, 빈은 많은 동유럽 국가들을 아우르는 중심 도시로 수백 년을 이어왔다. 그러니 '동유럽은 아니지만, 동유럽의 중심'이라는 아이러니한 표현을 쓸 수밖에 없겠다. 지난 약 5백 년간의 유럽의 지형도를 생각하면, 유럽의 수도라고 할 수 있는 곳은 역시 파리였고, 그 다음은 런던 정도일 것이다. 그리고 그 건너편 동쪽에서는 파리나 런던에 비해 훨씬 작은 빈이 오랫동안 수도 역할을 해왔다.

실제로 빈은 오래전에는 유럽의 동쪽 끝이었다. 빈을 경계로 그 동쪽에는 이전부터 훈족과 오스만 튀르크 등 이교도들이 자리했다. 그러므로 빈은 유럽 세계를, 다시 말하자면 기독교 세계를 지키는 동쪽의 보루이자 최전선이었다. 게다가 예로부터 빈은 동서와 남북을 이어주는 교통의 요지였다. 그렇다 보니 많은 물자와 문화가 유입되며 번성할 수 있었던 한편, 동방의 침략을 받기도 더 쉬웠다. 그래서 과거의 빈은 거대한 성곽 도시였다. 지금의 빈 구시가지는 요새와 같은 성벽과 해자로 둘러싸여 있었다. 1529년과 1683년에는 오스만 튀르크 군대가 대규모 공격을 감행했고, 빈은 매번 함락의 위기까지 갔으나 물리쳤다. 이때 터키 문화가 빈에 들어오면서 빈은 보다 국제적인 면모를 갖추게 되었다. 지금의 빈을 대표하는 커피도 당시에 튀르크 군대에 의해 전파된 것이다.

큰 제국의 수도에서 작은 공화국의 수도로

빈은 지속적으로 서유럽의 지지를 받았다. 빈이 무너지면 서유럽도 무너지고 기독교도 위기에 처할 것이었다. 그런 점에서 서유럽의 국가들은 빈과 오스트리아에 감사해야 했다. 하지만 정작 빈을 무너뜨린 세력은 동쪽이 아니라 서쪽에서 왔다. 이교도가 아니라 같은 기독교 국가인 프랑스였다. 나폴레옹은 두 번이나 빈을 점령했다. 하지만 나폴레옹의 시대는 얼마 가지 않았고, 유럽이 나폴레옹 전쟁의 상처를 수습하는 회의도 빈에서 이루어졌다. 그 유명한 '빈 회의'다.

19세기 말에 빈은 7백 년을 이어온 제국의 앞날을 바라보았고, 인구가 3백만이 넘을 미래를 대비해 새로운 도시계획을 세웠다. 그러나 제1차 세계대전(이하 '1차 대전')의 패배로 오스트리아 제국은 무너지고, 제국 내의 많은 나라들은 독립했다. 그때 오스트리아 제국으로부터 독립한 나라가 헝가리, 체코슬로바키아, 폴란드, 슬로베니아, 세르비아, 우크라이나 등이다. 그렇게 제국은 사라지고 지금처럼 작은 오스트리아만 남아서 공화국이 되었다. 겨우 백 년 전의 일이다.

이후 히틀러의 나치 독일이 1938년에 빈을 합병했고, 빈은 제2차 세계대전(이하 '2차 대전')에 휘말려 초토화되었다. 특히 1945년 3월 12일의 대공습을 비롯한 폭격으로 빈의 거의 모든 건물이 부서졌다. 독일이 패망한 뒤, 빈에는 미국, 영국, 프랑스 그리고 소련 4개국이 공동으로 진주했다. 이때 베를린이나 상하이처럼 도시가 분단 직전까지 가기도 했다. 이 군정은 1955년까지 이어졌다.

전후에 급속히 성장한 빈은 상당한 경제 발전을 이루었다. 인구는 도리어 과거보다 줄어서 현재 약 180만에 불과하지만, 유럽에서 다섯 번째로 시민 소득이 높은 도시다. 우리는 빈이라고 하면 먼저 문화 예술을 떠올리지만, 빈은 예로부터 엄청난 공업 도시다. 빈 공항에 착륙해서 시내로 들어가는 동안에도 주변의 공장 지대를 쉽게 볼 수 있다. 히틀러가 2차 대전을 일으킬 수 있었던 이면에는 독일뿐만 아니라 이미 병합한 오스트리아의 발달한 철강 공업 등이 독일군의 군수 물량을 충분히 지원할 수 있다고 계산했던 탓도 있었다.

20세기 말에 들어서는 소련이 몰락하고 동유럽이 개방되면서 자유주의의 물결이 넘치는 파도처럼 서유럽에서 동유럽으로 흘러들어가, 동유럽의 발전 속도는 이제 매우 가파르다. 그런 동유럽의 산업화에 투자하는 서유럽의 자금 규모는 대단하다. 이런 투자의 대부분이 스위스와 오스트리아의 금융회사들을 통해서 이루어지고 있으며, 그런 점에서 빈은 동유럽 투자의 전초기지로 각광받으면서 다시 유럽 금융의 중심이 되었다. 과거 수백 년 동안 동유럽을 다스린 제국의 수도였던 빈은 이제 동유럽 경제의 중심지가 되면서 다시 동유럽의 수도와 같은 위치로 부상하고 있다.

편안하지 않기에 최고가 유지되는 도시

하지만 여행자들에게 빈은 무엇보다 '문화와 예술의 도시'일 것이다. 굳이 더 이야기하지 않아도 빈은 가장 문화적이고 예술적인 도시 중 하나일 뿐 아니라, 아름답고 쾌적한 곳이기도 하다. 하지만 빈이 완벽한 도시는 아니다. 일단 물가가 비싸다. 모든 물가가 다 비싸지는 않지만, 문화적 비용은 상당하다(물론 절약한다면 잘 헤쳐갈 수도 있다).

또한 빈 사람들은 일반적으로 폐쇄적이고 권위적이다. 마치 선민의식에 젖은 것처럼, 그들은 아직도 과거의 양반 내지는 제국의 시민 같은 분위기가 느껴진다는 말들을 많이 듣는다. 그런 태도는 타 민족에 대한 불친절이나 차별 등으로 드러나기도 한다. 하지만 사람들이 다 그렇듯, 그들 역시 상대적이다. 우리가 그들을 대하기에 따라서 바뀔 수도 있다고 생각한다.

하여튼 빈은 마냥 편한 곳은 아니다. 편안하고 보편적이고 대중적이라는 단어보다는 개성적이고 특이하고 세련되고 잘난 곳이라는 말이 어울린다. 하지만 그렇기 때문에 빈에서만 접할 수 있는 높은 수준의 문화와 예술이 있다. 빈은 많은 분야에서 최고의 수준을 자랑한다. 최고는 쉽게 볼 수 없다. 누구나 쉽게 접할 수 있는 것 중에 최고란 없는 법이다. 그러니 빈에 가보지 않고 어찌 문화와 예술을 말하겠는가?

링 슈트라세, 세기말 빈의 상징이 된 길

빈은 동쪽의 튀르크족을 방어하기 위해서 중세 때부터 성벽과 해자垓子로 둘러싸인 요새 도시였다. 하지만 18세기에 들어서 전쟁 무기가 발달하면서 더 이상 성벽은 전쟁에서 효과적인 기능을 할 수 없게 되었다. 게다가 빈의 인구가 급속도로 늘어나서, 성벽 밖에도 시가지가 형성되었다. 좁은 성벽은 이제 방해물이 된 것이다.

결국 1857년에 시 당국은 성벽을 해체하기로 결정했다. 성벽과 해자가 있던 자리에는 넓은 대지가 드러났는데, 마치 반지처럼 구舊시가지를 에워싼 모양이었다. 그 자리를 따라서 반지처럼 둥글고 넓은 길이 빈을 둘러싸도록 계획되었는데, 이것을 링 슈트라세Ringstraße 즉 '원형 대로'라고 부른다. 1860년부터 1890년까지 대략 한 세대에 걸쳐서 많

1858년의 빈 지도. 색으로 표시된 부분이 성곽 부근이며 그 밖으로는 해자가 있던 지역과 넓은 대지가 보인다. 이 지역이 링 슈트라세로 개발되었다.

은 공공건물들이 이 길의 양편을 따라서 건설되었다. 이는 당시 유럽에서도 손꼽는 대규모 도시 개발 프로젝트였다.

 이 거리의 폭은 거의 60미터에 달한다. 두 겹으로 만들어진 길과 주변의 부지 중에서 공공건물이 들어서지 않는 부분은 민간에 매각하였고, 그 수익은 다시 링 슈트라세 주변의 건설에 투자되었다. 부동산 대개발의 붐이 일어났다. 유럽의 야심 있는 건축가들은 모두 빈으로 모여들었고, 링 슈트라세 주변은 여러 건축가들의 솜씨를 자랑하는 다양한 아름다움을 지닌 건물들이 들어섰다. 고전주의, 로마네스크, 바로크, 고딕, 르네상스에서 아르누보에 이르는 다양한 모습을 보여주는 건물들은 마치 건축 사조의 전시장을 방불케 했다. 이 건물들은 국회, 정부, 시청, 법원, 극장, 박물관, 성당, 학교, 우체국 등을 망라하였으며, 그 사이에는 주상복합 건물들과 대형 호텔들이 들어섰다. 앞으로 우리가 이 책에서 만나게 되는 건물들 중 많은 수가 이때 링 슈트라세에 들어선 것들이다.

또한 이때 링 슈트라세에는 건물들뿐만 아니라 크고 작은 공원들과 다리, 수로 그리고 많은 기념비들까지 세워졌다. 지금 우리가 빈에서 보는 외형은 거의가 이때에 링 슈트라세와 함께 완성된 것들이다. 형식이 내용을 규정한다고 했던가? 지금의 빈을 만든 정신도 이 당시의 건설과 함께 거의 확립되었다. 그것이 바로 '빈의 세기말 정신'이다.

빈에 가서 주의해야 할 것들

1. 빈에 가서 독일 음식을 찾지 말라. 빈은 오스트리아다.
2. 맥주도 마찬가지다.
3. 빈 사람을 자꾸 독일 사람 취급해서는 안 된다. 또한 오스트리아 사람과 독일 사람을 굳이 비교하지도 말라.
4. 나치에 관한 문제는 여전히 예민하다. 꺼내지 않는 쪽이 좋다.
5. '비엔나 커피'는 없음을 알아두자. 그렇다고 무조건 멜랑주를 시키는 것도 옳지 않다.
6. 요한 슈트라우스의 왈츠는 굳이 찾을 필요 없다. 더 중요한 음악이 훨씬 많다.
7. 빈에 왔다고 해서 꼭 프라하나 동유럽까지 가야 한다고 생각하지는 말자. 그럴 시간이 있다면 빈을 좀 더 깊게 보길 권한다. 바로 여기가 최고의 보고다.
8. 웨이터가 시중드는 사람이라고 생각하지 말라. 그들은 전문직의 자긍심을 갖고 있다. 그들을 잘 대해주면 그만큼 대우받는다.
9. 다른 도시보다 옷차림에 신경을 써야 한다. 여기야말로 신언서판身言書判의 도시다. 불편하겠지만 로마에 왔다면 로마법을 따르자.
10. 솔직히 빈 사람들은 친절하지 않다. 거기에는 그들의 예절을 잘 모르는 우리의 탓도 있을 수 있다. 무조건 인종차별한다고 그들을 매도한다면 그들의 진짜 문화를 놓칠 수 있다.

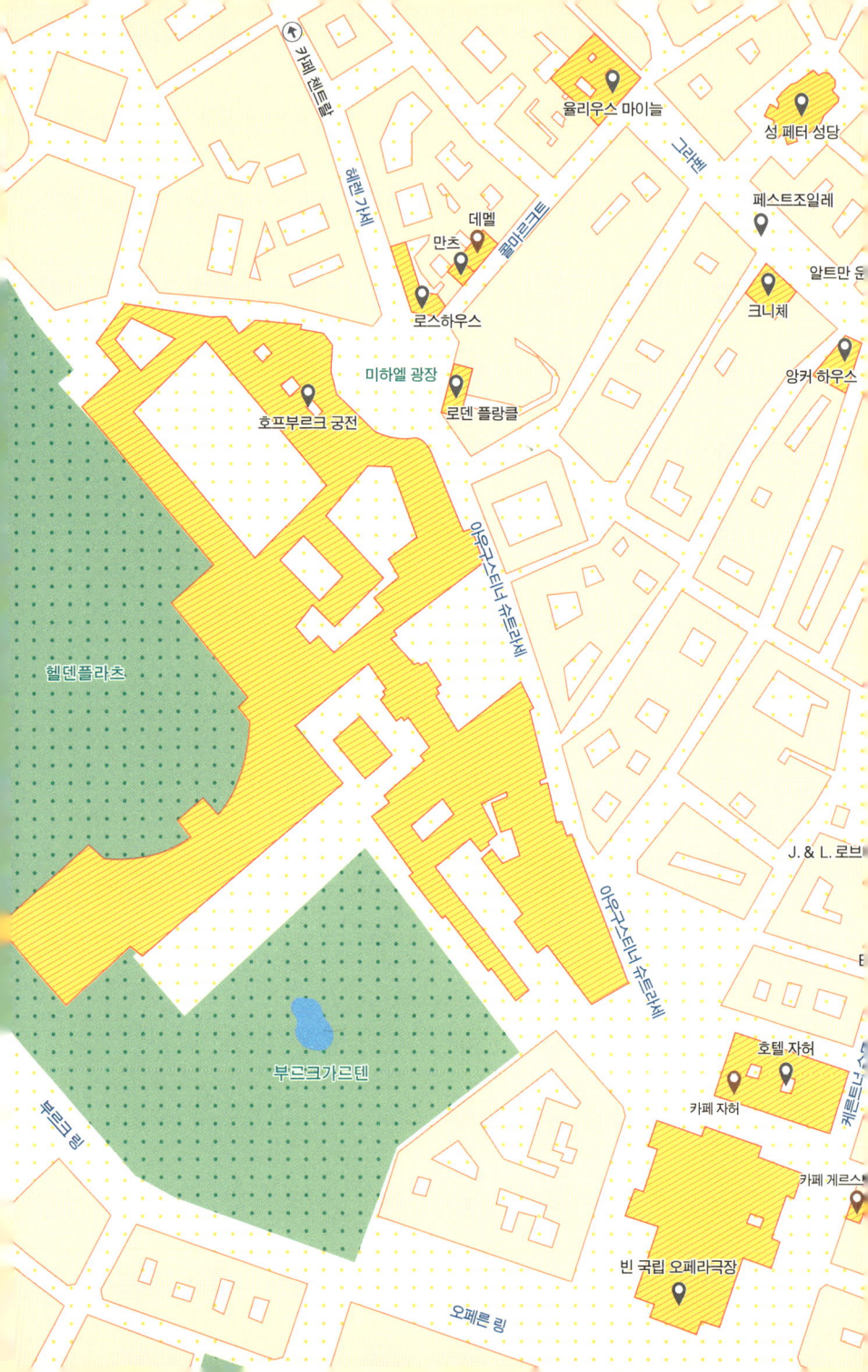

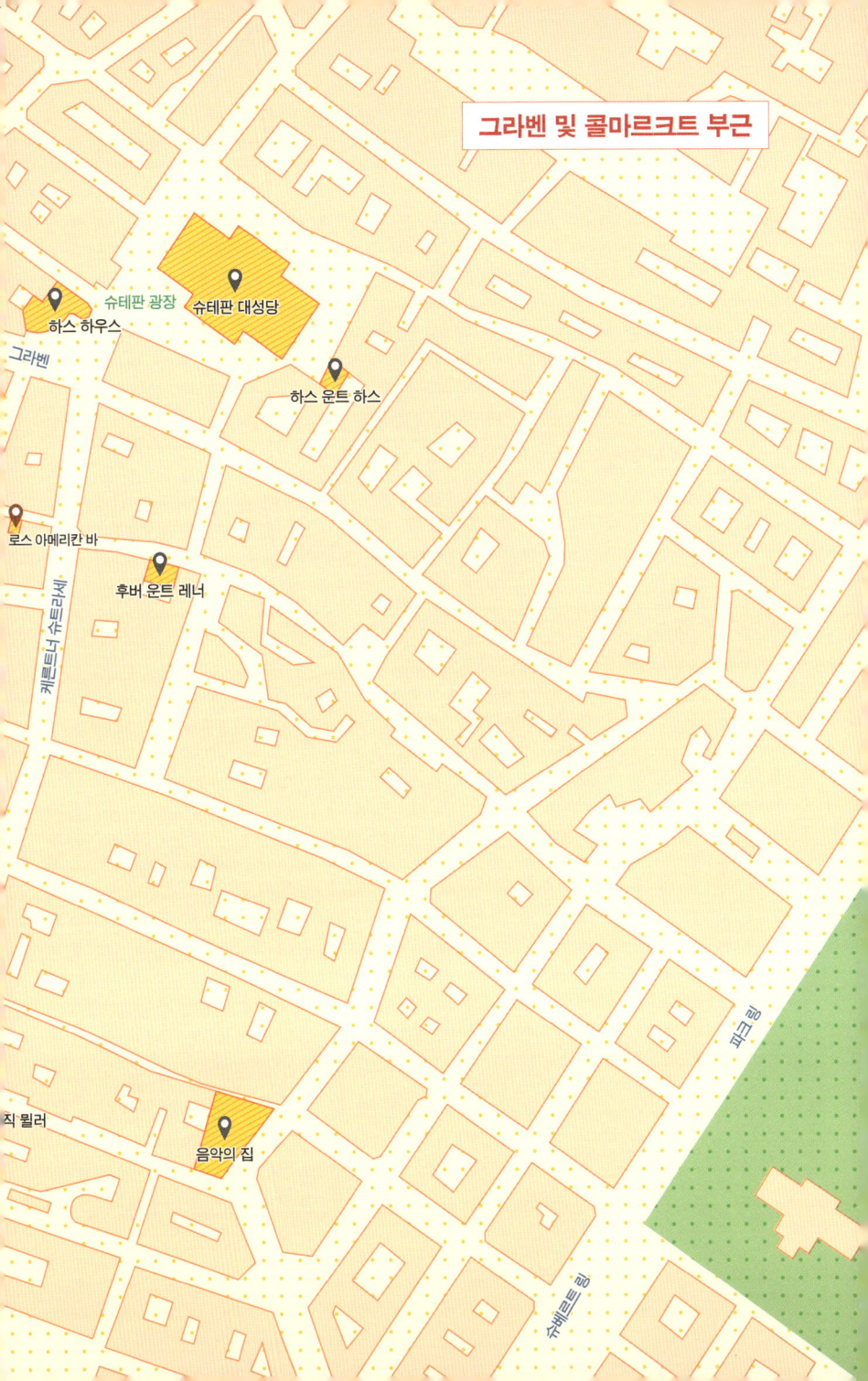

케른트너 슈트라세 부근

케른트너 슈트라세 Kärntner Straße

링 슈트라세가 둥글긴 하지만, 그래도 중심이 되는 지역은 있다. 둥근 반지의 가운데에 보석이 박힌 것 같은 자리인데, '빈 국립 오페라극장'이 있어서 이 지역을 '오페른 링Opern Ring'이라고 부른다. 링 슈트라세에서 정남쪽에 해당하는 지역이며, 이곳에서부터 북쪽, 즉 반지의 중심부를 향하여 케른트너 슈트라세가 뻗어 있다.

케른트너 슈트라세가 끝나는 곳, 즉 반지를 이루는 원의 중심부에 슈테판 대성당이 서 있다. 멀리서도 송곳처럼 높이 솟은 모습이 보이는 슈테판 대성당은 빈의 랜드마크다. 빈 국립 오페라극장과 슈테판 대성당을 잇는 케른트너 슈트라세 인근 지역이 구조적으로나 상징적으로 빈의 중심 상업지구에 해당한다. 우리의 여행은 여기서 시작한다.

이 길은 자동차가 다니지 않는 보행자 전용 도로로, 빈에서 가장 유명한 쇼핑 거리다. 고도古都 빈에서는 드물게 시류에 민감한 곳이다 보니 유행을 타는 SPA 브랜드 가게들이 길 양편을 채우고 있어, 조용하고 고전적인 빈을 기대하고 온 사람에게는 실망을 줄 수도 있다. 하지만 오래되거나 의미 있는 가게들도 발견할 수 있다.

케른트너 슈트라세

빈 국립 오페라극장 Wiener Staatsoper

　영화 「미션 임파서블 5」를 보면 첩보원들이 오페라 공연에 참석한다. 극장에서는 『투란도트』가 상연 중이다. 눈을 크게 뜨고 집중할 만큼 극장의 모습이 잘 그려져 있다. 만약 오페라를 아는 사람이라면 영화의 내용과 오페라의 음악을 기막히게 매치시키는 디테일에 놀랄 것이다. 영화는 무대의 뒷모습도 상세히 보여준다. 극장에 온 총리를 공연 중에 저격하려는 첩보원과 그들을 막으려는 또 다른 첩보원들의 암투는 푸치니의 음악 속에서 하나의 공연처럼 펼쳐진다. 개인적으로 오페라극장을 가장 잘 담은 영화 중 하나라고 생각하는데, 이 영화 속의 극장이 바로 '빈 국립 오페라극장'이다. 빈의 구도심으로 들어가는 관문처럼 우뚝 서 있는 거대한 건물로서, 빈 문화와 예술의 메카이다.

슈타츠오퍼는 '국립 오페라극장'을 뜻한다. 빈의 국립 오페라극장은 세계에서 가장 중요한 오페라극장 중 하나다. 그 역사와 위용은 여타 극장들의 추종을 불허한다. 실제로 이곳에 견줄 만한 극장은 세계적으로도 두어 개 정도밖에 없다. 워낙 크고 화려해서 링 슈트라세에서 가장 눈에 띄는 이 극장은 링 슈트라세가 건설될 때 가장 먼저 지어진 핵심 건물이었다.

건물은 아우구스트 지카르트 폰 지카르츠부르크가 설계했고, 에두아르트 판 데어 뉠이 감독을 맡아 오랜 공사를 책임졌다. 오페라극장은 다른 도시의 '궁정 극장'들과는 달리, 최초로 시민들을 위한 공간이 될 예정이었다. 게다가 그 위치도 시민들이 가장 많이 오가는 지역이다 보니 극장 건설에 대한 시민들의 관심이 지나칠 정도로 컸다. 위치가 평지라서 권위가 없다는 불만을 시작으로, 화려하지 못하다느니, 석재가 어떻다느니… 건물의 양식 하나, 장식 하나까지 시민들의 참견이 이어졌다. 이에 "빈 오페라극장은 건설감독이 수만 명"이라거나 "빈 시민의 절반이 부極극장장"이라는 말이 나올 정도였다. 결국 과도한 스트레스를 받은 건설감독 뉠은 자살했고, 설계자 지카르츠부르크 역시 공사 도중에 병사하면서 악소문은 최고조에 달했다. 결국 요제프 흘라브카가 건설감독을 이어 맡으면서 신르네상스 양식의 거대한 극장은 우여곡절 끝에 완공되었다. 1869년 5월 25일 『돈 조반니』가 개막작으로 공연되었다.

그러나 1945년 3월 12일, 2차 대전의 막바지에 연합군의 빈 대공습으로 오페라극장은 처참하게 파괴되었다. 무대와 객석은 모두 불탔고,

빈 국립 오페라극장

건물의 정면 부분만 약간 남았다. 극장 안에 있던 무대장치와 의상과 소품도 모두 재가 되었다. 폭격은 도시 전체에 참혹한 상처를 남겼지만, 특히 자신들의 정신을 상징했던 극장을 잃은 시민들의 슬픔은 컸다. 전쟁이 끝나자 궁핍한 시기임에도 시민들은 극장을 재건하기로 했다. 시에서 모금함을 만들었고, 시민들이 거기에 넣은 동전으로 오페라극장이 재건되었다. 이때 빈의 모든 시민이 극장 재건에 참여한 셈이니, 자신들이 극장의 주인이라는 자부심과 긍지가 어느 정도였는지 확인할 수 있다. 처음 건설할 때부터 그토록 참견을 했던 시민들의 마음이 재건의 동력이 된 것이다. 원래 황실의 주도로 시작된 '호프오퍼(궁정 극장)'는 이렇게 진정한 '슈타츠오퍼(국립 극장)'로 다시 태어났다. 이 극장은 링 슈트라세에서 파괴된 건물들 중에서 국회와 함께 가장 먼저 재건되었다.

1955년 시민의 자유를 상징하는 베토벤의 『피델리오』가 공연되면서 극장은 다시 문을 열었다. 외부는 이전과 같았지만, 내부는 발코니를 줄이는 등 시민 사회에 걸맞게 개조되었다. 객석도 2,200석으로 늘었다. 안에 들어가면 먼저 거대한 중앙 계단이 떡 하니 가운데를 차지하고 있는데, 이 화려한 계단실은 극장의 상징이다. 계단을 올라 2층으로 가면 큰 로비가 펼쳐져 있다. 중앙 로비에는 카페가 있어서 가운데에 큰 바Bar가 보인다. 양편으로는 각기 두 개의 큰 방이 있는데, 공연 전에 강연이나 해설회가 열린다. 2층 로비에는 로댕이 만든 말러의 두상(모조본이다)을 비롯해 극장에서 활약했던 예술가들의 초상이나 조각들이 많아서 이것들을 둘러보는 일도 흥미롭다.

빈 국립 오페라극장은 세계에서 가장 많은 공연을 올리는 오페라극장의 하나로, 연간 공연 횟수는 무려 360회 정도다. 그것도 매일 다른 오페라를 올린다. 이를 '레퍼토리 시스템'이라고 부른다. 오전에 극장 뒤편에 가보면 20톤짜리 컨테이너를 실은 트레일러들이 극장으로 들어가고 나오는 모습을 볼 수 있다. 어제 공연에서 사용된 무대 세트를 실어내고 오늘 저녁에 올라갈 무대를 들여 넣는 것이다. 빈 외곽의  거대한 창고에 보관된 역사적인 무대들을 이렇게 매일 아침 교체하는 것이다. 이 풍부한 자원이 빈 국립 오페라극장의 진정한 힘이다. 극장 직원만 1천 명이 넘으며, 유명한 빈 국립 오페라극장 오케스트라(바로 이 악단의 다른 이름이 '빈 필하모닉 오케스트라'다)를 비롯해 빈 국립 오페라 합창단, 빈 국립 오페라 무용단 등을 보유하고 있다.

빈 국립 오페라극장의 역대 감독들의 면면은 극장의 역사를 대변한다. 그중에서 가장 유명한 사람은 구스타프 말러다. 그는 당대 최고의 지휘자로서 오페라 공연계에 획기적인 혁신을 가져왔다. 그 외 리하르트 슈트라우스, 펠릭스 바인가르트너, 카를 뵘, 헤르베르트 폰 카라얀, 로린 마젤 등이 감독을 맡았다. 로린 마젤 이후로 극장은 총감독과 예술감독을 분리했다. 예술감독이 바로 지휘자의 자리인데, 클라우디오 아바도, 오자와 세이지, 프란츠 벨저 뫼스트 등이 거쳐 갔고, 현재는 필립 조르당이 맡고 있다.

어린이 오페라 학교

빈 국립 오페라극장에는 방과 후에 열리는 어린이 오페라 학교가 있다. 8세에서 14세의 어린이들을 대상으로 음악과 성악과 극장 문화 등에 대해 가르친다. 또한 오페라를 공연할 때 어린이 역할이 필요하면 여기서 지원자를 고르며, 시즌마다 어린이 오페라 학교에서 몇 차례 공연을 올리기도 한다. 그중 모차르트의 오페라들 중에서 발췌하여 만든 어린이 오페라 『작은 프리드리히 Der Kleine Friedrich』, 역시 어린이용으로 축약한 바그너의 『니벨룽의 반지』 등이 유명하다. 이렇게 빈 오페라의 전통은 세대를 넘어서 이어지고 있다.

서 있는 관객

빈 국립 오페라극장의 훌륭한 점 중 하나는 공연 전에 판매하는 염가 티켓이다. 매일 공연을 시작하기 80분 전에 당일분의 티켓을 약간 판매하는데, 가격이 불과 2~5유로에 불과하다. 공연이 있는 날 극장의 왼편에 있는 작은 입구로 가면, 이 티켓을 구하기 위해서 일찍부터 사람들이 줄을 지어 서 있거나 바닥에 앉아 있는 모습을 볼 수 있다.

이 티켓은 빈 시민이나 오스트리아 국민이 아니어도 누구나 구입할 수 있다. 즉 모든 이들에게 열려 있는, 예술의 인류애를 증명하는 티켓이라 하겠다. 팔다가 남은 것을 파는 게 아니라 미리 수십 장을 남겨 놓는다. 극장이 구입자에게 원하는 것은 예술을 향한 사랑과 열정뿐이니,

그것을 입장료로 쳐주는 것이다. 적지 않은 마니아들이 이 티켓을 공략한다. 이 티켓의 위치는 객석의 맨 꼭대기 층과 1층 중앙부의 입석이다. 특히 1층의 입석은 극장에서도 가장 좋은 위치 중 하나며, 다른 극장이라면 1등석에 속하는 자리다. 형편이 어려운 관객들에게 이런 좋은 자리를 내주는 아량은 이 극장의 자부심이자 정신이다.

오페라 무도회 Opern Ball

앞에서 소개한 '서 있는 관객'과는 반대에 있는 행사가 '오페른 발', 즉 '빈 오페라 무도회'다. 연말과 연초에 거행되는 극장의 전통적인 행사다. 극장의 의자를 걷어내고 무대와 객석의 1층을 같은 높이로 만들어 거대한 무도장으로 꾸민 뒤 무도회를 연다. 이 무도회는 처음 참가한 젊은 커플들을 주인공으로 삼는데, 이 커플들은 몇 달 전부터 훈련을 받는다. 그들의 부모나 일반 참가자들은 객석에서 구경하게 된다. 보통 국제적인 명사, 정치가, 예술가나 연예인들이 얼굴을 알리기 위해서 참석하며, 참가비가 아주 비싸서 서민들은 쳐다보기도 힘든 그들만의 잔치가 벌어진다. 전통적인 행사라고는 하지만 사회적 비난이 만만치 않아서, 많은 시민들은 구시대의 유령 같은 행사라고 부른다. 1968년부터 무도회가 벌어질 때에는 밖에서 반대자들이 시위를 벌이며, 경찰과의 충돌이나 폭력 사태도 벌어진다. 그래도 빈 상류층과 외국 졸부 자제들을 위한 이 폐쇄적인 행사는 여전히 열리고 있다. 빈 무도회는 오페라하우스뿐만 아니라 호텔 등 다른 장소에서도 열리는데, 해당 장소의 이름을 따라 '무지크페라인 발 Musikverein Ball' 등으로 불리기도 한다.

방화막 미술

 빈 국립 오페라극장에 들어가서 객석에 앉으면 무대 전체를 가리고 있는 거대한 화면이 눈에 들어온다. 이 화면 자체가 세계적인 예술 작품들이다. 1998년부터 국립 오페라극장 측은 방화막防火幕이라고 부르는 무대의 거대한 막을 현대미술을 위한 공간으로 만들었다. 세계 화단을 주도하는 대표적인 화가들의 그림을 시즌마다 하나씩 바꾸어가며 선보이는데, 벌써 20년이 넘었다. 지금까지 데이비드 호크니, 조안 조나스, 마리아 라스니히, 줄리오 파올리니, 사이 트웜블리, 카라 워커 등의 현대 화가들이 '세계에서 가장 큰 실내 화폭'에 그림을 그렸다.

빈 국립 오페라극장의 방화막 미술

구스타프 말러
Gustav Mahler, 1860~1911

인물

지금 가장 인기 있는 교향곡 작곡가인 구스타프 말러의 활동 중심지는 빈이었다. 이제 그는 작곡가로 여겨지지만, 당시의 그는 유럽에서 가장 뛰어난 지휘자였다. 특히 빈 국립 오페라극장의 음악감독으로서 큰 명성을 누렸다.

당시 오스트리아 제국의 일부였던 보헤미아에서 유대인으로 태어난 말러는 빈 음악원을 졸업하고 제국 내 여러 도시의 오페라극장에서 지휘하면서 실력을 인정받았다. 1897년에는 본인이 갈망하던 제국 최고의 극장인 궁정 오페라극장(지금의 빈 국립 오페라극장)의 음악감독에 오른다. 그는 이 자리를 간절히 원해서 가톨릭으로 개종까지 했다. 이렇듯 보헤미아 출신의 유대인으로서 인종적, 종교적, 지리적인 마이너리티를 극복하는 것은 말러 평생의 과제였다. 감독이 된 그는 극장을 개혁했다. 그는 지금 우리가 극장이나 콘서트 홀에서 경험하는 현대식 극장 시스템과 지휘 방식을 세우고, 오페라에 대한 새로운 해석과 무대미술의 혁신을 확립한 역대 최고의 지휘자 중 한 사람으로 손꼽힌다. 특히 콘서트에서는 베토벤을, 오페라에서는 바그너를 뛰어나게 해석했다고 한다.

그러나 자신의 교향곡을 지휘하려는 소망을 가졌던 말러는 바쁜 공직 와중에도 여름 휴가 때마다 작곡을 멈추지 않았다. 하지만 그의 교향곡들은 너무 개혁적이고 새로워서 빈 청중에게 받아들여지기 어려웠고, 그는 여전히 작곡가보다는 지휘자로 더 큰 명성을 얻었다. 무대미술과 연출에도 관심이 많았던 말러는 빈 분리파 화가인 알프레트 롤러를 빈 국립 오페라극장의 무대미술가로 기용하여 오페라 연출의 새로운 장을 열었다.

삼중의 차별을 이겨낸 위대한 음악가

그의 예술적인 업적에도 불구하고 빈의 보수적인 분위기는 말러를 경원시했으며, 결국 그는 빈을 떠나 뉴욕의 메트로폴리탄 극장으로 옮겼다. 그러나 뉴욕에서도 정착하지 못하고 다시 유럽으로 돌아왔고, 그때는 심장질환이 악화된 상태였다.

말러는 그의 아내인 알마 신들러와의 관계로도 유명했고, 말러의 사후에 알마의 남성 편력이 세간에 오르내리기도 했다. 하지만 말러의 생전에 두 사람은 깊이 사랑했으며, 알마는 말러에게 예술적 영감을 부여하는 영원한 뮤즈였다.

말러가 남긴 최고의 업적은 역시 교향곡이다. 교향곡 1번부터 9번 그리고 교향곡이나 다름없는 관현악곡 『대지의 노래』와 미완성으로 남긴 교향곡 10번이 있다. 또한 『방황하는 젊은이의 노래』, 『어린이의 이상한 뿔피리』, 『뤼케르트 가곡』, 『죽은 아이를 그리는 노래』 등의 가곡도 뛰어난 업적으로 평가받는다.

케른트너 슈트라세 부근

카페 게르스트너 Café Gerstner

   빈 국립 오페라극장에서 나와서 케른트너 슈트라세로 발걸음을 옮기려고 할 때, 길 건너편에 초록색 차양을 드리운 가게가 보인다. 이곳이 카페 게르스트너다. 들어가면 인테리어와 더불어 다양한 과자와 케이크의 모습이 빈 카페가 이런 것이라고 말하는 듯하다.

   1847년에 안톤 게르스트너가 연 이 카페는 빈 궁정 극장의 케이터링 사업을 따내면서 성장하였다. 150년이 지난 지금도 그 후신(後身)인 빈 국립 오페라극장의 음식을 맡고 있다. 또한 빈 만국박람회 때에 좋은 평가를 얻어 황실 납품업체로도 선정되었다. 그 후로 황실의 결혼식이나 무도회의 음식을 도맡았고, 지금도 정상회담 등 중요한 국가적 행사의 식음료를 맡는다. 국립 오페라극장 뿐만 아니라 무지크페라인이나 미술사 박물관 등에도 카페와 케이터링이 진출해있다.

카페 게르스트너

카페 자허 Café Sacher

빈 국립 오페라극장 바로 뒤에, 아마도 외국에는 가장 널리 알려졌을 카페가 자리 잡고 있다. '카페 자허'다. 그런데 카페의 이름을 현지인들에게 물으면 거의 알아듣지 못하는데, 사실 그들의 발음은 "카페 사커"에 가깝다. 이 카페는 '자허 토르테 Sacher Torte'라는 케이크를 통해 유명해진 곳으로, 자허 토르테를 구입하려는 관광객들이 항상 줄을 서 있다. 자허 토르테는 살구잼이 들어간 일종의 초콜릿 케이크다. 프란츠 자허는 유명한 과자점 '데멜'에 취직해서 배운 후에 독립해 카페 자허를 열었다. 그리고 이곳에서 자허 토르테를 개발해서 데멜에 못지않은 유명한 카페로 만들었다.

케른트너 슈트라세에 면한 매장은 자허 토르테를 파는 상점이며, 앉아서 먹고 마실 수 있는 카페는 빈 국립 오페라극장 뒤편에 있다. 커피와 케이크 등을 먹을 수 있는 전통적인 빈 스타일의 카페다. 그 외에 '자허 부르스텔 Sacher Würstel'이라고 부르는 이곳 특유의 소시지도 유명하며, 쇠고기 커틀릿의 일종인 '비너 슈니첼 Wiener Schnitzel'이나 빈 스타일의 오픈 샌드위치 등 다른 음식들도 다 훌륭하다.

자허 토르테

호텔 자허 Hotel Sacher Wien

카페 자허가 들어있는 건물이 '호텔 자허'다. 이곳은 빈에서 유서 깊은 고급 호텔로, 자허 토르테를 팔아 성공한 자허 집안에서 세운 것이

카페 자허

다. 자허 토르테를 개발하여 크게 성공한 프란츠 자허의 아들 에두아르트 자허는 자신의 카페 바로 앞에 있는 오페라극장과 여러 정부 부처의 리셉션 행사를 열다가 아예 호텔을 세웠다. 그가 사망하자 33세에 불과했던 젊은 미망인 안나 자허의 전설적인 수완이 발휘되기 시작했다. 그녀는 이 호텔을 단번에 가장 저명한 호텔로 만들었다. 한 손에 시가를 들고 발밑에 불독을 거느린 이미지로 유명했던 그녀는 당당한 외모와 호탕한 성격으로 빈 사교계의 여왕이 되었다. 그녀는 호텔 자허를 빈 상류층의 사교장으로 만들었으며, 수준 높은 식사와 세심한 서비스를 제공하는 호텔은 명성은 전 유럽에 퍼졌다. 하지만 그녀는 귀족이 아닌 투숙객을 거부하는 등 시대의 흐름에 역행하는 행동으로 지탄을 받기도 했고, 파산한 귀족에게 외상을 주기도 히는 등 어러모로 유명해졌다.

1934년에 귀르틀러 가문이 호텔을 인수하면서 가족 경영으로 지금까지 이어지고 있지만, 여전히 '자허'라는 상호를 사용 중이다. 호텔 내의 고급 식당은 전설의 여주인 안나 자허의 이름을 따고 있다. 호텔 로비에는 안나 자허가 귀빈들의 서명이 들어간 유명한 식탁보와 함께 서 있는 초상화가 걸려 있어 호텔의 역사를 웅변한다. 호텔 건물의 외부에는 작곡가 안토니오 비발디가 이곳에 살았었다는 명패가 붙어 있다. 정확히는 지금 자허 토르테를 판매하는 상점이 비발디의 집이었는데, 호텔이 확장하면서 흡수된 것이다.

2차 대전이 끝난 후, 영국, 프랑스, 미국, 소련이 빈을 네 개의 구역으로 나누어 관장했다. 당시 호텔 자허는 영국 관할 구역의 본부가 되어 명성과 서비스를 유지했다. 이후 영국의 인사들은 빈을 방문할 때면 으레 호텔 자허를 이용했다. 영국 작가 그레이엄 그린은 이 호텔에서 소설 『제3의 사나이』를 집필했는데, 호텔은 소설의 배경으로도 등장한다. 이 소설을 바탕으로 만든 영화 「제3의 사나이」 역시 이곳에서 촬영되었다. 오스트리아에서는 아예 이 호텔을 제목으로 삼은 영화 「호텔 자허」도 나왔고, TV 시리즈인 「할로 호텔 자허」가 인기를 끌면서 그 명성은 더욱 높아졌다. 이후에도 영화 「우먼 인 골드」가 여기서 촬영되는 등, 이곳은 여전히 빈을 대표하는 호텔의 이미지를 유지하고 있다.

호텔에 들어가면 전통적인 좁은 로비 때문에 놀랄 것이다. 하지만 안으로 들어가면 붉은색으로 치장된 인테리어가 세기말 빈의 분위기를 그대로 간직하고 있다. 내부에는 '로테 자허'나 '안나 자허' 같은 식당이 있으며, 방 전체를 푸른색으로 장식한 '블루 룸'은 인상적인 술집이다. 간단한 식사를 할 수 있는 '에케 자허'나 '카페 자허'는 외부에서 출입할 수 있다.

『제3의 사나이』
『The Third Man』

소설

   그레이엄 그린은 순문학과 추리-스릴러라는 두 장르를 동시에 섭렵한 작가였다. 그중 스릴러 계열의 대표작 중 하나가 『제3의 사나이』다. 소설가인 주인공이 2차 대전이 끝난 직후에 연합군에게 점령당한 도시 빈에 도착하면서 이야기가 시작된다. 그런데 그는 자신을 빈으로 초대한 사람이 죽었다는 소식을 접한다. 그는 자신을 초대한 이의 장례식에 참석하고, 이때부터 독자들은 주인공과 함께 죽은 이의 행적을 따라간다. 결국 전후의 피폐한 빈에서 벌어지는 암거래가 드러난다. 인간의 순수성, 특히 우정과 정의에 대해 질문을 던지는 작품이다.

   내용보다도 흥미로운 것은 이 소설의 배경이다. 주인공이 묵는 곳은 빈의 대표 주자인 자허 호텔이다. 그 외에 중앙 묘지, 요제프 슈타트 극장, 그랜드 호텔, 프라터 공원, 카페 알테 빈 등 지금도 남아있는 역사적인 장소들이 등장한다. 지금의 아름답고 화려한 모습만 보는 우리는 전쟁 직후 잿더미가 되었던 빈을 상상하기 어렵다. 지프차를 탄 전승국 헌병들이 돌아다니고, 시민들은 퇴폐적인 카페에서 술을 마시며, 뒤로는 구호품을 밀거래하던 곳. 이 소설은 빈세기 전의 빈을 볼 수 있는 소중한 기회를 제공한다.

「제3의 사나이」
「The Third Man」

영화

　그레이엄 그린의 소설 『제3의 사나이』는 영국의 캐럴 리드 감독에 의해 1949년에 영화화되었다. 이 영화는 흑백영화 시기 최고의 걸작 중 하나로 평가받으며, 영국 영화 연구소가 선정한 고전 명작 중 1위로 선정되기도 했다. 게다가 원작 소설가인 그린이 시나리오 각색을 직접 맡아서 원작 이상의 서스펜스와 감동을 안겨준다. 출연진 역시 조세프 코튼, 알리다 발리, 트레버 하워드, 오슨 웰스 등 초호화 멤버가 동원되었다.

　실제로 전후의 빈에서 촬영한 이 영화는 폭격으로 피폐해진 빈의 모습을 여실히 보여준다. 주역은 물론 조역들의 자연스러운 연기는 마치 그 시대의 빈을 찍은 다큐멘터리 필름을 보는 듯한 착각이 들 정도다. 또한 독일 표현주의의 대표적인 촬영감독인 로베르트 크라스커가 선사하는 강렬한 흑백 미장센은 느와르의 미학을 한 단계 발전시킨 것으로 평가받는다. 크라스커는 이 영화로 아카데미 촬영상을 수상했다. 음악 역시 인상적이다. 영화음악을 맡은 안톤 카라스는 오스트리아 제국의 영토였던 헝가리의 민속악기인 치터Zither를 연주해서 영화의 느낌을 잘 살리고 있다. 이 영화는 1949년 칸 영화제에서 대상인 황금종려상을 수상했다. 빈을 여행하기 전에 본다면 유익한 경험이 될 것이다.

음악의 집 Haus der Musik

케른트너 슈트라세에서 오른쪽 길로 빠져나가면 '하우스 데어 무지크'가 있다. '음악의 집'이라는 뜻이니 좀 거창한 타이틀인데, 일종의 음악 체험 박물관이다. 관광객들을 상대로 만들어진 곳으로, 나름대로 재미있는 경험을 할 수 있다. 나도 우연히 악천후를 피해서 이곳에 들어갔다가 즐거운 시간을 보냈었다.

안에는 층별로 몇 개 분야로 나뉘어져 있다. 처음 방은 빈 필하모닉 오케스트라의 탄생부터 발전 과정을 소상히 보여준다. 특히 이 오케스트라를 창설한 인물인 오토 니콜라이에 관한 전시가 흥미롭다. 다음은 소리에 관한 방이다. 음향에 관한 여러 체험을 직접 할 수 있다. 그 다음은 빈의 위대한 작곡가들을 소개하는 코너다. 하이든, 모차르트, 베토벤, 슈베르트, 요한 슈트라우스, 말러 등에 관한 전시가 볼 만하다. 화면을 통해서 직접 빈 필하모닉 오케스트라를 지휘하는 체험도 해볼 수 있다. 몇 개의 곡목을 골라 직접 지휘하면 지휘봉의 움직임에 따라 연주되는 음악을 영상으로 확인할 수 있는 신기한 코너다. 지휘를 잘못하면 악장이 일어나서 내 지휘 실력을 준엄하게 꾸짖기도 한다.

다 카포 클라시크 Da Capo Klassik

하우스 데어 무지크의 1층에 있는 음반 가게다. 2007년에 설립된 이곳은 고전음악에 관한 음반과 영상물을 갖추고 있다. 소장품의 내용이 좋은 편이다. 음반을 낸 연주자들의 발표나 간담회가 열리기도 한다.

EMI

케른트너 슈트라세에 있는 EMI는 오랫동안 클래식과 재즈 음반을 구비해온 음반점이다. 지금은 사라진 추억의 레이블 'EMI'를 상호로 달고 있어서 더욱 정답다. 이곳을 볼 때마다 언젠가 상호가 바뀌거나 가게가 사라질지 모른다는 불안하고 초조한 마음이 든다. 그렇다면 빈의 전통이 또 하나 끊기는 셈이다. 2층에서는 빈 시내 곳곳에서 벌어지는 공연 대부분의 티켓 판매를 대행하고 있으니, 꼭 티켓을 원하는 사람이라면 빈에 도착해서 바로 들러볼 만하다. 극장에서 매진된 티켓도 이곳에서는 웃돈을 주고 구할 수 있다.

J. & L. 로브마이어 J. & L. Lobmeyr

케른트너 슈트라세를 걸어가다 보면 유독 화려한 금빛 외부 장식이 돋보이는 건물이 눈에 들어온다. 가까이 가 보면 넓은 유리창 안에 있는 번쩍이는 상품들이 눈길을 사로잡는다. 이곳은 세계적으로 유명한 유리제품 가게인 'J. & L. 로브마이어'다. 1823년에 요제프 로브마이어가 설립한 이 가게는 나중에 그의 두 아들인 요제프와 루이스의 이름에서 딴 'J. & L.'을 앞에 붙여 현재의 이름이 되었다. 이곳은 최고의 유리 공방으로 유명하다. 특히 아름답고 화려한 샹들리에의 대명사로 여겨졌던 이 가게는 현재까지 쇤브룬 궁전에 샹들리에를 납품하고 있다. 쇤브룬 외에도 벨기에 왕궁, 브라반트 궁전. 플랑드르 궁전, 빈 국립 오페라극장, 뉴욕의 메트로폴리탄 극장, 모스크바의 크렘린 궁전 등에 이 가게의 샹들리에가 설치돼 있다. 크리스털과 유리 제품에서 세계 최고의 명성을 가지고 있으며, 6대째를 이어서 여전히 가족이 경영한다. 한

번 안에 들어가서 유리의 세계를 접해보자. 1, 2층에는 다양한 크리스털과 유리제품이 있으며, 3층은 일종의 박물관이다.

아메리칸 바 American Bar 혹은 로스 아메리칸 바

케른트너 슈트라세를 걸을 때는 왼편에 나타나는 샛길에 관심을 가질 필요가 있다. '아메리칸 바'를 놓칠 수는 없기 때문이다. 테이블이 몇 개 되지 않는 이 작은 술집을 굳이 언급하는 이유는 개점 당시 인테리어가 혁신적인 가게였기 때문이다. 현재의 간판이 아예 '로스 아메리칸 바 Loos American Bar'라고 바뀐 데서 알 수 있듯이, 이곳은 모더니즘의 기수였던 건축가 아돌프 로스가 디자인한 곳이다.

이 가게는 당시로서는 매우 독특했으리라 짐작된다. 커다란 판유리로 된 간판은 대담하게 신대륙의 분위기를 강조한다. 안으로 들어가면 마호가니로 마감된 바와 벽, 테이블과 의자를 비롯한 세련된 소품들, 초록과 흰색이 번갈아 사용된 대리석 바닥 등 로스 스타일의 골격을 지금도 유지하고 있다. 110년이 넘었음을 감안하면 놀라울 만큼 앞선 디자인이다.

1908년에 개업한 이곳은 빈을 대표하는 술집의 자리에서 한 번도 밀려난 적이 없었다. '이제는 시대에 좀 뒤처진 게 아닐까'라

아메리칸 바

고 생각하는 순간, 오랜 단골과 새로 온 방문객들이 저녁마다 바를 가득 채운다. 술집이라서 식사는 불가능하고, 칵테일이나 위스키 등이 주로 주문된다. 지금도 빈 사람뿐만 아니라 전 세계의 인사들이 이 집을 옛 고향처럼 찾는다.

슈테판 대성당 Stephansdom

빈 시내 대부분의 지역에서는 빈의 중심에 서 있는 슈테판 대성당의 종탑을 볼 수 있다. 정식 명칭은 성 슈테판 대성당으로서, 가톨릭 대주교가 기거하는 빈 대교구의 중앙 성당이다. 12세기 초부터 이 자리에 성당이 있었다고 기록되어 있다. 이후 9백 년의 시간을 거치면서 증개축이 반복되어 모습이 조금씩 달라졌다. 주로 13세기의 로마네스크 양식과 14세기의 고딕 양식이 혼재된 형태다. 교회는 지금도 수리와 복원이 계속되고 있다. 그래서 방문객은 항상 어딘가에서 공사하는 모습을 보게 되며, 완전한 교회와 종탑의 형태가 다 드러난 모습은 보기가 쉽지 않다. 특히 아름답기로 유명한 경사진 지붕 전체를 볼 수 있다면 행운이라고 생각하면 될 것이다.

2차 대전 막바지에 독일군이 퇴각할 때 '대성당을 100개의 포탄으로 파괴하고 철수하라'는 명령이 하달되었다. 그러나 실무 책임자였던 게르하르트 클린키히트 대위는 차마 성당을 파괴할 수 없어 명령을 어겼고, 덕분에 빈의 잿더미 속에서 대성당만은 기적적으로 살아남았다. 그리하여 대성당은 전쟁 후에 지친 빈 시민들을 위로하는 희망의 상징으로 남을 수 있었다. 대성당은 길이 107미터, 너비 40미터, 높이 136미터의 거대한 규모를 자랑하는데, 가장 큰 특징은 아름다운 지붕이다. 23만

슈테판 대성당

개의 타일로 덮인 모습이 장관이다. 다양한 색깔을 지닌 이 유리 타일들은 합스부르크 가문의 상징인 쌍두雙頭 독수리를 그리고 있다. 성당의 지붕이 가파르게 설계된 것은 눈이 지붕에 쌓이지 않게 하려는 실용적인 의도 때문이었지만, 덕분에 지상을 오가는 행인들도 지붕의 무늬를 감상할 수 있게 되었다. 지하에는 로마 시대 때부터 있었던 것으로 보이는 지하 묘지가 있는데, 1만 기 이상의 무덤이 있다. 또한 많은 시민들이 이 대성당에서 결혼식을 했다. 대표적으로 하이든과 모차르트를 들 수 있다. 한편, 비발디와 모차르트의 장례식도 이곳에서 거행되었다.

하스 하우스 Haas Haus

슈테판 대성당의 건너편에는 구시가지와는 어울리지 않는 듯한 건물이 서 있다. 햇빛을 반사하는 유리로 된 외장재가 눈에 띈다. 누구나 이 건물을 보면 '이런 데에 저런 게 있어도 되는가?'하는 의문을 갖게 된다. 본래 이 자리에는 빈 최초의 백화점이 있었으며, 안에는 유명한 '카페 필립 하스'도 있었다. 하지만 그 건물은 공습으로 파괴되었고, 1953년에 새 건물이 세워졌지만 무신경하고 밋밋한 디자인이 시민들의 지탄을 받았다. 결국 여론에 밀려 그 건물을 허물고 1990년에 또 다시 세운 건물이 지금의 하스 하우스다.

빈 출신의 현대건축가 한스 홀라인이 설계한 이 건물은 강철과 유리로 이루어진 구조 때문에 이전 건물에 못지않게 시민들의 지탄을 받았다. 하지만 전면의 유리에 슈테판 대성당의 스카이라인이 비치게 되어 있어서, 현대적인 구조가 주변과 어울린다는 의견도 있다. 어쨌거나 이 건물도 이제는 지어진 지 30년이 넘어서 도시 풍경의 일부가 되었다.

하스 하우스

대표적인 외식회사인 도 앤 코Do&Co가 이 건물을 매입하여, 맨 위층에는 현대식 분위기의 고급 식당 '도 앤 코'가 자리하고 있다. 그곳의 창가 테이블은 슈테판 대성당이 잘 보이는 명당이다. 또한 현대식 바인 '오닉스 바'도 있다. 빈의 또 다른 속물적인 모습을 보여주는 이곳은 나름 흥취로 넘친다. 이곳에서 바라보는 빈은 확실히 색다르다.

하스 운트 하스 Haas & Haas

거대한 슈테판 대성당의 뒤편을 돌아보면 '하스 운트 하스'라고 적힌 집이 있다. 큰 창문들을 통해 안을 들여다보면, 행복하고 따뜻한 집안을 들여다보는 성냥팔이가 된 기분이다. 들어가면 한편에는 오래된 차통茶筒을 가득히 진열해 놓은 거대한 선반이 연륜을 느끼게 한다. 맞은편에는 카페가 있다. 앉아서 차를 시켜보자. 빈은 커피가 유명하지만, 이곳만은 찻집으로 일가를 이룬 곳이다. 주문할 때는 스콘을 함께 시켜야 제

한스 홀라인
Hans Hollein, 1934~2014

인물

빈 출신의 한스 홀라인은 세계적으로 유명한 현대건축가다. 그는 빈 미술 아카데미에서 명교수였던 클레멘스 홀츠마이스터로부터 배웠다. 미국으로 가서는 프랭크 로이드 라이트와 미스 반 데어 로에 등을 만나 영향을 받는다.

그는 1964년에 고향인 빈으로 귀향하여 자신의 건축사무소를 연다. 빈에서의 초기 작품 중 하나가 콜마르크트 거리에서 지금도 찾아볼 수 있는 '레티Retti 양초 가게'다. 이 작은 가게는 파격적인 알루미늄으로 외양을 만들어서 이 전통적인 거리를 오가는 사람들의 눈길을 끌었다. 이후로 그는 빈과 미국을 오가면서 건축뿐만 아니라 여러 가지 상품을 디자인하기도 했다. '알레시'의 주방용품과 '아메리칸 옵티칼'의 안경 등 그 품목도 다양했다.

이렇게 그는 20세기 후반의 빈을 대표하는 현대 디자이너이자 건축가로 이름을 남기고 빈에서 생애를 마쳤다.

그의 주요 작품으로는 프랑크푸르트 현대미술관, 잘츠부르크의 현대미술관, 주 베를린 오스트리아 대사관 등이 있다. 빈 시내를 다니면서 만나게 되는 그의 작품들로는 알베르티나의 확장된 부분을 위시하여 하스 하우스, 간츠타크스 학교, 보석상 슐린, 게네랄리 미디어 타워, 힐튼 호텔 비엔나 등을 들 수 있다.

하스 운트 하스

맛이다. 하스 운트 하스의 따뜻한 홍차와 부드러운 스콘은 왜 겨울이 빈 여행의 적기인지를 속삭여준다. 눈발이 날리는 겨울, 하스 운트 하스에서 차를 마시는 시간. 이것이 빈이 가진 매력의 핵심이 아닐까?

차에 관심이 많았던 에바 하스Eva Haas는 차 무역을 시작했고, 한때 모차르트도 살았던 8백년 된 건물에서 남편과 함께 부부의 이름을 따서 '하스 운트 하스'라는 찻집을 열었다. 그녀는 최고의 차를 구하기 위해서 영국, 중국, 스리랑카, 일본 등을 방문했다. 이러한 노력을 통해 이곳은 곧 빈의 대표 찻집으로 자리 잡았다. 이후 에바 하스는 제과점도 설립해서 영국식 스콘을 개발하는 등 이곳을 빈 최고의 카페 중 하나로 만들어 주었다.

후버 운트 레너 Huber & Lerner

슈테판 성당 앞 골목에서 만나는 멋진 상점이다. 1901년 설립된 이곳은 종이 및 인쇄물을 다루는 가게다. 이곳은 지난 백 년 동안 빈의 황실, 귀족, 관공서 그리고 회사에서 사용하는 여러 인쇄물을 제작해온 곳이다. 종이 하나로 이렇게 멋진 가게를 꾸밀 수 있다는 점이 인상적이다. 오랜 역사를 가진 곳답게 깊은 내공을 보여 주며, 제품들의 품질이 대단히 높다. 그 외에 여러 문구류도 취급하는데, 둘러볼 가치가 있다. 카드나 명함 등을 주문해 볼 수도 있다.

클라이네스 카페 Kleines Café

이름조차 '작은 카페'인 클라이네스 카페는 '빈에서 가장 작은 카페'로 알려져 있다. 1970년에 헤르만 체흐가 디자인했는데, 프란치스카너 광장Franziskanerplatz에서 카페를 바라보면 올리브색의 외관이 독특한 기분을 느끼게 한다. 내부는 소박하지만 친근하고 편안하다. 화장실조차 없었지만 개업 당시부터 인기가 높았다.

지금은 화장실도 있으며 2층에도 자리가 있다. 여름에는 광장에 노천 테이블도 나온다. 창가에 앉아 밖의 나무를 보면서 커피를 마시면 참 행복해진다. 식사도 제공되는데, 맛있다고 할 수는 없다. 이 카페는 영화「비포 선라이즈」에도 나왔다.

클라이네스 카페

그라벤 및 콜마르크트 부근

그라벤 Graben

 슈테판 광장에서 서쪽으로 뻗은 넓은 거리다. 시내에서 가장 넓은 길 중의 하나이자 대표적인 쇼핑가다. 고대 로마 군대의 야영지로서 나중에는 해자垓字가 생겼는데, 그것을 메우고 편평한 땅이 만들어졌다. 그후로 빈민 거주지를 거쳐 시장터가 되었다. 그러다가 18세기에 아름다운 성 페터 성당이 세워졌는데, 이때부터 시에서는 그라벤 지역을 시장으로 사용하는 것을 금지했다. 그리하여 그라벤은 새롭게 정비되었다.

 19세기가 되면서 그라벤의 양편으로 새로운 건물들이 들어섰다. 각 건물들의 1층에는 고급 상점들이 들어섰고, 2층에는 상사의 사무실이 자리 잡았다. 이후로 이곳은 멋쟁이들이 활보하며 유행을 선도하는 세련된 거리로 탈바꿈했다. 1950년에는 이 지역에 빈 최초의 네온등이 설치되었으며, 1974년부터 보행자 전용 거리로 지정되었다. 오늘날 빈의 가장 중요한 쇼핑 거리이자 도심 산책로로 자리 잡은 그라벤은 많은 여행객들과 빈 시민들이 함께 걷는 곳이다.

그라벤과 페스트조일레

앙커 하우스 Anker Haus

슈테판 광장에서 그라벤으로 들어갈 때 왼편에 눈에 띄는 건물이 있다. 높고 잘생긴 이 건물이 '앙커 하우스'다. 세기말에 빈을 다 건설하다시피 했던 건축가 오토 바그너의 작품으로, 1895년에 완성되었다. 보험 회사인 앙커 사Der Anker가 사용하면서 이 이름이 붙었다.

길에서는 건물의 맨 위층이 잘 보이지 않지만, 상층부의 초록색 테라스와 지붕이 아름답다. 도시 한복판에 이렇게 여유 있는 공간을 세우다니, 그야말로 빈이라서 가능한 일처럼 보이기도 한다. 이 건물은 빈 건축의 대표적인 건물이자 가장 빈다운 건물이라 하겠다. 건물 상층의 넓은 유리창을 통해서 보는 슈테판 성당의 모습은 실로 아름답다고 알려져 있다. 화가 겸 건축가였던 프리덴스라이히 훈데르트바서가 임대해서 살기도 했다.

알트만 운트 퀴네 Altmann & Kühne

그라벤을 지키고 있는 유서 깊은 전통 과자 가게다. 빈 사람들은 이 가게를 빈의 상징 중 하나로 생각하며, 외국에 나간 사람들은 마치 할머니가 계시는 고향 집처럼 이곳을 찾아오기도 한다. 1928년에 수제 초콜릿 가게로 설립된 이곳은 단번에 시민들의 마음을 사로잡았다. 그 매력은 세 가지다. 첫 번째는 수준 높은 초콜릿이고, 두 번째는 예쁜 포장이다. 빈 공방에서 디자인한 포장지와 상자 등은 지금도 이곳의 상징이다. 세 번째는 인테리어인데, 요제프 호프만이 디자인한 실내는 지금도 유지되고 있다.

그런데 알트만과 퀴네 두 주인이 유대인이었던 까닭에 가게는 나치에 의해서 사라질 위기에 처했다. 두 주인은 1938년에 뉴욕으로 망명했지만, 이곳의 직원이었던 메르체크 여사에 의해서 가게는 살아남아 지금도 과자를 만들고 있다. 한편 미국에서 '바톤 사탕 회사'를 설립한 알트만과 쿠네는 빈 스타일의 사탕과 초콜릿으로 더 큰 성공을 일구었다.

크니체 Knize

이탈리아 금융 회사인 제네랄리 보험이 입주해 있던 건물이 '게네랄리호프Generalihof'다. 이 건물 1층에 재단사 요제프 크니체가 1858년에 양복점을 열었다. 그는 당시 빈 최고의 현대건축가였던 아돌프 로스를 설득해서 가게의 작은 외관과 쇼윈도와 인테리어를 맡겼다. 『남자는 왜 옷을 잘 입어야 하나?』라는 책을 쓸 정도로 남성 의복에 관심이 높았던 로스는 이 양복점에 자신의 감각을 모두 쏟아 부었고, 이 작은 양복점은 로스의 건축 디자인 경력에서도 중요한 위치를 차지한다. 검정 외관 속에 목재로 만들어진 낡은 쇼윈도가 초라해 보이지만, 안에는 멋진 남성복들이 걸려 있다. 자세히 보면 그 옆에 현대적인 인테리어를 갖춘 또 다른 크니체가 있고, 위층에도 매장이 있다. 이 중에서 검정 외관을 지

크니체

닌 부분이 160년이 넘는 세월 동안 남성복만을 취급해 온 원래의 크니체 부분이다.

크니체는 곧 빈의 신사라면 거쳐야 하는 곳이 되었다. 우리가 알고 있는 세기말 빈의 많은 명사들 역시 이곳의 단골이었다. 한편, 크니체는 세계 최초의 남성용 향수 '크니체 텐'과 가죽 표지의 남성용 노트도 개발했다. 하지만 현재 크니체의 상품은 이전만은 못하다. 자체 생산품이 줄고 외부의 상품들을 들여와서 매장을 채우는 경우가 많기 때문이다. 하지만 이곳이 가진 남성 패션의 역사성과 로스의 상업용 공간 인테리어를 보기 위해서라도 들러볼 만한 곳임에는 분명하다.

페스트조일레 Pestsäule

그라벤의 한복판에는 특이한 조각상 같은 구조물이 서 있다. 도금이 되어 황금색으로 번쩍인다. 실은 유럽의 다른 도시에서도 이와 같은 기념물을 볼 수 있다. 페스트조일레라고 부르는 이 구조물은 '페스트 기둥'이라는 뜻인데, '페스트 기념비' 정도로 번역하면 될 것이다. 유럽 전역을 휩쓸면서 수많은 사망자를 내며 인간의 무력함을 입증하고, 유럽인들의 사고와 신념 체계까지 바꾼 것이 전염병 페스트였다. 그런 페스트가 물러간 이후, 유럽 곳곳에 페스트의 퇴치를 신께 감사하고 희생자들을 기리기 위한 페스트조일레가 세워졌다. 조각을 살펴보면 페스트에 대항해 승리한 데 대해 신에게 감사하는 내용을 읽을 수 있다.

성 페터 성당 Katholische Kirche St. Peter

그라벤의 건물들 속을 헤쳐가다 보면 큰 교회가 양쪽 어깨를 가린 채

성 페터 성당

로 길 안에 숨어 있는 모습을 발견하게 된다. 겉모습도 위엄이 넘치지만, 안으로 들어가면 더욱 멋지고 성스럽다. 방문했을 때 오르간 소리가 나온다면 금상첨화다. 언젠가 한 번은 안에 들어갔다가 예기치 않은 오르간 공연 리허설과 마주쳤는데, 아름다운 돔 천정 밑에서 울리는 명품 오르간의 음향은 그야말로 신성함이 뿜어져 나오는 소리였다.

빈에 오면 대부분 성 슈테판 대성당만을 찾는데, 성 페터 성당도 중요한 성당이다. 교회의 역사는 무척 오래되어, 최초에는 4세기에 세워진 것으로 추정한다. 현재의 건물은 1701년에 바로크 양식으로 세워졌는데, 빈 최초의 돔형 건물이었다. 내부는 대단히 아름답고, 그 신성한 기운에 기분까지 좋아진다. 성 슈테판 성당과는 다른, 우아하며 고즈넉한 분위기를 자랑한다. 앞서 말했듯이 오르간 소리가 좋기로 유명하며, 오르간 연주회도 자주 열린다.

율리우스 마이늘 Julius Meinl

그라벤에는 눈에 띄는 간판이 있다. 빨간색 긴 모자를 쓴 아이의 얼굴이 그려져 있다. 로고에 그려진 캐리커처는 과거 오스트리아 제국 시절에 커피를 서비스하던 어린 흑인 노예를 그린 것으로, 빈의 오랜 커피 전통을 상징적으로 보여 주는 그림이다.

커다란 두 개의 건물을 한 가게가 모두 사용하고 있다. 가게를 들여다보면 다양한 커피 원두 외에도 여러 식품들이 진열된 모습을 볼 수 있다. 그렇다. 이곳은 유명한 커피 전문점이자 식품점인

율리우스 마이늘의 로고

율리우스 마이늘

'율리우스 마이늘'의 본점이다. 빈에서 가장 품질이 좋은 식재료와 식품 또는 와인을 구한다면, 여기서 사면 틀림없다. 1862년에 창업한 이 가족 기업은 5대째 이어지고 있다.

이곳의 유명한 로고는 그래픽 디자이너 요제프 빈더의 1924년 작품이다. 빈더는 커피가 어떻게 빈으로 흘러들어왔는지 보여주는 로고를 만들고자 했고, 그 결과물이 붉은색 펠트 모자를 쓴 흑인 소년의 모습이었다. 흑인의 피부색이 시대착오적이라는 평을 받아 2004년에 로고 전체를 붉은색과 흰색으로 구성했지만, 로고 속의 소년은 여전히 펠트 모자를 쓰고 있어서 사람들의 기억 속에는 똑같은 이미지로 남아있다. 가게의 1층은 구경만 해도 족할 만큼 양질의 식료품들이 많으며, 카페도 있다. 2층은 고급 레스토랑이다.

콜마르크트

콜마르크트 Kohlmarkt

율리우스 마이늘에서 호프부르크 궁전 쪽으로는 상점들이 늘어선 멋진 거리가 펼쳐진다. 브랜드 매장들이 늘어나는 게 아쉽지만, 아직 역사적인 가게들도 많이 남아있다. 여기를 '콜마르크트'라고 부른다. '숯 시장'이라는 뜻이다. 옛날에 숯이나 석탄을 사고파는 시장이었는데, 주변에 귀족의 저택들이 들어서면서 그들을 상대로 한 고급 가게들이 생기고 숯 시장은 밀려났다. 특히 뒤편에 금세공 가게들이 생겨서 귀금속 상점들이 많아졌다. 지금도 이곳에 위치한 오래된 가게들은 대부분 해당 업종에서 가장 유명한 가게들이라고 봐도 된다.

데멜 Demel

빈은 카페의 도시로 알려져 있으며, 빈의 커피는 유명하다. 하지만 커피에 못지않게 유명한 것이 커피의 곁에 따라다니는 케이크다. 빈에는 유명한 과자 가게들이 많다. 그중에서도 가장 저명한 곳은 역시 데멜 Café Konditorei Demel이다. 그 이름처럼 '커피 겸 과자 가게 데멜'이 원래 상호다. 어떤 이들은 빈에서 방문할 가장 중요한 곳으로 데멜을 꼽기도 했으며, 찰스 왕세자가 데멜에서 과자 만드는 과정을 지켜보는 모습이 신문에 실리기도 했다. 영화 「그랜드 부다페스트 호텔」을 보면 분홍색의 예쁜 과자 상자로 눈길을 빼앗는 과자 가게가 등장한다. 영화 속의 과자는 괴를리츠 Görlitz의 과자점에서 제작했지만, 디자인의 콘셉트는 데멜의 이미지다. 이렇듯 데멜은 빈을 넘어 세계에서 가장 유명한 과자점 중의 하나로 꼽힌다.

과자 가게치고는 건물이 크고 근엄하며 폐쇄적이다. 지나가다가 모

데멜

르는 사람이 쓱 문을 열고 들어가 볼 수 있는 분위기는 아니다. 그래도 워낙 유명해져서 요즘은 관광객으로 터져나갈 때가 많지만, 운이 좋아 사람이 별로 없을 때라면 인테리어를 찬찬히 살펴볼 만하다. 어떻게 과자가 이렇게 아름다운지, 또 얼마나 예쁘게 전시될 수 있는지 감탄이 나온다. 역사와 전통을 자랑하는 예쁜 상자와 포장을 보는 재미가 대단하다. 신바로크 양식의 인테리어는 빈에서 가장 유명했던 인테리어 회사 '포르투아 운트 픽스'의 작품이다. 매장의 1층 안쪽에는 카페가 있다. 사실 이 1층 카페가 2층보다도 더욱 데멜다운 분위기를 보여준다. 2층에는 보다 넓은 카페가 있는데, 올라가는 계단에서 케이크를 만드는 과정을 직접 볼 수 있다.

데멜에서 건물만 보아서는 안 된다. 이곳의 웨이트리스들은 건물보다 더 유명하다. 그녀들은 결코 친절하지 않다. 그들은 완벽한 서비스만 제공할 뿐, 과도한 웃음이나 아부를 흘리지 않는다. 전문직 종사자로서 특유의 자부심이 있다 하겠다. 오히려 그들에게 야단이라도 맞지 않으면 다행이라고 생각해야 할 것이다. 웨이트리스라기보다는 처음 가 본 성당의 수녀님이라고 생각하면 비슷할 것이다. 처음 온 사람들을 거의 교육시키다시피 하면서 서빙을 하는 그들은 검은 옷에 흰 머리 수건과 흰 앞치마로 이루어진 유니폼을 입고 있는데, 200년이 넘은 이 유니폼은 수녀원 학교 출신을 이곳의 웨이트리스로 고용했던 것에서 유래한다. 전통적인 복장 때문에 '데멜리너린넨Demelinerinnen'이라고 불리는 그들은 "이미 선택하셨습니까?Haben schon gewählt?"라고 묻는 등 고풍스

데멜

러운 단어를 사용하는 관행으로도 유명하다. 빈을 묘사한 여러 문학 작품이나 오페레타에 데멜리너린넨이 등장한다. 헬무트 콸팅거가 작곡한 노래 「데멜리너린넨」도 있다. 밀려드는 관광객들을 아랑곳하지 않는 데멜리너린넨의 자존심은 대단하다. 그들은 자신들을 빈 전통의 마지막 수호자라고 생각한다.

 데멜은 1786년에 루드비히 데네에 의해 미하엘 광장에 설립되었다. 1888년에 부르크 극장이 철거되면서 광장이 개조되었고, 과자점은 지금의 콜마르크트로 이전했다. 간판에 'K.u.K.'라고 적혀있는데, 이는 황실납품업자k.u.k. Hofzuckerbäcker라는 뜻이다. 실제로 데멜은 호프부르크 궁전의 뒷문에서 불과 100미터 정도 떨어져 있다. 과자를 좋아했던 프란츠 요제프 황제 부처는 거의 매일 이 집 과자를 먹었다고 한다.

포르투아 운트 픽스 Portois & Fix

 '포르투아 운트 픽스'는 세기말 오스트리아 제국의 대표적인 가구 제조 업체이자 인테리어 회사였다. 그러나 이곳은 단순한 회사가 아니라 빈 공방처럼 19세기 말과 20세기 초에 걸쳐서 실내장식과 가구를 예술의 수준으로 높여놓은 중요한 공헌자다. 벽지 장인인 요한 픽스는 1842년에 빈에 벽지 공방을 만들었다. 그의 아들인 안톤은 아버지의 사업을 물려받아서 확장시켰다. 특히 1873년 만국 박람회 기간에 상을 받은 픽스 공방은 빈의 링 슈트라세 건설 붐을 타고 지어진 많은 신축 건물의 벽지를 담당하면서 더욱 번창했다. 1881년에 안톤 픽스가 프랑스의 가구 장인인 오거스트 포르투아와 동업하면서 회사 명은 '포르투아 운트 픽스'가 되었다. 이때부터 회사는 벽지와 가구를

자허 토르테 사건 : 자허 대 데멜 사건 — 에피소드

　자허 토르테를 만든 이는 '카페 자허'의 프란츠 자허였다. 케이크로 성공한 자허는 호텔 자허를 설립했고, 호텔은 프란츠의 며느리인 안나 자허의 경영으로 승승장구했다. 그러나 안나가 사망하자 호텔 자허는 1934년에 파산했다. 그리고 안나 자허의 아들이 데멜의 딸과 결혼하면서 자허 토르테의 배급권을 처가인 데멜로 가져가 버렸다(다른 설에 따르면 자허가 배급권을 데멜에 매각했다). 2차 대전이 끝나자 데멜은 자허 토르테를 출시하기 시작했다. 그러자 자허를 매입한 새 주인은 1954년에 데멜을 상대로 자허 토르테 생산을 금지하라는 소송을 걸었다.

　그때부터 빈에서 가장 강력한 두 카페는 7년에 걸쳐서 자허 토르테의 개발 방식과 독창성, 상표명의 유래와 변천, 케이크에 잼을 넣는 방식과 마가린의 함량 등을 놓고 치열한 법정 공방을 벌였다. 재판과정에는 과자전문가와 요리평론가들이 동원되었고, 재판은 빈 사람들의 입에 오르내리며 화제를 뿌렸다. 결국 법정은 두 가게가 모두 자허 토르테를 생산할 수 있다는 판결을 내렸지만, 케이크의 이름은 법원이 결정했다. 결과적으로 자허의 토르테는 '오리지널 자허 토르테', 데멜에서 판매하는 것은 '에두아르트 자허 토르테'가 되었다.

아우르며 당시에 각광받던 가정용 가구와 인테리어 일체를 공급하게 되었다. 이후 회사의 명성은 널리 알려져 독일, 스위스, 이탈리아에서도 주문이 들어왔고, 런던, 파리, 밀라노, 토리노, 부다페스트, 카이로, 봄베이, 콘스탄티노플까지 지점을 개설했다. 1890년대에 직원은 700명에 달했다.

이후 유명 건축가 막스 파비아니가 1897년에 합류하면서 '하우스 포르투아 운트 픽스Haus Portois & Fix'가 설립되었다. 파비아니는 빈 공방과 긴밀한 협력 관계를 유지하고 예술가들을 실내장식으로 끌어들여서 인테리어에 예술성을 더했다. 회사는 파비아니뿐 아니라 오토 바그너, 콜로만 모저, 요제프 호프만 등 분리파 예술가들과 협력하여 그들의 작품을 실제 가정 인테리어에 적용했다.

포르투아 운트 픽스는 빈 국립 오페라극장, 부르크 극장, 국회의사당, 스페인 승마학교, 아우가르텐 도자기 가게 등을 비롯해 빈에 소재한 여러 은행들의 내부를 작업했다. 2008년에는 우편저축은행에서 회고전을 열면서 예술성을 인정받기도 했다. 이상의 건물들 외에 빈에서 이 회사의 인테리어를 볼 수 있는 곳으로는 카페 데멜, 카페 게르스트너, 식당 춤 슈바르첸 카멜, 보석상 로체트 운트 피쉬마이스터, 보석 가게 쾨헤르트, 양복점 크니체, 아메리칸 바, 호텔 자허, 호텔 임페리얼, 호텔 아스토리아 등이다. 이곳들을 만나면 유심히 살펴보기로 하자.

만츠Manz

1849년에 프리드리히 만츠가 만츠 서점 및 출판사를 차렸다. 그리고 1912년에는 아돌프 로스가 지금의 자리에 2층으로 된 서점과 출판사

사무실을 설계했다. 로스는 흰 대리석, 마호가니 패널, 금박 문자 등으로 서점을 꾸며서 이전까지의 상투적인 서점 인테리어에 혁신을 일으켰다. 지금도 콜마르크트에 꿋꿋하게 버티고 있는 만츠는 빈의 정신성과 세련된 디자인을 대표하는 상점으로 남아있다. 주로 전문적인 서적들을 취급하여 여행객이 구입하기는 쉽지 않지만, 이런 서점이 최고의 쇼핑가에서 명맥을 유지하고 있다는 점만으로도 경외심이 생긴다.

만츠

미하엘 광장 Michaelerplatz

콜마르크트 거리가 끝나는 곳에 호프부르크 궁전이 나타난다. 궁전 앞의 둥근 광장이 미하엘 광장이다. 1725년에 바로크 양식의 도시 광장으로 조성된 이곳은 3백 년이 지난 지금도 당시 모습이 보존되어 있어서 영화나 드라마의 촬영지로도 활용되고 있다.

과거 이곳에는 빈을 대표하는 부르크 극장이 있었지만, 지금은 철거되어 현재의 링 슈트라세에 있는 부르크 극장으로 옮겨갔다. 1838년에 빈 최초의 가스 가로등이 설치된 곳도 이곳이다. 가스등은 없어졌어도 우아한 가로등은 여전히 볼 만하다. 부르크 극장은 없어졌지만 현대건축의 상징과 같은 로스하우스가 그 지위를 대신한다.

호프부르크 궁전과 미하엘 광장

1990년에 광장 지하에서 고대 로마의 유적이 발견되었는데, 2013년부터는 바닥을 파헤쳐 영구히 유적지를 보여주고 있다. 이는 한스 홀라인의 설계인데, 원래의 광장을 손상시켜 논란이 되기도 했다. 하여튼 이 광장에서 가장 멋진 광경은 유명한 건물인 호프부르크 궁전을 바라보는 게 아니라, 반대로 저녁에 궁전을 등지고 서서 콜마르크트 거리를 바라보는 것이다. 가로등이 켜지기 시작하면 오래전 마차들이 지나다녔을 거리의 옛 모습이 되살아난다.

로스하우스 Looshaus

황궁인 호프부르크 궁전의 뒷문에 면한 미하엘 광장에 가 보면, 궁전 건너편에 궁전과는 전혀 어울리지 않는 현대적 건물이 서 있다. 장식이라곤 전혀 없는 하얀 패널 같은 건물 정면에는 사각형의 창문 20개가 초콜릿 상자 속의 초콜릿들보다도 반듯하게 배열돼 있다. 더욱 놀라운 점은 건물이 지어진 시기다. 1909년에 지어진 이 건물은 이른바 빈 현대건축의 시발이 되었던 로스하우스다.

로스하우스는 모더니즘을 선도한 아돌프 로스가 설계했다. 이 건물이 세워졌을 때, 구체제의 상징이었던 황제 프란츠 요제프 1세는 장식 없는 창문을 '눈썹 없는 건물'이라고 혹평했다. 황제가 이 건물을 보지 않으려고 정문 쪽으로 돌아갔다는 이야기도 있다. 어쩌면 황제가 보고 싶지 않았던 것은 시대를 앞서가는 건물이 아니라 급변하는 새로운 세상이 아니었을까? 그것이 오스트리아 제국이 무너진 이유였을 수도 있다. 노년황제는 자신의 힘으로 시대의 흐름을 막을 수 없다는 것을 알고 있었을지도 모른다.

원래 이 건물은 '골트만 운트 잘라치' 양복점이었다. 1,2층은 양복점으로, 3층 이상은 사무실이나 아파트로 사용하기 위해 지어졌다. 현재는 보호 문화재로 지정되어 있으며, 1987년부터는 라이파이젠 은행이 사용하고 있다. 하지만 로스 건축의 압권은 건물 밖이 아니라 내부에 있는데, 기능적이면서도 아름다운 인테리어를 볼 수 있다. 현재는 로비만 볼 수 있을 뿐이지만, 그래도 천정과 벽 그리고 계단과 난간 등의 디자인은 놓칠 수 없다. 현재 국가 문화재로 보호되고 있다.

로스하우스

아돌프 로스
Adolf Loos, 1870~1933

인물

아돌프 로스는 오스트리아 헝가리 제국의 영토였던 모라비아 지방의 중심도시 브르노에서 태어났다. 석공石工이었던 그의 아버지는 청각 장애인이었다. 로스는 아버지의 건축적 재능뿐만 아니라 청력도 물려받았다. 로스의 난청難聽은 평생 그를 괴롭혔으며, 성격과 행동에도 영향을 끼쳤다. 아버지가 사망하자 어머니는 아버지의 사업을 이어가며 아들을 교육시켰다. 로스는 브르노 기술학교에 이어 드레스덴 공대에 입학했지만, 도중에 그만두고 미국으로 여행을 떠났다. 그는 3년간 필라델피아, 뉴욕, 시카고, 세인트루이스 등 여러 도시들을 구경하고 밑바닥의 직업도 전전하며 견문을 넓혔다. 그 경험은 나중에 그의 건축 세계를 형성하는 데 결정적인 영향을 끼친다.

그는 브르노가 아니라 제국의 수도 빈으로 돌아왔다. 그는 빈에서 많은 지식인들과 만나면서 영향력을 넓혀 갔다. 초기에 카페나 상점의 인테리어 등 작은 일들을 맡았던 그는 도발적인 제목의 에세이『장식은 범죄다』를 발표하여 주목을 받았다. 이 책의 제목처럼 로스는 빈의 건축들이 본질보다는 장식에 돈과 시간을 낭비하고 있음을 지적했다. 그는 보다 단순하고 본질적인 건축을 주창했다. 이렇게 빈의 모더니즘 건축이 태동했다.

로스의 건축물 중에서 가장 유명한 것은 로스하우스다. 빈의 재단사였던 골트만과 잘라치를 위해서 지은 이 건물은 건너편이 호프부르크 궁전이었던 까닭에 유구한 제국에 반기를 드는 듯한 모습으로 화제를 모았다. 이후 로스는 파리로 가서 소르본 대학에서 강의하고 설계를 계속했다. 또한 시카고 트리뷴 등 여러 신문과 잡지에 기고하면서 건축철학가, 저술가, 교수로도 명성을 쌓았다. 한편 그는 뛰어난 패션 스타일리스트이기도 했다. 높은 품질의 옷감과 가죽을 좋아했던 그는 단순하고 스타일 있는 차림으로 유명했다.

"빈 모더니즘 건축의 선구자"

로스는 세 번 결혼했지만, 모두 이혼으로 끝났다. 그의 불행한 결혼 생활 뒤에는 소아성애 취향이 있었을 것으로 보는 견해가 있다. 그는 어린 소녀를 나체 모델로 사용한 일로 기소되어 유죄 판결을 받았다. 하지만 그를 더욱 비극적으로 만든 것은 난청이었다. 그는 평생 청력 장애로 고생하다가 50세부터는 완전히 청각을 잃었다. 이후 조발성 치매와 뇌출혈로도 고생한 그는 빈 인근의 칼크스부르크에서 62세로 사망했다. 그의 대표적인 작품들로는 로스하우스 외에도 빈의 카페 무제움, 아메리칸 바, 크니체, 만츠, 하우스 몰러, 프라하의 빌라 밀러, 몽트뢰의 빌라 카르마 등이 있다.

로덴 플랑클 Loden Plankl

미하엘 광장에서 찾을 수 있는 오래된 가게 중 하나다. 1830년에 세워진 가게는 빈의 전통적인 의류점들 중에서도 가장 오래된 곳이며, 의류에 관한 남다른 전문성으로 명성이 높다. 빈의 전통적인 직물로 만든 전통 의류와 그 부속품들은 이곳에서 만든 게 최고일 것이다. 빈의 귀족적 관례에서 비롯된 전통 의상, 셔츠, 스카프, 드레스, 신발, 장갑, 모자까지 다양한 물품을 구경할 수 있다. 기념품을 구입하기에도 최적의 매장이 아닐까?

뷜마이어 Bühlmayer

미하엘 광장 6번지 안으로 들어가면 그림책에서나 봤을 법한 예쁜 안마당이 나오는데, 뷜마이어라는 간판이 보인다. 1830년에 설립된 이 액자 공방은 금박을 입힌 고전적이고 화려한 액자를 전문으로 한다. 이곳의 금박 솜씨는 황실 납품 업체로 지정될 정도였으며, 지금도 황금빛 액자는 명성을 유지하고 있다. 대부분의 액자를 공장에서 만드는 이 시대에도 귀중한 그림은 손으로 만든 액자에 넣을 가치가 있을 것이다. 요즘은 액자 주문이 줄어서 액자 외에 금박을 입힌 조각, 조명 기구, 샹들리에 등 장식물들도 제작한다.

카페 첸트랄 Café Central

카페 첸트랄은 이제 카페라기보다는 일종의 유적지가 된 듯하다. 카페의 도시 빈에서도 가장 대표적인 카페인 이곳은 호프부르크 궁전 뒤쪽의 헤렌 가세 14번지, 즉 귀족들이 모여 살던 동네의 중심부에 위치

카페 첸트랄

한다. 관광객들로 북적이는 지역으로부터 조금 벗어나 있어서 과거의 분위기를 여전히 간직한 느낌을 준다.

안으로 들어가면 많은 기둥과 아치 형태의 지붕 그리고 그 사이에 늘어진 샹들리에들이 여느 소박한 카페들과는 다른 느낌으로 다가온다. 카페 첸트랄은 애초에 귀족의 궁전으로 지어진 '팔레 페르스텔Palais Ferstel'의 1층을 카페로 개조한 것이다. 지금도 건물의 반대쪽은 은행과 증권회사가 사용하고 있다. 들어가면 웬 아저씨가 앉아서 커피를 마시고 있다. 아니, 아저씨가 아니라 인형이다. 바로 첸트랄의 마스코트인 페터 알텐베르크다. 가난한 작가였던 그는 이 입구에 앉아서 들어오는 사람들의 캐리커처를 그리거나 짧은 글을 써서 팔았다. 그를 기리기 위해서 인형을 만들어 여기 앉혀 놓은 것이다.

빈의 지적인 시민들은 자주 가는 단골 카페를 정해 놓고 정기적으로 다녔다. 그런 패턴이 저명한 카페들을 만든 원동력이다. 1876년에 문을 연 카페 첸트랄은 지성인과 작가들이 가장 많이 모인 곳으로 유명했다. 알텐베르크를 위시하여 테오도르 헤르츨, 알프레트 아들러, 아르투르 슈니츨러, 후고 폰 호프만스탈, 아돌프 로스 등 이곳의 단골 목록은 무척 화려하다. 그야말로 오피니언 리더들의 사랑방이었다. 그래서 이들과 만나고 싶었던 사람들도 이곳을 기웃거렸다. 레온 트로츠키도 빈에 거주할 때에 이곳을 자주 찾아 혁명 논리를 펼쳤다. 히틀러도 빈에 체류하던 시절에 귀동냥을 위해서 들렀다고 한다. 2차 대전 때부터 문을 닫았던 카페는 1975년에 팔레 페르스텔이 복구되면서 함께 재개장했다.

빈 카페의 특징

빈 카페café가 유명해진 것은 특유의 문화를 형성했기 때문이다. 사람들은 각기 자신의 성향에 맞는 카페를 찾아서 모였다. 그곳에서 신문과 잡지를 보고 토론하고 친구를 사귀었다. 그곳에서 책도 나왔고 사상도 예술도 나왔다. 그런 빈 카페는 하드웨어적인 특징으로도 유명하다.

첫째로 신문철이다. 빈 카페는 많은 신문들을 가져다 놓았다. 신문의 종류에 따라 단골도 나뉘었다. 신문들은 구부러진 나무로 된 신문철에 매어 있어서, 왼손만으로 편하게 신문을 들고 볼 수 있다.

둘째로는 '토네트 의자'다. 우리가 흔히 '카페 의자'라고 부르는 토네트 의자가 19세기 빈에서 발명되었다. 가구 장인 미하일 토네트가 나무를 구부리는 기술을 이용해 만든 이 가볍고 아름다운 의자에는 토네트의 이름이 붙었다.

셋째로 가죽 소파다. 많은 빈 카페의 벽에는 고정된 소파가 있었고, 다들 거기에 가죽을 씌웠다. 자허 같은 곳은 특유의 붉은 천을 쓴다.

넷째는 대리석을 테이블 상판上板으로 썼다는 점이다. 빈 카페에 온 사람들은 이 차갑고 위생적인 대리석 테이블에서 식사는 물론, 책도 보고 글도 썼다.

다섯째로 샹들리에다. 가정에서는 보기 힘든 샹들리에는 사람들을 카페로 끌어내는 매력 요소 중의 하나였다. 카페 첸트랄이나 카페 무제움의 샹들리에는 지금도 명물로 꼽힌다.

여섯째로 옷걸이다. 카페에는 많은 옷걸이가 있어서 손님들은 먼저 코트, 모자, 우산, 지팡이 등을 걸어놓고 나서 앉는 것이 예의였다. 바쁜 웨이터가 도와주지 않으므로, 카페에서는 본인이 직접 해야 한다.

일곱째로는 당구대나 게임 테이블이다. 19세기만 해도 당구대는 호사스러운 물품이었다. 마찬가지로 고객들의 오락을 위해 준비된 체스나 카드테이블도 카페가 지닌 매력이었다. 카페 슈페를에는 아직도 당구대와 게임테이블이 남아있다.

여덟째는 당연히 커피다. 커피 항목(128쪽)에서 상세히 설명하겠다.

마지막 아홉째로는 웨이터다. 그들은 친절하지만 자부심이 강하고 손님에게 굽실거리지 않는다. 그래서 종종 오만하다는 말을 듣기도 한다. 팁은 좋아하지만 많이 준다고 굽실거리는 모습을 보기는 어렵다. 노련하고 손님의 취향까지 기억하는 늙은 웨이터야말로 빈 카페의 진짜 상징이라고 말하는 사람이 많다. 데멜이나 자허 같은 곳에서는 웨이터 대신에 웨이트리스를 쓰는 전통이 있다.

카페 슈페를의 신문철과 당구대

아르투르 슈니츨러
Arthur Schnitzler, 1862~1931

인물

유대인 의사를 아버지로 둔 아르투르 슈니츨러는 빈에서 태어났다. 그는 아버지를 도우면서 의사 일을 시작했다. 또한 아버지가 발행한 의학 잡지의 편집자로 일하면서 자신의 문학 작품들을 발표했다. 그는 빈의 지성인들과 폭넓은 교류를 했다. 그중에서 후고 폰 호프만스탈, 리하르트 베어 호프만, 헤르만 바르, 펠릭스 잘텐, 페터 알텐베르크 등과는 깊은 교류를 나누었다. 빈 모더니즘을 대표하는 작가들이었던 그들은 '젊은 빈'이라는 써클로 불렸다.

의사로서 슈니츨러는 처음에는 아버지를 따라 이비인후과 환자를 봤는데, 성대에 문제가 생긴 부르크 극장의 배우들이 그를 많이 찾았다. 그렇게 그는 연극계와 친해졌고 여배우들과도 교제했으며, 결국 여배우와 결혼했다. 한편, 그는 많은 성병 환자를 만나면서 빈의 자유분방한 성적 분위기에 관심을 가졌다. 그러면서 빈 사람들의 심리적 특성을 관찰하고, 인간의 심리에 관심을 갖게 되었다. 즉 슈니츨러의 의학적 관심 분야를 순서대로 나열하면 이비인후과, 피부과, 정신과의 순서라고 할 수 있는데, 이는 그의 문학 창작과도 대응한다.

슈니츨러는 세기말에서 20세기 초에 이르는 빈의 인간 군상의 모습을 현미경으로 들여다보듯이 세밀하게 그려냈다. 그는 의 사이자 자연과학자로서 특유의 관찰력을 가지고 있었으며, 자신이 관찰한 바를 의료 기록을 쓰듯이 정밀하게 표현했다. 그 기조는 프로이트적인 정신분석학이었다. 그는 프로이트와 비슷한 점이 많았다. 동시대에 같은 도시 빈에서 활동했고, 같은 유대인이자 같은 의사이며, 빈 의대 동문이었고, 둘 다 저명한 저자였다. 하지만 두 사람은 친한 관계는 아니었다. 의대 6년 선배인 프로이트가 손을 내밀어주어야 했지만 그렇지 못했다. 나중에 프로이트 자신이 "나의 도플갱어에 대한 부끄러움 때문이었다"라고 고백했지만, 임상 이상의 창작을 해내는 슈니츨러에 대한 프로이트의 두려움 내지는 열등감 같은 것도 있지 않았을까?

"빈의 위선을 고발한 용기 있는 작가"

또한 슈니츨러의 작품은 빈에 만연한 불륜 관계를 적나라하게 표현했다. 당시 빈은 성적으로 자유분방했지만, 겉으로는 체면을 중시하고 완고한 도덕적 잣대를 휘두르는 이중적인 사회였다. 그런 빈을 고발했던 이 대담한 유대인 작가는 신작을 발표할 때마다 공격을 받았으며, 그에 대한 스캔들도 끊이지 않았다. 대표작으로 『라이겐』, 『카사노바의 귀향』, 『꿈의 노벨레』, 『아나톨』, 『구스틀 소위』, 『테레제』 등이 있다. 1928년에 그의 딸이 자살하자 슈니츨러는 정신적 충격에 빠졌고, 의욕을 상실하며 창작욕도 꺾였다. 1931년에 뇌출혈로 세상을 떠났다.

『라이겐』
『Reigen』 — 희곡

　슈니츨러가 쓴 희곡이다. 1920년에 베를린에서 초연되고 출판된 이 작품은 1900년을 전후한 빈 사람들의 모습을 적나라하면서도 문학적으로 표현한 명작이다. 작가의 뛰어난 두뇌에서 나온 독특한 구조가 사람들을 놀라게 했으며, 등장인물들의 적나라한 관계와 예리하고 상징적인 대사들도 많은 화제를 낳았다.『라이겐』은 인간 자체에 관한 묘사와 함께 당시의 빈, 나아가서 유럽의 세태를 알려주는 최고 수준의 작품이다. 처음 베를린에서 출간되자 풍기를 해쳤다는 이유로 금서로 지정되었지만, 4만 부가 팔렸다. 베를린에서 이뤄진 초연도 화제를 불러 일으켰고, 이는 20세기 연극사에서 가장 큰 스캔들 중의 하나로 기록된다.

　『라이겐』에는 열 명의 인물이 나온다. 첫 장에서는 한 매춘부가 군인과 사랑을 나눈다. 이어서 그 군인은 하녀와도 사랑한다. 다음에 하녀는 젊은 주인과 연애를 하고, 그 젊은 주인은 다른 부인과 만난다…. 그런 식으로 10명은 파트너를 바꾸어 가면서 다른 사람을 만나고, 마지막 열 번째의 사람은 다시 맨 처음 사람을 만난다. 이렇게 해서 열 명은 하나의 고리를 완성한다. 여기 나오는 10명, 즉 매춘부, 병사, 하녀, 젊은 남자, 젊은 부인, 그녀의 남편,

소녀, 시인, 여배우 그리고 백작은 당시 빈을 대표하는 여러 계층의 사람들을 아우른다.

'라이겐'은 여러 명이 번갈아 파트너를 바꾸어 가면서 추는 춤의 이름이다. 즉 이 작품의 제목은 파트너를 바꾸어 가면서 만나는 빈 사람들의 모습을 묘사한 것이다. 의사이기도 했던 슈니츨러는 문란한 교제가 이루어지던 빈 사람들에게 만연한 성병性病을 관찰했고, 나아가 이러한 질병을 가져온 사회의 근본적인 세태를 날카롭게 관찰했다.

> ## 끝없이 이어지는 위선의 고리

이 작품에는 사회의 밑바닥을 상징하는 프롤레타리아부터 최상위층인 백작에 이르기까지 유럽 사회를 구성하는 다양한 계층이 다 나온다. 그들은 겉으로는 명예와 체면을 내세우지만, 결국 하나의 고리에 들어와서 윤리를 내던지고 본능에 충실한 행위를 서슴지 않는다. 슈니츨러가 표현한 이런 고리는 빈에 수백 개가 있었을 것이다. 『라이겐』은 결국 유대인에 대한 비난이라는 왜곡된 공격과 함께 국가가 예술에 어디까지 관여해야 하는가 하는 정치적인 선례를 남긴 작품이 되었다. 이 명작은 여러 차례 영화화되었는데, 그중에서도 막스 오필스가 만든 「윤무 La Ronde」가 최고의 평가를 받는다.

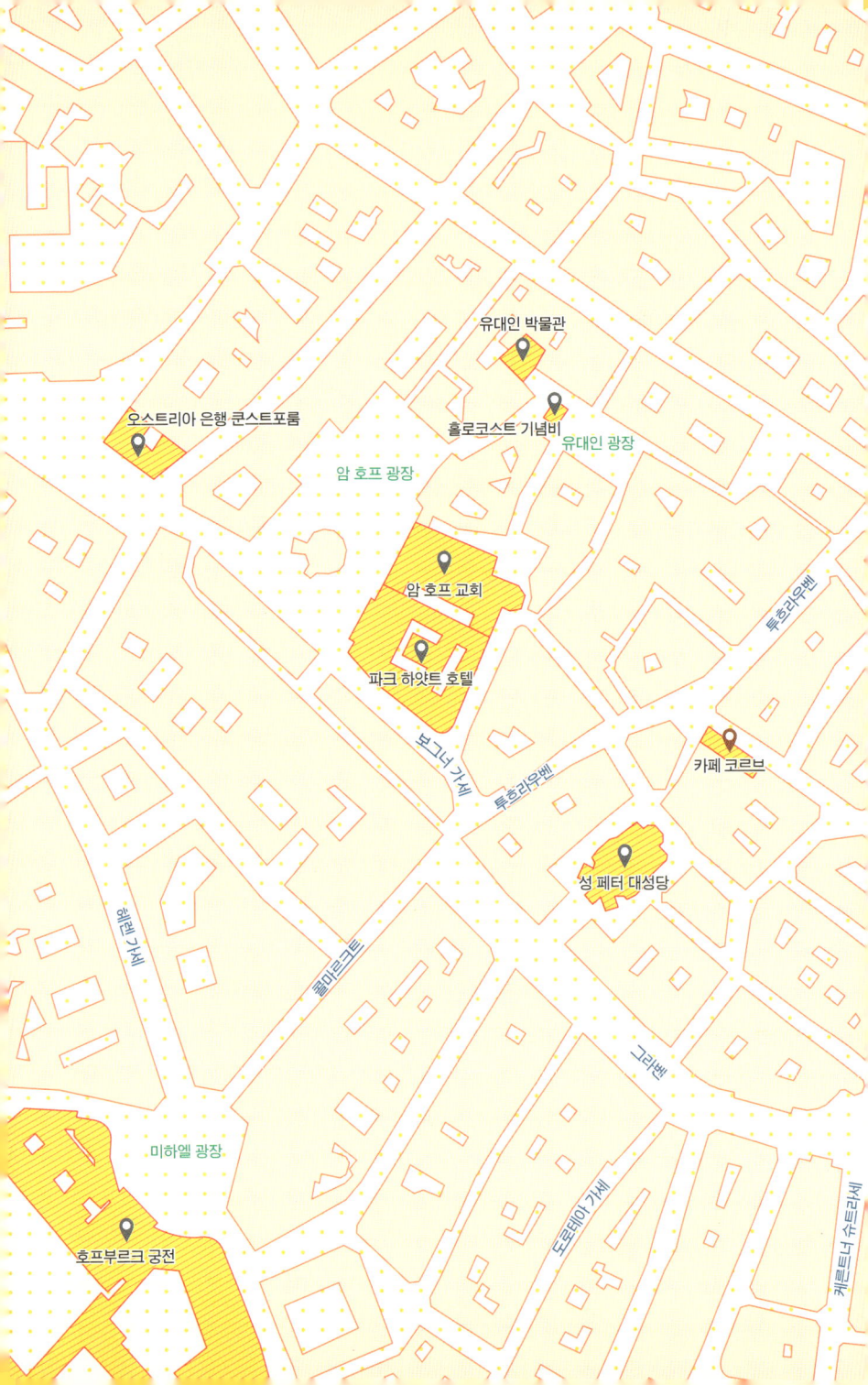

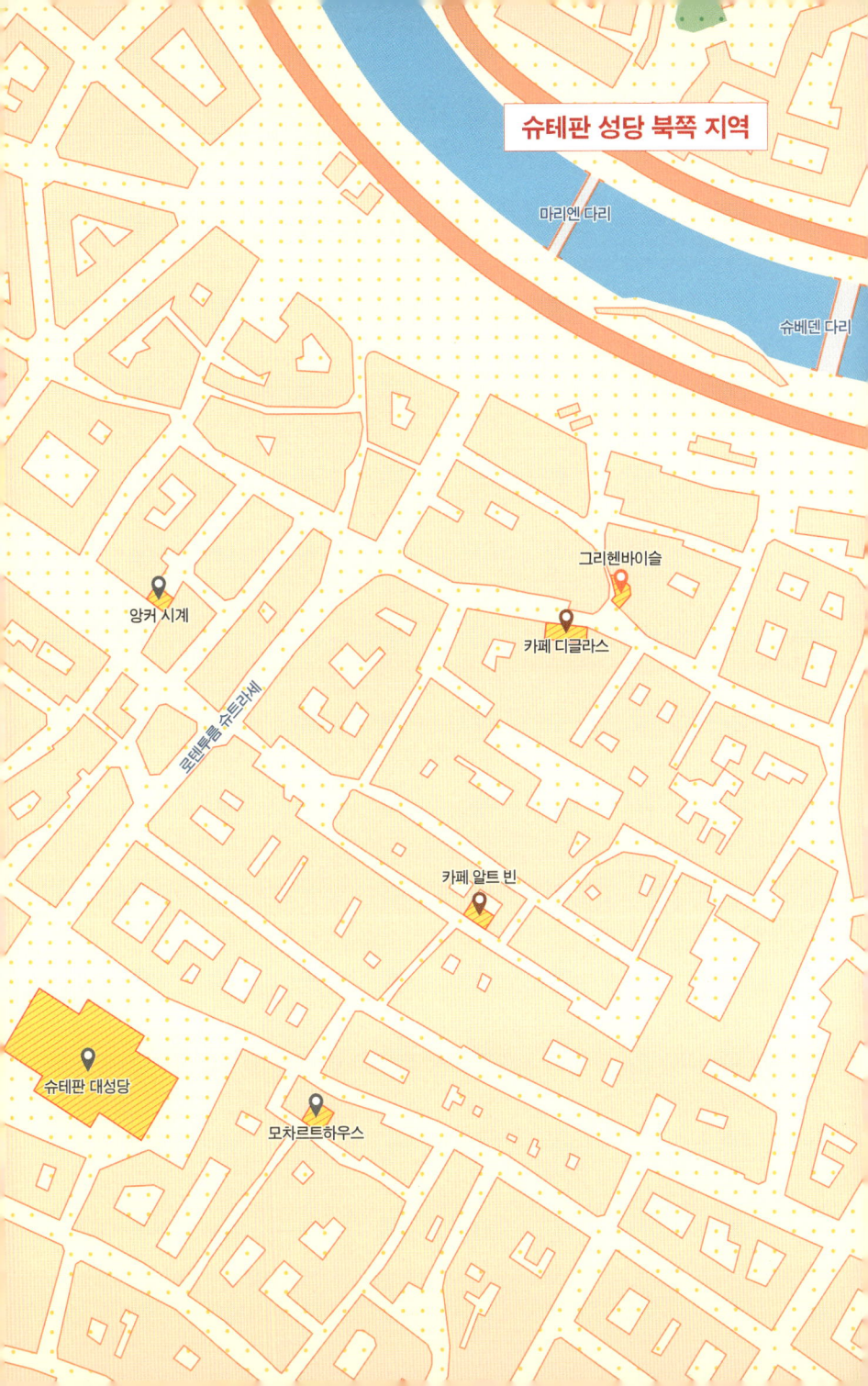

슈테판 성당 북쪽 지역

암 호프 광장 Am Hof

그라벤 뒤편에 있는 '암 호프' 혹은 '암 호프 광장'은 빈 구도심 깊숙이 위치하는 광장으로서, 빈에서 가장 오래되고 역사적인 지역으로 꼽힌다. 1962년에는 암 호프 광장의 지하에 주차장을 건설하다가 로마시대 거주지가 발견되었다. 12세기에 바덴베르크 공작이 로마군 병영 터에 궁전을 짓고 살았는데, 이때 이 지역에 "궁전에 면한" 즉 '암 호프'라는 이름이 붙었다. 이 지역은 나중에 시장이 되었고, 다시 수도원이 들어섰으며, 1420년에 교회가 지어졌다.

이곳은 과거 크리스마스 시장이 들어서서 인기를 끌기도 했는데, 요즘도 12월에 크리스마스 시장이 열린다. 또한 제야를 기념하는 음악 행사가 열리고, 부활절 기간에 벼룩시장도 열린다. 20세기 이후로는 금융 중심가로 발전해서 은행 건물들이 모여 있다. 그래서 많은 금융회사 직원들이 광장을 오가며, 세련되고 고급스런 카페나 가게도 늘어났다.

암 호프 교회 Kirche am Hof

암 호프 광장의 분위기를 주도하는 건물은 '암 호프 교회'다. 원래 고

암 호프 광장

딕 양식이었지만 1607년의 화재로 보수를 하면서 바로크 양식으로 바뀌었다. 그래서 고딕풍의 내부에 바로크풍의 외부를 입힌 독특한 모양이 되었다. 현재는 크로아티아계 가톨릭 신도들의 교회다.

파크 하얏트 호텔 Park Hyatt Wien

호텔 이야기를 하려는 것은 아니다. 지금의 파크 하얏트 호텔은 100년이 넘은 유서 깊은 은행 건물을 호텔로 개조한 것으로서, 건물로나 위치로나 관심을 가질만한 장소다. 암 호프 광장이 발전하면서 이곳에는 금융 기관들이 많이 들어섰다.

1915년에 완공된 육중한 분위기의 건물은 저지低地 오스트리아 할인 은행의 본점이었다. 그러다가 최근에 건물을 개조해서 호텔이 되었다. 그래서 로비의 곳곳에 화폐나 금과 같은 금융과 관련된 이미지를 인테리어에 사용하고 있다.

카페 암 호프 Café am Hof

파크 하얏트 호텔에 있는 19세기 빈 스타일의 카페다. 이곳은 전통도 없고 역사도 없지만, 빈의 유서 깊은 카페들에게 당당히 도전장을 내밀었다. 넓은 창으로 보이는 보그너 가세의 전망이 아름답다. 또 파격적으로 화려한 인테리어는 마치 빈 분리파 시대의 별실로 들어온 듯한 기분을 불러일으킨다. 커피나 케이크들은 품질이 뛰어나고 간단한 식사도 훌륭하다. 앞으로 이 카페가 빈의 전통 속에서 살아남을 수 있을지는 지켜보아야 할 것이다.

오스트리아 은행 쿤스트포룸 Bank Austria Kunstforum Wien

은행이었던 건물의 일부를 현대미술 전시장으로 만든 곳이다. 건물은 에른스트 고트힐프와 알렉산더 노이만의 작품으로, 1921년에 완공되었다. 처음에는 '오스트리아 산업 및 상업 신용회사'로 사용되었다. 합병으로 은행은 문을 닫았고, 현재 소유주는 오스트리아 은행이다.

이 건물은 1989년에 건축가 구스타프 파이츨이 개조하면서 현대미술 전시관으로 거듭났다. 2008년에 명칭이 '오스트리아 은행 쿤스트포룸'으로 변경되었다. 전시 작품은 고전적인 모더니즘부터 전후의 전위 회화와 현대 회화, 조각, 사진, 비디오 아트 등이 주를 이룬다. 그리고 오스트리아 은행이 특별히 오스트리아 작가의 작품에 투자한 미술품들이 별도로 '오스트리아 미술'이라는 이름으로 보관되어 있다. 클림트, 코코슈카, 마리아 라스니히, 에른스트 푹스, 아르눌프 라이너 등의 작품이 포함되어 있다.

홀로코스트 기념비 Mahnmal für die 65,000 Ermordeten Österreichischen Juden und Jüdinnen der Shoah

유덴플라츠 Judenplatz 즉 '유대인 광장'에 들어서는 순간, 절대로 잊을 수 없는 구조물을 보게 된다. 평화롭고 아름다운 빈 시내에 초우주 공간에서 내려온 듯한 비현실적인 구조물이 앉아있다. 많은 책을 쌓아놓은 모양의 건물, '이름 없는 도서관'이라고도 알려진 이 구조물은 영국의 설치예술가인 레이첼 화이트리드의 작품이다. 나치에 의해 살해당한 오스트리아 유대인 65,000명을 기리기 위한 것이다.

이 홀로코스트 기념비는 가로 10미터에 세로 7미터, 높이 3.8미터의

홀로코스트 기념비

철근 콘크리트 구조물이다. 4면은 모두 도서관 서가처럼 책이 꽂혀있는 형태인데, 책의 등背이 바깥을 향하지 않고 책장 안으로 꽂힌 모양이다. 그래서 책 안쪽이 밖을 향하다 보니 책의 제목도 내용도 알 수 없어서 '이름 없는 도서관'이라고 부른다. 서가書架 가운데에는 출입문이 있지만, 손잡이가 없어 들어갈 수 없다. 즉 책은 있지만 들어갈 수도 읽을 수도 없는 도서관이다. 이는 경전의 종교인 유대교와 그들에 대한 학살을 표현한다.

이 작품은 설치될 때부터 많은 반대를 일으켰다. 광장 주변과 어울리지 않으며, 대공포대나 지하 벙커를 연상시킨다는 이유였다. 하지만 이 구조물은 유대인 문제와 홀로코스트의 비극에 대해 문제의식을 불러일으키는 데에는 확실히 성공했다. 프로젝트를 주도한 지몬 비젠탈은

"기념물은 결코 아름다워서는 안 되며, 우리는 상처를 받아야 한다"고 말했다. 한편, 화이트리드는 기념물에 일부러 낙서 방지용 코팅을 하지 않았는데, 그는 이렇게 말했다. "누군가 여기에 낙서를 한다면 닦을 수는 있다. 하지만 그런 낙서는 사회에서 무슨 일이 일어나는지 우리가 생각하게 만들어 준다."

유대인 박물관 Jüdisches Museum der Stadt Wien

빈의 유대인 박물관은 두 곳이다. 하나는 도로테어 가세Dorotheergasse에, 다른 하나는 유덴플라츠 즉 유대인 광장에 있다. 1896년에 세계 최초의 유대인 박물관으로 설립된 이곳은 유대인 박해보다는 유대인의 역사를 알리고 유품이나 예술품을 전시하기 위한 곳이었다. 이곳은 유럽인들에게 팔레스타인의 역사와 문화를 홍보했으며, 빈에서 발달한 시온주의에도 영향을 끼쳤다. 당연히 나치 집권 당시에는 폐쇄되었다가 1986년에 새롭게 문을 열었다. 이어서 2000년에는 홀로코스트 사망자들을 기리

유대인 박물관

기 위한 빈의 두 번째 유대인 박물관이 유대인 광장에서 개관했다.

새 유대인 박물관은 건축가 제니타 코마트의 설계에 의한 현대적인 건물 디자인과 다양한 전시로 각광을 받았다. 이에 2011년에는 첫 번째 박물관도 시설과 전시물을 완전 리모델링했다. 결론적으로 두 박물관 모두 최근 방문객이 급증하면서 빈의 명소로 부상하고 있다. 역사적인 면에서는 두 번째 박물관이 더 의의가 있겠지만, 첫 번째 박물관도 유대인들이 빈이라는 도시에 얼마나 크게 기여했는지를 알기 위해서 방문할 필요가 있다. 하나의 티켓만 구입하면 두 곳을 모두 입장할 수 있다.

19세기 빈에 살았던 많은 사업가들과 작가, 예술가들이 유대인이라는 사실은 익히 알려져 있다. 세기말의 빈은 유럽에서 유대인 비율이 가장 높은 도시로서 인구의 11퍼센트가 유대인이었다. 이들 중에는 특히 지식층이 많아서, 빈에서 유대인의 기여는 절대적이었다. 세기말 빈의 의사의 61퍼센트, 변호사의 57퍼센트가 유대인이었다. 특히 유명한 인물만 추려도 긴 목록이 필요할 것이다. 작가로는 슈테판 츠바이크, 페터 알텐베르크, 카를 크라우스, 요제프 로트, 펠릭스 잘텐, 프란츠 베르펠, 음악가로 에리히 코른골트, 프리츠 크라이슬러, 구스타프 말러, 아르놀트 쇤베르크, 요제프 요아힘, 철학자로는 루트비히 비트겐슈타인, 정신분석학자로는 구스타프 프로이트, 알프레트 아들러, 안나 프로이트, 빅터 프랑클 등이 모두 유대인이다.

카페 코르브 Café Korb

1904년에 세워진 카페 코르브는 유대인 광장 주변 깊숙한 곳에서 동네 사랑방 같은 역할을 하는 명소다. 100년이 넘었지만 지금도 배우나 작가 같은 예술가들이 많이 찾으며, 작가 엘프리데 옐리네크 등이 문학모임을 열고 있는 카페다. 처음에는 건축가 율리우스 마이레더가 설계했지만, 1950년대에 전면적으로 개조된 이후부터 쭉 그때의 분위기를 고수하고 있다.

카페 코르브

이곳은 설립자의 후손인 수잔네 비들 여사의 카리스마와 퍼포먼스가 아주 유명하다. 특히 2004년에 지하 화장실에서 배관이 터진 적이 있는데, 오히려 이를 기회로 삼은 비들은 디자이너인 만프레트 볼프 플로테크에게 위촉하여 알루미늄으로 된 전위적인 화장실로 꾸며 버렸다. 이 화장실은 건축상을 수상했고, 카페의 지하는 명소가 되었다. 음식도 평판이 좋은데, 특히 빈 스타일의 애플파이인 '아펠슈트루델 apfelstrudel'의 명성이 높다.

앙커 시계 Ankeruhr

슈테판 대성당 뒤편의 깊은 골목 안에 '앙커 시계'가 있다. 유명한 앙커 보험회사가 두 개의 사옥 건물을 연결하기 위해서 길 위에 통행용 다리를 놓았는데, 이것을 만들 때에 다리 외부에 멋진 시계를 설치한 것이다.

앙커 시계

1915년에 가동된 앙커 시계는 당시 유럽 최고의 기술자들이 모두 동원된 최고의 시계다. 매시간 시계에서 인형이 나타나는데, 빈의 역사적인 영웅과 군주들이 등장한다. 놀라운 것은 12명의 군주들에 이어서 마지막에는 군주도 영웅도 아닌 요제프 하이든이 나온다는 사실이다. 여기에 나오는 음악이 원래 황제 찬가였는데, 하이든의 오라토리오 『사계』의 음악으로 바뀌었다. 인형을 보려고 사람들이 서서 기다리지만, 사실 중요한 것은 다리와 시계의 전체적인 디자인이다. 이것은 바로 클림트와 함께 '예술가 회사'를 이끌었던 화가 프란츠 마쳐의 디자인으로서, 유겐트슈틸 양식의 최고 걸작으로 손꼽힌다.

모차르트하우스 Mozarthaus Wien

모차르트는 대주교와 아버지를 피해서 고향 잘츠부르크를 떠나 아내와 함께 빈에서 생활했다. 이때부터 모차르트는 가장이자 생활인으로서, 또한 고통스러운 예술가로서 살아가기 시작했다. 슈테판 대성당 뒤편 깊숙한 곳에 위치한 이 집은 모차르트가 1784년부터 1787년까지 세 들어 살았던 곳으로, 현재 빈에 남아 있는 유일한 모차르트의 집이다.

이 집은 1945년부터 '피가로 하우스'라는 이름으로 대중을 유인했다. 나도 그 시절에 방문한 적이 있었는데, 이름부터 전시까지 관광객 상대의 얼치기 박물관 느낌이었다. 그러다가 2004년부터 대대적으로 투자하여 모차르트 탄생 250주년인 2006년에 '모차르트하우스'로 다시 태어났다. 모차르트가 살았던 부분 외에도 건물 전체를 빈 시립 박물관 산하의 작은 박물관으로 만들어서 그의 빈 시절 생활과 작품에 대한 전시를 한다.

카페 알트 빈 Kaffee Alt Wien

빈은 카페가 유명하다지만, 유명한 카페들은 대부분 관광객들이 가득해서 진정한 빈 카페의 문화를 알 수 없게 된 곳이 많다. 우리도 관광객이긴 하지만, 그래도 당연히 관광객 대신 현지인들이 많이 찾는 곳을 알고 싶어 한다. 물론 그것이 알려지면 다시 거기에 관광객이 넘치고, 현지인은 다시 다른 곳으로 숨어드는 아이러니가 반복되겠지만….

구시가 깊숙이 숨어 있는 '카페 알트 빈'은 서민적인 빈의 분위기를 고스란히 유지하고 있으며, 아직도 관광객에게 점령되지 않은 카페 중의 하나다. 이곳은 유명한 카페 사업가인 레오폴트 하벨카가 1936년에 열었다. 하벨카는 1939년에 지금의 카페 하벨카로 옮겨갔고, 이곳은 간판을 바꾸고 그 자리에 남았다. 음식들이 다 괜찮다. 그레이엄 그린의 소설 『제3의 사나이』에 나오는 주인공이 자주 들르는 곳이다.

카페 디글라스 Café Diglas

디글라스 가문은 1875년부터 카페와 식당을 운영해온 가족 기업으로, 지금은 없어진 몇 군데의 카페를 빈에서 운영했다. 그러나 이곳만큼은 프란츠 레하르 등 유명 예술가와 정치가들이 드나드는 곳으로 지속적인 명성을 쌓았다. 현재 디글라스 가족은 같은 이름의 '카페 디글라스'를 다른 장소에 더 크게 냈고, 그 외에도 여러 카페를 경영하고 있다. 하지만 빈 사람들은 '원조 디글라스'인 이곳을 "작은 디글라스 Kleine Diglas"라고 부르며 여전한 사랑을 보여주고 있다. 아침 식사부터 케이크까지 음식의 수준도 괜찮다.

그리헨바이슬 Griechenbeisl

구도심에서 만날 수 있는 오래된 식당이다. 건물 앞에 있는 커다란 간판과 선전 문구들로 보아 고상한 곳은 아니라는 생각도 드는데, 안에 들어가면 오래된 만큼 칙칙한 면도 있다. 그럼에도 불구하고 이곳은 여전히 관광객들에게 인기 높은 식당이며, 여전히 여기저기 언론 기사에 등장하는 곳이기도 하다.

그리헨바이슬은 '빈에서 가장 오래된 식당'이라는 타이틀을 붙이고 있는데, 설립이 1447년이라니 역사가 반세기를 훌쩍 넘었다. 바로 옆에 그리스 정교회 성당이 있는 데서 알 수 있듯, 이 지역은 오랫동안 동방에서 온 상인들이 모였던 동방교역의 중심이었다. 그러다 보니 그리스와 터키를 비롯한 레반테 지역 사람들이 많았고, 그들을 상대하는 여관과 식당들이 즐비했다. 그래서 이 식당의 상호도 그리스라는 이름에서 연유한 것이다. 그러나 이곳의 음식은 그리스가 아니라 빈 요리다. 1852년에 주인 레오폴트 슈미트가 보헤미아의 필젠 지역의 맥주인 필스너 우르켈을 처음 들여오면서 발전했다.

17세기에는 유랑 가수인 아우구스틴(우리에게 어거스틴으로 알려져 있는)이 이곳에서 노래를 불러서 유명해졌다. 마르쿠스 아우구스틴은 백파이프를 들고 다니면서 노래하던 가수였다. 1679년 빈에 페스트가 돌아 많은 사람이 죽어가던 때, 그는 백파이프를 들고 술집을 전전하며 노래를 불렀다. 그러던 어느 날, 아우구스틴이 술에 취해서 길에 쓰러져 자고 있었다. 그때 사망자 처리반이 그가 죽은 줄 알고 시체를 모아 놓는 석회 구덩이에 던졌다. 그 속에서 잠을 깬 아우구스틴은 구덩이 속에서 백파이프를 불며 노래했다고 한다. 이후 구출된 그는 무용담을 떠들고 다녔다. 그가 불렀던 노래 중에서 「오, 너 사랑스런 아우구스틴O Du Dear Augustin」이 널리 알려졌다.

덕분에 더욱 많은 사람들이 찾게 된 이 식당은 막상 음식 맛은 그저 그렇다. 한편, 이곳의 방 하나에는 이곳을 찾았던 유명 인사들의 서명이 벽에 적혀 있어서 과거 이 식당의 명성을 증언하고 있다. 놀랍게도 모차르트나 베토벤 등 진정 위대한 인물들의 서명들을 발견할 수 있다. 더욱 놀라운 것은 이 위대한 인물들의 서명 사이에 또렷하게 새겨진 한 한국 정치인의 이름이다. 최근에는 이런 낙서를 방지하기 위해서 벽 위에 아크릴 판을 덮었는데, 덕분에 그의 이름도 함께 박제되어 빈에 영원히 남게 되었다.

그리헨바이슬

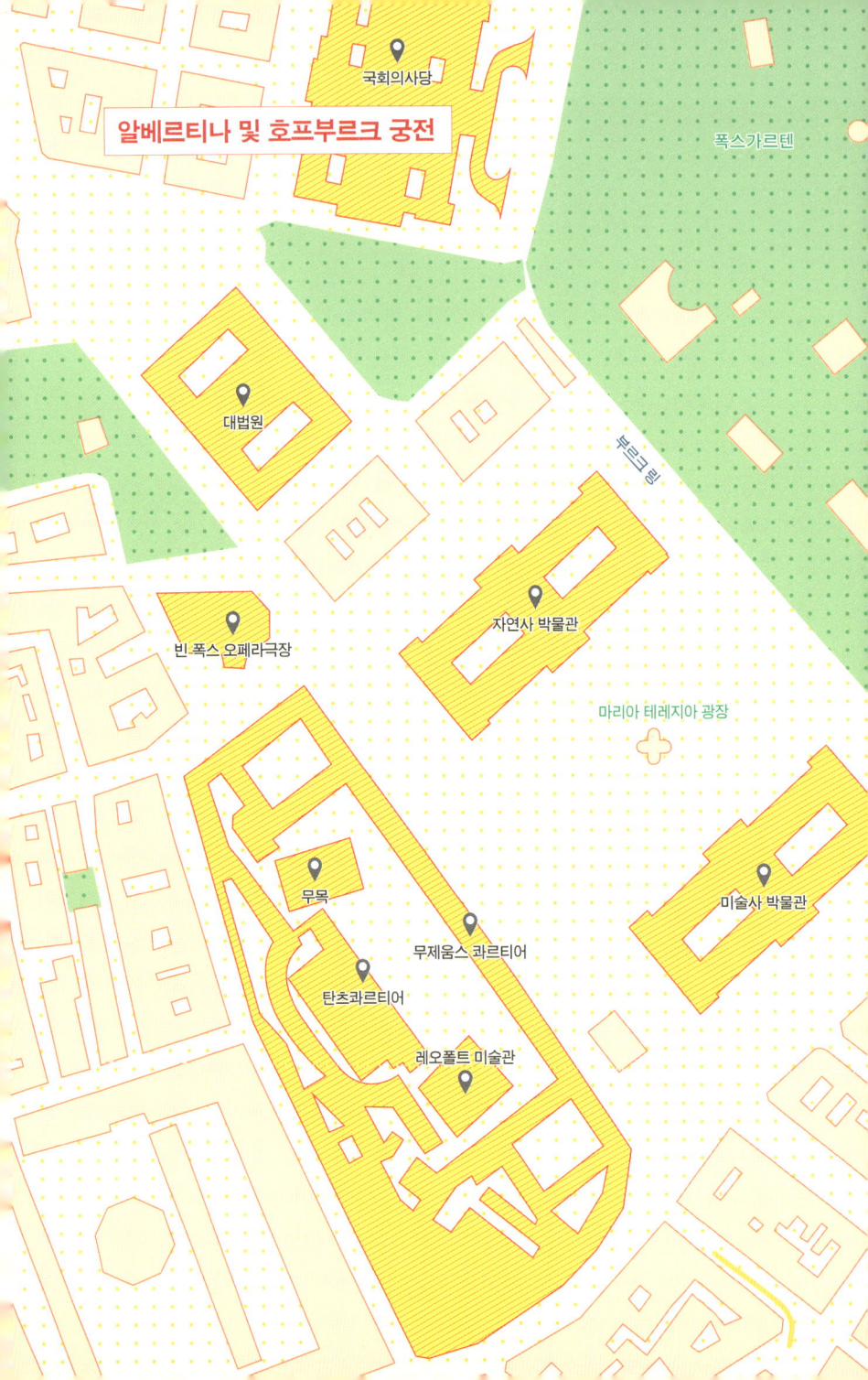

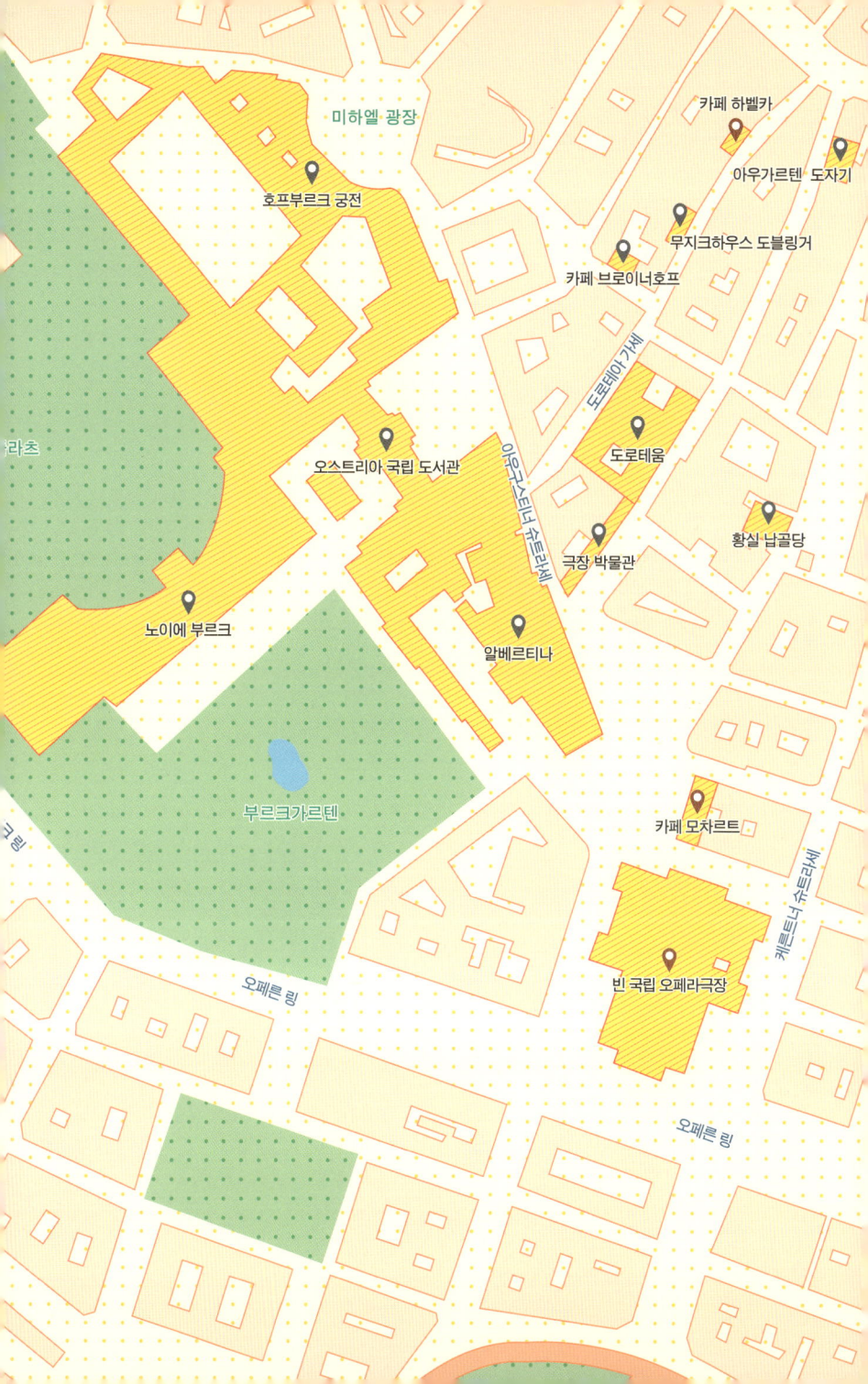

알베르티나 부근 및 호프부르크 궁전

카페 모차르트 Café Mozart

 게오르크 필라인이 커피하우스를 연 것은 1745년이었다. 당시에는 부근에 '케른트너토어 극장'이 있었는데, 바로 베토벤의 『합창』 교향곡이 초연된 극장이다. 이곳의 배우와 관계자들이 카페를 애용하면서 이 카페는 인기 카페 중의 하나로 부상했다. 그러다가 1869년에 새로운 궁정 오페라극장(지금의 국립 오페라극장)이 개관하면서 케른트너토어 극장은 문을 닫았다. 이후로 여기는 빈 필하모닉 오케스트라와 오페라 발레단의 단원들 그리고 가수와 관객들이 이용하는 곳이 되었다.

 그러다 가까운 알베르티나 광장에 서 있던 모차르트의 입상(지금은 부르크가르텐으로 옮겨졌다)을 따라서 '카페 모차르트'로 개명했다. 그러나 나치의 오스트리아 병합 때 유대인이었던 호르니크 집안이 카페를 나치에게 헐값에 매각하면서 카페는 사라졌다. 그리고 전후에 현재의 자리에 다시 문을 열었다. 전후의 카페 모차르트의 모습은 그레이엄 그린의 소설 『제3의 사나이』에 나온다. 소설은 캐롤 리드 감독에 의해 영화로 만들어졌다. 촬영 때 주역을 맡았던 오슨 웰스나 조셉 코튼 등의 배우들은 카페 옆에 있는 호텔 자허에 묵었지만, 낮에는 대부분의 시간을

카페 모차르트

카페 모차르트에서 보냈다고 한다. 영화의 음악을 작곡한 안톤 카라스는 「카페 모차르트 왈츠」를 작곡하기도 했다.

알베르티나 Albertina

만약 정보가 없이 빈에 온다면 이곳에 들어가 보지 않을 확률이 높다. 넓은 대지에 번듯한 건물이 있는 것도 아니고, '알베르티나'라는 말이 미술관인지 알 길이 없기 때문이다. 그 예로 빈을 알린(제대로 알리지는 않았지만) 영화 「비포 선라이즈」가 있다. 이 영화에는 기차에서 만난 한 쌍이 빈의 길에서 하룻밤을 보내고 아침을 맞는 장면이 나온다. 그때 두 사람이 앉아서 도시를 바라보는 곳이 알베르티나의 테라스다. 이곳은 빈에서 가장 감동적인 장소다. 마치 지하에 감추어 놓은 금고처럼, 빈이 얼마나 넓고 얼마나 깊은 도시인지를 알려 주지 않은 채로 조용히 웅크리고 있는 곳이다. 나는 두 사람이 알베르티나의 테라스에 앉아 있으면서도 그 건물에는 들어갈 생각도 하지 않고 어떤 곳인지 알려고도 하지 않는 게 안타까웠다.

알베르티나는 호프부르크 궁전과 구도심 사이에 있다. 앞에는 현대식 추녀처럼 길을 향해 길게 튀어나온 구조물이 눈에 띄는데, 바로 이것이 '여기에 알베르티나가 있습니다'라는 뜻이다. 알베르티나는 세계에서 가장 크고 중요한 미술관 중의 하나다. 6만5천 점의 회화는 물론, 1백만 점이 넘는 인쇄물을 보유하여 세계 최대 규모를 자랑한다.

이 건물은 호프부르크 궁전의 일부로서, 마리아 테레지아 여제의 사위였던 알베르트 공작이 거주했던 곳이다. 그래서 '알베르트의 집'이라는 뜻의 '알베르티나'가 된 것이다. 알베르트 공은 이전에 머물렀던 브뤼셀에서 수집한 컬렉션들을 옮겨 왔는데, 수집품이 늘어나자 그것들을 보관하기 위해 건물을 확장시켰다. 이후로도 컬렉션이 계속 늘어나 오늘에 이른다. 1919년에 궁전과 소장품들은 오스트리아 공화국의 소유가 되었으며, 1921년에 알베르티나라는 미술관으로 개관했다. 2차 대전 중의 공습으로 알베르티나는 극심한 피해를 입었고, 이후 새롭게 보수되었지만 재개관은 2003년에야 이루어졌다. 그때 만들어진 것이 앞서 언급한 거대한 추녀로서, 알베르티나의 확장 작업을 설계한 한스 홀라인의 작품이다.

훌륭한 미술관들은 관람객이 내부로 진입하는 동선을 중요시한다. 감동을 극대화하기 위해서다. 그러므로 특히 처음 방문할 때는 동선을

알베르티나

따르는 것이 좋다. 알베르티나는 내부가 많은 부분으로 나뉘어 있기 때문에 여기저기 뛰어다니면 일부를 놓칠 수 있다. 잘 준비해서 철저하게 살펴본다면 엄청난 감동을 얻을 수 있는 곳임을 확언한다. 추천하는 관람 순서는 다음과 같다. 먼저 1층의 긴 복도를 지나서 알베르티나 궁전과 소장품들을 둘러보고, 다음으로 인상파 컬렉션을 보고, 세 번째로 20세기 초기 작품들을 본다. 그리고 복도를 나와서 에스컬레이터를 타고 지하로 내려간다. 그곳에서 현대미술 컬렉션을 본다. 그리고 시간이 남으면 기획전을 보고, 마지막으로 숍을 보고 나오는 것이 가장 효과적일 것이다.

그중에서도 인상파 컬렉션과 20세기 초기 컬렉션은 마치 미술 교과서를 보는 것처럼 수집이 철저하다. 지하의 현대미술 컬렉션도 인상적이다. 특히 독일과 오스트리아의 현대 미술가들의 대작들이 많은데, 현대미술을 대표하는 대가들을 처음 알고자 하는 분에게는 안내서 같은 곳이 될 것이다. 또한 알베르티나의 숍은 빈의 미술관 숍들 가운데에서 가장 크고 방대하며 기념품이 될 물건도 많다. 게다가 이곳의 카페는 유명한 식당 '도 앤 코'의 분점이다. 분위기는 속물적인 본점보다도 이곳이 더 낫다. 여기서 수준급의 식사를 접하면서 감동을 되새길 수 있다. 식당 벽에 걸린 에곤 실레의 작품들은 비록 인쇄본이지만 '당신은 지금 빈에 있어요!'라고 외친다.

극장 박물관 Theater Museum

알베르티나의 입구를 등지고 서면 '극장 박물관'이라는 간판이 보인다. 이곳은 오페라극장의 무대가 어떻게 만들어지는지를 보여주기 위

극장 박물관

해서 만든 박물관이다. 하지만 여기서 우리가 얻을 수 있는 것은 그 이상이다. 먼저 이 건물이 지닌 의의다. 이 박물관은 본래 로브코비츠 공작의 궁전Palais Lobkowitz이었다. 그는 베토벤을 후원했던 귀족으로서, 이 건물은 베토벤이 교향곡 3번『영웅』을 비공개로 초연했던 곳이다. 감동적인 공간이 아닐 수 없다. 궁전에 있는 작은 콘서트 홀의 이름도 '에로이카 홀'이니,『영웅』이 초연되었다는 사실을 상기시키는 이름이다. 베토벤은 이 궁전을 집처럼 드나들며 많은 연주를 했다.

이곳에는 1,000점 이상의 무대 모형, 4세기 오페라의 역사를 아우르는 600여 점의 의상과 소품 그리고 10만 점의 스케치 등을 보유하고 있다. 공개되는 것은 그중 일부에 불과하지만, 하나하나 눈여겨 볼 만하다. 특히 흘러간 역사적인 무대나 의상들이 흥미진진하다. 박물관은 오스트리아 국립 도서관 내의 연극 컬렉션에 기원을 두고 있다. 연극 연출가인 요제프 그레고르, 부르크 극장장 후고 티미크, 그리고 작가 슈테판 츠바이크의 개인 수집품 등을 바탕으로 했다. 1991년에 오스트리아 정부가 로브코비츠 궁전을 매입하면서 공립 박물관이 되었다. 역사적인 연출가들인 알프레트 롤러, 막스 라인하르트, 하인리히 슈니츨러 등의 자료도 있으며, 이 분야에서 세계에서 소장품이 가장 많다.

도로테움 Dorotheum

구도심 가운데에는 도로테아 가세라는 골목이 있고, 골목 안에는 노란색의 거대한 건물이 있다. 밖에서는 알 수 없지만, 안은 그야말로 박물관 같은 보물 창고다. 신고전주의 양식의 거대한 문을 밀고 들어가면 1층 로비의 고급스런 진열장 안에 반지나 목걸이 등이 들어있다. 하지만 이곳은 박물관이 아니다.

1707년에 문을 연 '도로테움'은 오스트리아는 물론이고 독일어권을 통틀어 최대의 옥션, 즉 경매회사다. 현존하는 옥션 중에 세계에서 가장 오래된 곳이기도 하다. 우리가 볼 수 있는 물건들은 소매 파트일 뿐이지만, 그것만으로도 박물관만큼이나 둘러볼 가치가 있다. 주머니가 비었어도 상관 없다. 돌아다니면서 당장 사고 싶다는 마음이 든다면 가벼운 여행자에 불과하다. 더 많이 공부해야겠다는 마음이 든다면 보다 진지한 여행자일 것이다. 지갑은 다음을 위해서 넣어 두자. 이곳에는 장신구와 보석은 물론, 그림과 조각, 공예, 가구 등 온갖 품목을 아우르는 많은 물건들이 있다. 시대 및 나라별로 확실한 가이드라인을 제시받을 수 있는 물건들은 옥션에 참여해서 구입하는 것이 원칙인데, 1층의 안내소에서 안내를 받을 수 있다. 주로 제국의 귀족과 비더마이어 시대의 부르주아가 사용하던 것들이 많다.

  빈 사람들은 명품에 집착하지 않는다. 명품 가게에는 주로 아시아 사람들이 북적거린다. 그렇다면 빈 사람들은 어디에서 물건을 구할까? 유럽의 진정한 상류층은 신상품을 찾기보다는 할머니에게 받은 오래된 물건을 고치러 수선 가게를 찾는다. 비록 우리 할머니는 아니지만, 그들의 할머니들로부터 전해진 오래된 물건들을 볼

도로테움

수 있는 곳이 도로테움이다. 빈 사람들은 여기서 물건을 사면 샀다고 하지 않고 "도를리 이모네Aunt Dorli's에서 가져왔다"는 말로 재미있게 표현한다. 여기는 빈 사람 모두의 이모네인 셈이다.

  도로테움은 잘츠부르크를 비롯해서 유럽의 여러 도시에 지점을 가지고 있지만, 이 본점은 지점들과는 상대가 되지 않을 정도로 크다. 옆의 건물들도 도로테움이 사용하는데, 그곳에서는 유럽의 성채나 빌라와 별장들, 오래된 자동차나 요트, 심지어는 증기선이나 비행기까지 취급한다. 그런가 하면 나치가 빼앗아간 물건들이 종종 나와서 소유권 분쟁이 일어나기도 하고 명화가 도난당하기도 하는 등, 심심찮게 가십란에 오르는 장소이기도 하다.

빈 공방 Wiener Werkstätte

구도심을 걷다 보면 쇼윈도에 예쁜 주방용품들이 많이 보인다. 그중에서 유달리 아름답고 세련된 주방용품이 있는 가게들을 보면, 윈도에 'W'가 두 개 겹쳐진 로고가 자주 눈에 띌 것이다. 이것이 역사적인 '빈 공방'의 로고다.

빈 분리파의 건축이 발전하면서, 빈에는 분리파 스타일의 건물이 많이 들어섰다. 그런데 그 안에서 쓸 집기도 건물과 디자인이 맞아야 집이 완성되지 않겠는가? 그래서 가구나 집기 등도 분리파 스타일로 만들 필요가 생겼다. 이에 사업가 프리츠 베른도르퍼가 재정을 대고, 콜로만 모저와 요제프 호프만이 힘을 합쳐 1903년에 '빈 공방'이라는 회사를 설립했다. 여기에 건축가, 공예가, 디자이너들이 모두 모여들어 가구, 그릇, 의상, 직물, 인테리어 용품, 액세서리, 가죽, 유리, 보석 등을 제작했다. 심지어는 엽서와 포스터 등도 만들었다. 유럽 현대 디자인의 선구로 여겨지는 빈 공방은 바우하우스나 아르데코 등에 영향을 끼쳤으며, 회사 자체가 시각 예술가의 동맹처럼 꾸려졌다. 그러나 물건의 가격이 비싸서 평범한 가정에서는 구입하기가 부담스럽다는 단점이 있었다. 결국 빈 공방은 재정적인 곤란을 이겨내지 못하고 1932년에 문을 닫았다.

지금 빈 공방은 완전히 사라져서 볼 수 없다. 그들의 오리지널 제품들은 박물관으로 들어갔다. 막MAK, 빈 박물관, 레오폴트

빈 공방의 로고

미술관 등에서 제품들을 직접 볼 수 있다. 현재 빈 시내의 가게들에서 볼 수 있는 제품들은 1932년 이전에 디자인된 빈 공방의 제품들을 재현한 것들이다. 디자인 자체는 오리지널과 같아서 기념품이나 수집용으로는 최고다. 도로테움 주변의 여러 가게에서는 오리지널 제품도 종종 볼 수 있다.

호른스 R. Horn's

'R. 호른스'는 유서 깊은 가죽 공방이다. 빈을 대표하는 브랜드로서 시내에 세 군데의 매장이 있다. 원래는 주문을 받아서 고객의 요청대로 만드는 공방이었지만, 점점 기성품의 수가 늘어나고 있다. 하지만 여전히 과거의 전통에 맞춘 방식으로 제작한다. 사무용 가방, 핸드백, 여행가방이 주 제품이지만 사무용품이나 서재용품도 개발하고 있다.

카페 브로이너호프 Café Bräunerhof

구도심 깊숙한 곳에 위치한 이 카페는 낡을 대로 낡아 보여서 별로 들어가고 싶지 않은 분들도 있을 것이다. 빈 구도심의 카페들 중에서 예전 모습을 유지하는 곳으로는 카페 하벨카 다음으로 꼽을 만하다. 하지만 지금도 세계의 문학 애호가들이 이 카페를 찾는다. 비운의 작가 (그렇게 부르고 싶다) 토마스 베른하르트가 빈에 살던 시절에 거의 매일 이 허름한 곳에 와서 식사를 하고 신문을 읽었기 때문이다. 지금은 카페-레스토랑이라는 간판을 붙이고 있지만, 식사나 음식의 질은 별로 기대하지 않는 게 좋을 것 같다.

아우가르텐 도자기 Augarten

유럽의 여러 나라에는 보통 자국을 대표하는 도자기 브랜드가 하나씩은 있다. 오스트리아를 대표하는 도자기는 아우가르텐이다. 이 브랜드는 빈 회의 때 사용되면서 전 유럽에 크게 알려졌다. 이 도자기 공장은 상호와 같은 이름의 아우가르텐 궁전 Palais Augarten 안에 있어, 이곳을 방문하면 오스트리아 최고의 우아한 도자기를 만드는 과정을 구경할 수 있다.

그 공장을 제외하면 시내에서 유일하게 아우가르텐 도자기를 파는 곳이 이 가게다. 굳이 아우가르텐 궁전까지 가지 않아도 도자기를 보거나 구입할 수 있다. 가장 정통한 라인은 초록색의 꽃 장식이 화려한 마리아 테레지아라는 라인인데, 다른 도자기에서는 찾아볼 수 없는 독특한 품격이 있다. 1층에는 기본적인 그릇들이 있고, 지하에는 장식용 도자기들도 있다.

아우가르텐 도자기 가게의 쇼윈도 광고

무지크하우스 도블링거

무지크하우스 도블링거 Musikhaus Doblinger

 빈 구도심의 골목에서 만나게 되는 유서 깊은 음악의 집이다. 악보와 음악 관련 서적, 악기와 부속품들 그리고 고전음악 음반과 영상 등을 취급한다. 하지만 음악에 관심이 있는 관광객에게는 낡은 가게 자체도 구경거리다. 고색창연한 쇼윈도와 문, 오래된 진열장 사이에서 발견할 수 있는 오래된 프로그램, 엽서, 음악가의 사진, 액자, 팸플릿, 그 외 다양한 소품 등을 찾는 재미가 쏠쏠하다. 찾아갈 때마다 없어졌을까 하고 마음 졸이는 곳이기도 하다. 1817년에 설립되어 역사가 100년이 넘었으며, 20만 점의 귀한 악보들을 보유하고 있다.

카페 하벨카 Café Hawelka

 빈에는 유명한 카페들이 많지만, 많은 사람들은 '카페 하벨카'야말로 가장 커피가 맛있는 집이자 진정한 빈 스타일의 커피를 만드는 집으로 꼽는다. 찾기가 쉽지 않다. 후미진 뒷골목에 조용히 숨어 있기 때문이다. 시내 한복판이긴 하지만, 이 부근은 화려하지도 않고 통행인도 적다. 주소는 도로테아 가세 6번지다.

추운 겨울에 베토벤처럼 코트 깃을 올리고 바람에 헝클어진 머리카락을 만지면서 쓸쓸한 골목 안으로 들어간다. 장식 하나 없는 집의 문을 밀어본다. 밖은 춥지만 문을 열면 왁자지껄한 대화와 더운 열기가 밖으로 후끈 전해진다. 어김없이 맞이하는 짙은 커피 향. 여기가 빈 최고의 커피를 가장 싸게 제공하는 곳, 빈 보헤미안들의 아지트인 카페 하벨카다. 칙칙하고 정돈되지 않은 분위기는 마치 슈니츨러의 소설 속으로 들어온 듯하다. 빈 자리가 있다면 하늘에 감사해야 한다. 손님들이건 웨이터건, 누구든 당신에게 눈길 한 번 주지 않는다면 여기가 하벨카가 맞다. 겨우 자리에 앉고 나니 테이블 사이로 다니는 웨이터들의 연세가 70세는 넘어 보인다. 이건 뭐 커피가 나오면 벌떡 일어나서 두 손으로 받아야 할 것만 같다. 그럼에도 웨이터와 단골들은 격의 없는 친구처럼 대화하고 커피와 접시를 주고받는다. 나도 어서 짙은 향의 커피를 마셔 보고 싶지만, 웨이터가 찾아올 때까지 기다려야만 한다.

하벨카는 다른 유명 카페들보다 늦은 1939년에 문을 열었다. 이미 다른 곳에서 카페를 운영하던 레오폴트 하벨카는 아내 요제피네와 함께 후미진 골목에 새 카페를 열었다. 그러나 2차 대전으로 인해 문을 닫았다. 전후에 다시 문을 연 카페는 작가나 평론가들이 모여드는 곳이 되었다. 특히 1960~70년대에는 빈 예술가들의 집합소로 명성을 날렸다. 당시 예술가들의 활동 모습과 그들이 그려준 그림들이 지금도 하벨

카페 하벨카

카의 어두운 벽을 장식하고 있다.

　66년간 카페를 돌보며 직접 개발한 '부흐텔른Buchteln'이라는 디저트를 하벨카의 명물로 만들었던 여주인 요제피네는 2005년에 세상을 떠났다. 이후로는 그녀의 아들인 귄터 하벨카가 어머니의 레시피로 만든 부흐텔른을 계속 제공했다. 이렇게 매일 카페의 입구에 앉아서 단골을 맞이하던 귄터도 2011년에 100세로 세상을 떠났다. 하지만 하벨카는 이전의 모습을 한 번도 고치지 않은 채로 유지하고 있다.

빈 커피의 역사

　빈이 커피의 도시가 된 것은 오스만 튀르크의 침략 덕분이다. 빈은

1683년에 포위 공격을 받아 두 달 반 정도 봉쇄되어 있었다. 그러나 독일과 폴란드를 중심으로 원군이 반격해오자 튀르크 군대는 급히 퇴각했다. 그때 그들이 남기고 간 물건 중에 커피가 있었다. 폴란드 출신의 통역관 프란츠 게오르크 콜쉬츠키가 승리에 기여한 공로로 커피 500 포대를 가지게 되었다. 콜쉬츠키는 '푸른 병Zu der Blauen Flaschen'이라는 커피하우스를 빈에 열었다. 다른 설에 의하면 아르메니아 사람 요하네스 데오다트가 1685년에 세운 커피하우스가 최초라고도 한다. 하여튼 그 무렵부터 빈에 커피하우스가 생겨났다.

18세기 들어 늘어나기 시작한 빈의 커피하우스는 20세기에 접어들 무렵에는 600곳을 헤아렸다. 이 커피하우스들은 커피뿐만 아니라 차, 초콜릿, 아이스크림, 과자나 음식과 술도 취급했다. 또한 당구대나 신문과 잡지 등을 비치해 놓아서 사교장 겸 문화인들의 회합 장소로도 이용되었다. 슈테판 츠바이크는 명저 『어제의 세계』에서 "빈 사람들은 카페에서 정치에 대해서 격렬한 논쟁을 벌이다가도, 커피가 나오면 정겹게 커피를 마시곤 하였다"라고 썼다. 18세기 이후 빈 시민들은 커피하우스에 집착할 정도여서, 카페를 다닌다고 하면 보통 아침, 오후, 저녁 등 하루에 세 번은 기본적으로 방문했다고 한다.

빈 커피의 종류

'카페의 도시'인 빈에서는 그만큼 커피의 종류도 무척 다양하다. 그렇다 보니 카페에 들어가서 그냥 "커피"라고 말하면 웨이터의 난감해하는, 혹은 무시하는 표정이 되돌아올 뿐이다. 역시 좀 알아 놓고 가는 게 좋겠다.

카페 하벨카의 그로서 브라우너 커피

블랙커피를 원한다면 '슈바르츠Schwarz'를 달라고 하면 된다. '모카 Mokka'도 마찬가지다. 과거에 모카는 필터 포트로 내린 커피였지만, 요즘은 대부분 에스프레소 머신으로 만든 커피를 준다. 그러므로 슈바르츠와 모카와 에스프레소는 사실상 차이가 없는 셈이다. 슈바르츠는 기본으로 물을 함께 준다. 슈바르츠를 시킬 때에는 작은 잔은 '클라이너 슈바르츠Kleiner Schwarz'라고 하면 되고, 큰 것은 '그로서 슈바르츠Großer Schwarz'라고 한다. 즉 '클라이너 슈바르츠'는 에스프레소 싱글에 해당하며 '클라이너 모카Kleiner Mokka'와 같다. '그로서 슈바르츠'는 에스프레소 더블이며 '그로서 모카Großer Mokka'와 같다. 가페 데멜이 슈바르츠의 명소로 유명한데, 데멜에서는 그냥 '하우스 커피'라고도 부른다.

종종 우리가 빈에 가면 '비엔나 커피'라는 메뉴를 찾곤 하는데, 정작 빈에는 비엔나 커피라는 말이 없다. 빈 사람들이 흔히 커피에 크림이나 우유를 넣어서 즐기는 것을 보고 비엔나 커피라는 이름으로 전해진 것 같다. 흔히 말하는 비엔나 커피에 가장 가까운 것은 '아인슈패너Einspänner'다. 에스프레소 더블을 뽑아서 휘핑크림을 올린 것으로, 뜨거운 물을 추가하기도 한다. 보통 높고 두꺼운 유리잔에 제공된다. 아래 절반은 검은 커피가 있고 위 절반은 하얀 크림이 차지한다. 뜨거운 커피와 차가운 크림을 함께 먹는 것이 매력으로서, 스푼으로 저어 마신다. 시간이 지남에 따라 크림이 녹으면서 모양과 맛이 변하는 것도 묘미다.

어떤 사람들은 비엔나 커피의 정체가 '멜랑제Wiener Melange'라고도 말한다. 모양만으로 보면 과거 우리 다방에서 팔던 비엔나 커피에 가장 가까울지 모르겠다. 그래서인지 어떤 웨이터들은 한국 사람이 오면 '너희는 멜랑제 먹으러 왔지'라는 선입견을 갖고 무조건 "멜랑제?"라고 묻기도 하는데, 하여튼 무시하는 것 같아 기분이 나쁘다. 정확하게 알고 주문하는 것이 좋다. 멜랑제는 커피 위에 휘핑크림 대신에 더운 우유 거품을 올린 것이다. 커피 안에도 우유가 들어 있으며, 커피와 우유의 비율이 동일하다.

그 외에도 다양한 커피가 있다. 그중에서 달걀노른자를 넣고 휘핑크림을 올린 것은 '카이저멜랑제Kaisermelange'라고 한다. 취향에 따라 꿀이나 브랜디 혹은 코냑을 넣기도 한다. '프란치스카너Franziskaner'는 멜랑제 위에 다시 휘핑크림을 올린 것이다. '역전逆轉된 커피'라는 의미의 '카페 페어케르트Kaffee verkehrt'는 모양이 멜랑제와 반대다. 유리잔에 우유를 먼저 채우고 그 위에 커피를 부은 것이다.

황실납골당 내 마리아 테레지아의 무덤

이렇게 다양한 빈의 커피 중에서 우리 입에(적어도 내 입에는) 잘 맞는 커피로는 '브라우너Brauner'를 꼽을 수 있다. 커피에 아주 소량의 크림을 넣은 것으로, 아인슈패너나 멜랑제처럼 우유나 크림이 너무 많지 않아서 커피 본연의 풍미를 느끼기에 좋다. 잘 만든 브라우너는 정말 맛있다. 특히 카페 하벨카의 브라우너는 꼭 마셔 보기를 바란다. '클라이너 브라우너Kleiner Brauner'는 에스프레소 사이즈이며, '그로서 브라우너Großer Brauner'는 우리가 보통 연상하는 크기의 커피잔에 제공된다.

황실 납골당 Kaisergruft

구도심의 골목을 돌다 보면 조금 넓은 지역이 나타난다. 노이어 마르크트Neuer Markt, 즉 '새로운 시장'이라는 광장이다. 물론 과거에 시장이 있던 자리다. 이곳 구석에는 짙은 황토색의 교회 같은 작은 건물이 마치 서울에 올라온 시골 색시처럼 수줍게 웅크리고 앉아 있다. 이 건물은 카푸친 수도원Kapuzinerkloster인데, 이곳 지하에 황실 납골당이 있다.

1671년에 안나 황후가 이곳에 카푸친 수도회의 수도원을 짓도록 했다. 그리고 그녀의 아들 페르디난트 2세는 어머니가 세운 수도원의 지하에 부모님의 관을 보관했다. 그 후로 황실 가족은 으레 이곳에 묻혔다. 엄밀히 말하면 매장이 아니고 관을 모셔 놓는 것이다. 그 후로 석관들이 점점 늘어나서, 납골당 역시 여덟 차례에 걸쳐서 확장되었다.

이곳은 12명의 황제와 19명의 황후를 비롯한 많은 합스부르크 일가의 무덤이 있는데, 마지막으로 관이 들어온 것은 2011년이라고 한다. 여러 번 확장된 만큼 몇 개의 방으로 나뉘어졌다. 그중에서 사람들이 많은 관심을 보이는 곳은 마리아 테레지아 부부와 자녀들이 함께 누워

있는 방, 그리고 프란츠 요제프 1세가 황후 엘리자베트와 외아들 루돌프와 함께 있는 방일 것이다.

호프부르크 궁전 Hofburg

빈 구시가의 한복판에서 상당한 면적을 점하며 압도적인 존재감을 가진 건물. 여기가 바로 13세기부터 1918년까지 합스부르크 황실의 거주지였던 호프부르크 궁전이다. 이 궁전은 오스트리아 제국의 중심으로서 중부 유럽과 동부 유럽에 이르는 방대한 대제국의 총사령부 구실을 했다. 1945년 이후로는 오스트리아 대통령의 거처로 쓰인다. 호프부르크 궁전은 700년 동안 증축과 개축이 끝없이 이어진 곳으로, 지금도 여러 기관들이 불규칙하게 입주해 있다. 그중에는 국립 도서관과 알베르티나 등 여러 박물관들도 있다. 교회도 두 개가 있다. 궁정 교회인

호프부르크 궁전

호프부르크카펠레Hofburgkapelle와 아우구스티너 교회Augustinerkirche다.

1279년부터 건설되기 시작한 호프부르크는 성벽 및 해자 등을 갖춘 거대한 성이었다. 16세기부터 증개축이 반복되다 보니 건축 양식은 고딕에서 르네상스, 바로크 그리고 고전주의까지를 망라하며, 심지어 20세기와 21세기의 양식도 볼 수 있다.

오스트리아 국립 도서관 Österreichische Nationalbibliothek

오스트리아 국립 도서관은 오스트리아에서 가장 중요한 도서관이다. 호프부르크 궁전의 노이에 부르크Neue Burg 날개부에 위치하는 이 도서관은 합스부르크 황실 도서관에 뿌리를 두고 있다. 궁전의 일부로 지어진 노이에 부르크의 건축부터가 명품이다. 1722년에 궁정 건축가 요한 베른하르트 피셔 폰 에를라흐가 세운 건물로, 바로크 양식의 아름다움을 보여준다. 평생 오스트리아의 궁전들을 지은 에를라흐는 위엄 있는 바로크 양식의 명수다. 쉰브룬 궁전이나 잘츠부르크의 미라벨 궁전 등도 그의 작품들인데, 그가 남긴 최고의 작품이 바로 이 도서관이다.

관람객용 입구로 들어가서 2층으로 올라가면 유명한 프룬크잘Prunksaal이 나온다. '영광의 방'이라는 뜻을 지닌 이곳은 본래 황실 전용 도서관이었다. 화려한 방의 길이는 78미터에 달한다. 정중앙에 있는 높은 돔은 높이가 30미터다. 천정에는 그리스 신화를 주제로 한 그림이 그려져 있다. 한쪽은 '전쟁'이고 다른 한쪽은 '평화'가 주제인데, 바로크 화가 다니엘 그란의 작품이다. 여기가 바로 "세계에서 가장 아름다운 도서관"이다.

2층으로 구성된 서가에는 20만 권의 도서들이 꽂혀 있다. 그중에는

오스트리아 국립 도서관

중요 자료들이 많은데, 중세 의학 사전인 『디오스쿠리드』 필사본이나 고대 이집트의 파피루스처럼 세계적인 유산에 해당하는 문서들도 있다. 또한 이곳의 지도 컬렉션은 2,400개 이상의 귀한 지도를 보유하고 있으며, 380개 이상의 지구의地球儀를 보유하고 있는 세계 유일의 지구의 컬렉션도 있다. 세계 최대의 파피루스 컬렉션도 있다. 음악 컬렉션은 모차르트, 브루크너, 리하르트 슈트라우스 등의 필사본과 스케치, 초판본 외에 많은 LP와 CD도 보유하고 있다.

호프부르크카펠레, 궁정 교회 Hofburgkapelle

호프부르크카펠레는 호프부르크 궁전 안에 있는 교회로, '궁정 교회'라는 뜻이다. 합스부르크가의 가족 예배당이었던 이곳은 1287년에 처음 지어졌다. 이후 여러 번 개조되었으며 마지막으로 1802년에 고전주의 양식으로 개조되었다.

지금도 매주 일요일의 미사에는 빈 소년 합창단이 연주에 참여한다. 미사는 독일어와 영어로 진행되는데, 티켓을 구입하면 미사에 참여할 수 있다. 빈 소년 합창단은 뒤편 2층 발코니에서 노래하기 때문에 보이지는 않지만, 천상의 아름다움이라는 그들의 목소리를 실제 교회에서 들어볼 수 있는 좋은 기회다. 미사가 끝나면 소년들이 제단 앞에 나와서 인사를 하고 앙코르 곡을 연주하기도 한다.

스페인 승마 학교 Spanischen Hofreitschule

과거에 황실이 사용하는 말을 관리하기 위한 황실 마구간이 궁전 안에 만들어졌고, 그 건너편에는 스페인 승마 학교가 위치한다. 옛 황실 마구간은 이제 스페인 승마 학교의 말들을 기르고 있다. 궁전 사이의 길로 지나가다 보면 안마당을 통해 마구간 안의 하얀 말들을 볼 수 있다.

시시 박물관 Sisi Museum

프란츠 요제프 1세의 황후였던 엘리자베트는 대중에게 인기가 좋아서 신민들이 그녀를 '시시'라는 애칭으로 부를 정도였다. 특히 그녀는 외모와 이미지 관리에 신경을 많이 썼다. 시시 박물관은 그런 그녀에 관한 물건과 기록들을 전시하고 있다. 그렇다 보니 역사적인 가치와 무관하게 호프부르크 궁전 내에서 가장 인기 있는 장소로 꼽힌다. 들어가 보면 시시가 사용했던 방 안에 그녀의 의상, 가구, 식기, 장신구 등이 진열되어 있다. 시시를 낭만적으로 미화한 안내 문구는 군주제에 대한 그리움이나 찬양 등으로 이어져서, 빈의 진정한 모습을 보고자 하는 예민한 방문객들은 눈살을 찌푸릴 수도 있다. 냉정하게 봤을 때, 전시물 자체는 좋다. 특히 그녀가 사용한 운동 기구들이나 침실, 전용 차량, 복용했던 약물들, 장신구 등이 볼 만하다. 또한 바이에른에서의 어린 시절과 제네바에서 암살당하던 상황을 담은 기록들도 흥미롭다.

폭스가르텐 Volksgarten과 부르크가르텐 Burggarten

호프부르크 궁전에는 넓은 정원이 있다. 모두 이어져 있지만 세 군데로 나눌 수 있다. 궁전 건물 바로 앞의 공간이 헬덴플라츠 Heldenplatz 즉 '영웅 광장'이다. 그 서쪽에 있는 정원이 폭스가르텐, 즉 '시민 정원'이다. 호프부르크 궁전 뒤편 즉 동쪽에 있는 정원은 부르크가르텐, 즉 '궁전 정원'이다

부르크가르텐에는 온실이 있는데, 프리드리히 오만이 아르누보 양식으로 설계한 이 온실은 궁전 건물 중에 가장 마지막으로 세워진 것이다. 여기에는 '팔멘하우스Palmenhaus'라는 식당이 있는데, 식사하면서 정원을 바라볼 수 있다. 정원에는 프란츠 요제프 1세가 사색하는 모습을 담은 입상이 있다. 유명한 모차르트 입상은 원래 알베르티나 광장에 있었지만, 2차 대전 때 훼손된 것을 복구한 후에 이곳으로 옮겼다. 장미가 피는 계절에는 아주 아름다워서 인기가 높다.

부르크가르텐

무제움스 콰르티어 부근

마리아 테레지아 광장 Maria Theresien Platz

호프부르크 궁전에서 링 슈트라세 쪽의 정문으로 나오면 과거 우리나라 중앙청과 흡사하게 생긴, 커다란 돔을 이고 있는 두 채의 거대한 건물이 마주보며 서 있다. 쌍둥이처럼 닮은 두 건물의 가운데에는 위풍당당한 부인의 청동상이 앉아 있으니, 바로 마리아 테레지아 여제다. 그래서 광장의 이름도 '마리아 테레지아 광장'이다. 여제는 양편에 두 채의 건물을 거느리고 있는 셈이다. 왼편의 건물이 미술사 박물관이고, 오른편은 자연사 박물관이다.

미술사 박물관 Kunsthistorisches Museum Wien

우리의 관심은 먼저 미술사 박물관으로 향한다. 거대하고 아름다운 이 건물은 미술관이 많은 빈에서도 가장 크고 중요한 미술관으로 꼽힌다. 빈의 미술관에서 근무하는 직원을 주인공으로 하는 영화 「뮤지엄 아워스」에 나오는 곳이 이 미술관이다. 레오폴트 미술관을 세운 루돌프 레오폴트는 의대생 시절에 이곳을 방문했다가 충격을 받아 미술품 수집을 시작하기도 했다.

마리아 테레지아 광장과 미술사 박물관

링 슈트라세가 지어질 때, 합스부르크 황실은 계몽주의적인 의도에 따라 그들의 수집품을 제국의 백성들이 볼 수 있게끔 두 개의 대형 공공 박물관을 짓기로 했다. 드레스덴의 젬퍼 오페라극장을 지어 자기 이름을 붙인 건축가 고트프리트 젬퍼가 카를 프라이어 폰 하제나우어와 함께 쌍둥이 건물의 설계를 맡았다. 박물관은 1891년에 개관했다. 돔이 무려 60미터 높이에 있으니, 이것만으로도 건물의 규모를 짐작하게 한다. 도무지 열릴 것 같지 않은 육중한 문을 밀고 안으로 들어가면, 그 규모와 화려함은 입을 다물지 못할 정도다. 외부는 비교적 소박한 사암으로 지어졌지만, 안에는 제국의 각지에서 운송해 온 최고급 대리석들이 다양한 색깔을 과시한다.

높은 천정이 압도적인 로비를 지나서 중앙 계단을 올라간다. 계단 중간에 거대한 흰 대리석상이 있는데, 안토니오 카노바의 「테세우스와 켄타우로스」다. 이 석상을 가운데 둔 의도를 정확히 확인할 수는 없지만, 사실상 자신의 아버지(일지도 모르는 괴물)를 때려죽이는 젊은이의 모습은 상징적이다. 세기말의 빈의 정신은 기본적으로는 유구한 전통을 계승하는 것이었지만, 한편으로는 과거와 단절하고 새로운 길을 가겠다는 의지의 천명이기도 했기 때문이다. 미술사를 담고 있는 이 장소의 가운데에 세워놓은 이 대리석상은 당시 유럽 역사의 한가운데에 있던 1900년 빈의 모습을 상징하는 듯하다. 2층으로 올라가면 계단과 난간 주위에 젬퍼를 비롯한 여러 인물의 두상들이 늘어서 있다. 돔 중앙부의 바로 아래인 2층 중앙에는 카페가 있다. 이곳을 중심 삼아 커피도 마시고 쉬어가면서 2층의 전시장을 다 돌아보면 이 박물관의 명칭대로 미술의 역사를 한 번에 거의 개괄해 볼 수 있다.

  미술사 박물관이라는 거창한 이름이 붙어 있는 데서 알 수 있듯, 이곳의 컬렉션은 어마어마하다. 특히 미술사적으로 중요한 회화 작품이 많기로는 세계 최고의 수준에 있으며, 파리의 루브르나 마드리드의 프라도와 어깨를 나란히 한다. 컬렉션의 대부분은 합스부르크 황실의 수집품을 근간으로 한다. 과거에 스페인의 왕권도 가지고 있었으며, 네덜란드와 벨기에를 통치했고, 이탈리아 북부와 남부, 시칠리아, 샤르데냐까지도 다스렸던 합스부르크가의 역사가 이 컬렉션에 그대로 반영된다. 즉, 이탈리아, 스페인, 네덜란드, 벨기에 그리고 독일 화가들의 그림들이 과거 대제국의 위상을 웅변하는 셈이다. 틴토레토, 카라바조, 라파엘로, 아르침볼도, 벨라스케스, 반 아이크, 루벤스, 베르메르, 뒤러, 브뤼겔 등이 남긴 걸작들이 이곳을 걷는 내내 입을 다물지 못하게 한다. 그중에서도 특히 아르침볼도가 그린 '과일로 만들어진 사람'과 방 하나를 다 채우는 브뤼겔의 풍속화들은 이곳의 자랑이다. 또한 브뤼겔의 대형 풍속화들이 가득한 방은 역시 인기가 높다. 영화 「뮤지엄 아워스」에 나온 바로 그 방이다. 그 외에도 별도로 이집트 및 근동 컬렉션, 그리스와 로마 컬렉션, 조각과 장식 예술 컬렉션. 고대 악기 컬렉션, 무기 및 갑옷 컬렉션, 동전 컬렉션들이 있으며, 다들 그 분야에서 중요한 위치에 있다.

미술사 박물관 내부

「뮤지엄 아워스」
「Museum Hours」

영화

　캐나다 여인 앤은 처음 빈에 왔다. 혼수상태에 빠진 사촌을 보러 온 것이다. 그녀는 미술사 박물관에 들렀다가 경비를 맡고 있는 늙은 남자 요한을 만난다. 지리를 모르는 그녀를 요한이 안내해주고, 두 사람은 밖에서 만난다. 요한은 평생 다니던 직장을 은퇴하고 미술관에 임시직으로 나오고 있을 뿐, 집에서는 컴퓨터 게임만 하며 사는 사람이다. 그런 요한이 앤을 안내하는데, 어쩐지 관광 명소는 하나도 없고 돈이 들지 않는 장소 뿐이다.

　낯선 도시에서 만난 낯선 중년 남녀. 가난한 그들이 방문하는 저렴한 장소들은 젊은이들이 나오는「비포 선라이즈」나 다를 바 없을 수도 있지만, 일몰을 앞둔 중년들이 주는 무게감은 심오하다. 미술사 박물관에서 브뤼겔의 그림들이 걸려 있는 방이 요한의 일터다. 전공자도 평론가도 아니지만, 매일같이 누구보다도 자세히 그림을 살펴봤던 그는 자신의 경험을 듣는 이의 가슴 깊은 곳까지 전달해 준다.

　요한은 앤을 데리고 빈의 여기저기를 방문한다. 앤이 없었다면 그도 방에만 있었을 것이다. 우리도 미술관을 찾지 않는다면 역시 방에만 있는 늙은이와 다를 바 없을지 모른다. 미술관이 우리 인생을 바꿔 주지는 않지만, 우리는 여기서 깨닫고 성장해간다.

자연사 박물관 Naturhistorisches Museum Wien

마리아 테레지아 광장을 사이에 두고 미술사 박물관 맞은편에 있는 쌍둥이 건물이 자연사 박물관이다. 순수 미술 박물관은 아니지만, 모든 분야를 통틀어서는 오스트리아에서 가장 큰 박물관이다. 컬렉션이 무려 3천만 점이라고 한다. 미술사 박물관과 같이 고트프리트 젬퍼와 카를 프라이어 폰 하제나우어가 설계하여 1889년에 개관했다.

계몽시대에 접어든 이후, 유럽인들은 신에게만 의존하지 않고 스스로 자연과 세상의 이치를 찾아보려는 열망을 꽃피웠다. 그리하여 귀족들은 딜레탕트적인 열정으로 자연물 수집에 열을 올리고 연구했다. 특히 마리아 테레지아 여제의 남편인 프란시스 1세는 엄청난 자연물 컬렉션을 보유했는데, 이것이 합스부르크가의 자연물 컬렉션의 중심을 이루었다. 암석, 보석, 운석, 산호, 조개 등으로 이루어진 컬렉션은 점점 늘어나서 황실 소유의 여러 장소에 보관되었다. 이에 황실은 새로운 박물관의 필요성을 실감하게 되었고, 더불어 백성의 교육을 겸할 수 있는 공간을 만들기로 했던 것이다.

무제움스 콰르티어 Museumsquartier, MQ

처음 이곳에 왔을 때의 충격은 지금 생각해도 신선하다. '박물관 지역'이라는 뜻의 이름으로 어느 정도 짐작은 했지만, 오래된 도시의 한복판에 이렇게 거대한 박물관 집중 지역을 새롭게 만들 수 있다니. 이 구역이 만들어지기 위해 필요했던 정책과 의지와 재정, 그 안에 들어갈 많은 소장품들, 예술을 사랑하고 거기에 헌신했던 많은 지식인들과 시민들… 그 모든 것이 부러웠다. 이 부러움은 경외와 존경으로 이어질

무제움스 콰르티어 안마당

수밖에 없었다.

    이곳은 약 6만 평방미터의 넓은 지역에 조성한 미술관 단지다. 본래 이 지역은 유럽의 절반을 호령하던 대제국 황실의 마구간이자 마차 주차장으로 쓰던 장소였다. 황실에서 사용하던 말과 마차가 많았을 것임은 자명하니, 말을 먹이고 마차를 보관하고 정비, 수리하는 장소의 규모도 그만큼 컸을 것이다. 그러다가 이동 수단이 자동차로 대체되고 제국이 공화국으로 바뀌면서 이곳의 필요성이 사라졌다. 그래서 1998년부터 개조가 시작되어 2001년에 '무제움스 콰르티어(이하 MQ)'라는 이름으로 문을 열었다. 라우리츠 오르트너와 만프레트 오르트너 형제가 설계를 맡았다.

    바로크풍 건물 앞에는 마치 축제의 장이 선 것처럼 'MQ'라고 쓴 깃발들이 바람에 날리고 있다. 안으로 들어가면 넓은 안마당이 있다. 마치 과거 속에 미래가 있는 것처럼, 이 마당에는 두 채의 대형 건물이 서 있다. 왼쪽이 레오폴트 미술관이며 오른쪽이 '무목'이다.

    MQ에는 탄츠콰르티어, 현대건축 센터 Architekturzentrum Wien, 현대미술 전시를 하는 빈 쿤스트할레 Kunsthalle Wien, 빈의 예술 축제를 관장하는 빈 페스트보헨 Wiener Festwochen 등이 둥지를 틀고 있다. 뿐만 아니라 뉴미디어 제작 스튜디오, 어린이를 위한 문화 시설, 영화제 본부 등 다양한 장소들도 있다. 또한 언더그라운드 예술이나 대안 문화 단체에게 스튜디오나 갤러리를 제공하는 '콰르티어21 quartier21'도 있는데, 여기에는 60여 단체가 입주해 있다. 한편 무명 예술인들을 위한 예술가 거주 프로그램도 있다. 현재 약 730여 명의 예술가가 이곳의 스튜디오를 이용하고 있다.

레오폴트 미술관 Leopold Museum

MQ의 안마당 왼편에 있는 건물이 '레오폴트 미술관'이다. 에곤 실레의 작품이 세계에서 가장 많은 곳이다. 하지만 그 외에도 세기말 빈의 미술품들을 중심으로 한 오스트리아 현대 명작들이 모여 있는데, 소장품은 총 5천 점에 달한다. 이곳은 단 한 명의 열정적인 수집가에 의해서 이루어진 미술관이다. 루돌프 레오폴트는 그의 아내 엘리자베트와 함께 평생 에곤 실레를 중심으로 한 오스트리아의 현대미술품 5천여 점을 수집했고, 오스트리아 정부와 중앙은행이 이 컬렉션을 시가市價의 3분의 1로 구입하여 미술관을 세운 것이다. 2001년에 개장한 이 미술관은 곧바로 빈의 주요 미술관 중 하나가 되었다.

이곳의 전시물들은 이른바 19세기 말에서 20세기 초에 이르는 빈 분

레오폴트 미술관

리파의 작품들이다. 또한 아르누보와 표현주의 작품들도 함께 전시하고 있다. 들어가 보면 현대식으로 지어진 건물의 높은 천정과 드넓은 공간이 기분을 상쾌하게 해 준다. 들어올 때마다 매번 약간의 흥분을 불러일으키는 독특한 분위기를 갖고 있다. 1층이 가장 중요한데, 이 미술관의 대표 화가인 에곤 실레의 작품들이 마치 그의 생애처럼 장대하고 굴곡 있게 펼쳐져 있다. 왼편으로 순로順路를 따라 감상하는 게 중요하다. 순서에 맞게 기획한 의도대로 따라가면 실레라는 예술가의 생애가 느껴진다. 자세한 해설과 상세한 자료가 함께 전시되어 무척이나 친절하고 학구적이다. 여기에 전시된 실레의 작품들은 마치 그의 안타깝고 불행한 인생과 같아서, 마치 한 편의 영화를 보듯이 그의 생애로 빨려 들어간다.

그 외에도 이 미술관에는 구스타프 클림트가 빈 대학 강당의 천정을 장식하기 위해서 그렸던 대작인 「의학」과 「법학」의 대형 사진이 있다. 또한 이 작품과 관련된 자료가 해설과 함께 놓여 있다. 비록 진품은 아니지만, 그 느낌은 여전히 살아 있다. 특히 소파에 비치된 헤드폰에서는 말러의 교향곡이 흘러나온다. 말러를 들으면서 클림트를 보라는 뜻이다. 사람이 없을 때, 한참 동안 헤드폰을 낀 채로 클림트의 그림을 보며 앉아 있었다. 이 고맙고도 비현실적인 상황에서 그림과 음악이 함께 조화되는 경험은 놀라운 것이었다. 전시장에서는 오스카 코코슈카, 리하르트 게르스틀, 아르놀트 쇤베르크 등 빈 분리파의 다른 작품들도 만나볼 수 있다. 또한 세기말 빈의 도시 건축을 담당한 오토 바그너의 도시 프로젝트도 따로 한 전시실을 가득 메우고 있다. 다양한 설계도 및 모형과 함께 난간 같은 실제 물건도 전시돼 있다.

레오폴트 미술관에 전시된 에곤 실레의 작품들

안에는 크고 좋은 숍이 있다. 여기에는 빈 분리파의 복제 그림이나 빈 공방 공예품의 복제품들도 있다. 시내의 가게들에서 쉽게 구할 수 없는 것들이 많아서 기념품을 원하시는 분들에게 추천한다. 카페테리아 형태의 식당도 있는데, 전망도 좋고 저렴하고 맛있다.

레오폴트 미술관은 작품뿐만 아니라 건물도 훌륭하다. 특히 곳곳에서 뜻하지 않게 마주치는 창밖 풍경이 대단히 매력적이다. 창문의 위치가 절묘해서, 유리창 너머로 보이는 붉은 지붕이나 멀리 보이는 스카이라인, 짙푸른 잎을 자랑하는 나무들 같은 매력적인 풍경들이 내부의 회화와 기막히게 어우러진다. 그 순간에는 시간을 초월하는 행복을 경험하게 된다.

루돌프 레오폴트
Rudolf Leopold, 1925~2010

인물

빈 의대에 다니던 의학도 루돌프 레오폴트는 어느 날 빈 미술사 박물관을 방문했다가 그날로 미술에 눈을 떴다. 그는 그날을 "내 인생에서 가장 중요한 날이었다"고 회상했다. 이후로 그는 의대생의 신분으로 미술품을 모으기 시작했다. 그가 처음으로 수집한 작품은 과외 교사를 하면서 수업료 대신에 받은 그림이라고 한다.

의사가 된 레오폴트가 중점적으로 모으기 시작한 작품은 에곤 실레가 그린 것들이었다. 그의 말에 따르면 당시 실레의 작품들은 비싸지 않았으며, 특히 그가 그린 소품들은 가치를 평가받지 못한 채 여기저기 널려 있었다고 한다. 특히 드로잉을 포함한 실레의 여러 작품들은 포르노라는 누명을 쓰고 외면받고 있었는데, 레오폴트는 그것들을 꼼꼼히 모았다. 이어 그는 클림트와 코코슈카의 작품들도 모았다. 그가 단 몇 유로의 가치로 샀던 실레의 작품은 나중에 수십만 유로에 이르렀다.

1973년에 레오폴트는 자신이 모은 작품들을 화집으로 만들어서 출판했는데, 수록된 작품이 228점이었다. 그때부터 그는 수집가로서 유명해지기 시작했다. 오스트리아 정부는 그의 작품들을 국가가 사들여서 전시할 의향이 있음을 밝혔다. 이에 레오폴트 박사와 정부는 우호적이지만 길고 신중한 협상을 시작했다. 1994년에 오스트리아 정부는 레오폴트의 수집품들을 우리 돈으로 6천억 원 정도의 가치로 결정하고, 그중 3분의 1의 가격을 지불하고 모두 구입하기로 했다. 더불어 양측은 미술관의 부지와 건축비를 정부가 부담하고, 이름은 레오폴트 미술관으로 하며, 레오폴트는 종신으로 미술관의 초대 예술 감독이 된다는 조건에 합의했다. 이리하여 오스트리아 20세기 미술에 관한 한 최고의 컬렉션을 갖춘 레오폴트 미술관이 건립되었다.

젊은 의학도, 최고의 콜렉터가 되다

하지만 개관 이후에 추문도 생겨났다. 몇몇 시민이 소장품 중에 부당하게 취득한 것들이 있다고 주장한 것이다. 심지어는 레오폴트가 나치와 거래했다거나 그가 나치라는 소문까지 돌았다. 이에 레오폴트는 "나는 나치가 아니며, 나치가 약탈한 작품을 취득하지도 않았다"고 주장했다. 소유권을 주장하는 사람들은 소송을 걸었고, 소송 도중에 레오폴트는 그 그림들의 대가를 전부 지불했다. 조사를 통해 최소한 11점이 나치 희생자들의 소유물이었던 것으로 결론이 났다.

은퇴 후, 레오폴트는 예술품을 같이 수집했던 아내와 함께 빈 교외의 소박한 집에서 기거하다가 85세의 나이로 사망했다. 수집품의 수준으로 보았을 때 세계 최고의 콜렉터로 간주되었던 그는 오스트리아 최고 훈장인 십자가 훈장을 수여받았다.

에곤 실레
Egon Schiele, 1890~1918

인물

레오폴트 미술관을 방문하면 실레의 위대함과 고통스런 삶을 만날 수 있다. 사생활이 복잡하기로 유명했던 클림트 이상으로 다양한 추문이 뒤따랐던 실레는 작품 활동에서도 클림트에 못지않은 많은 걸작을 남겼다. 하지만 28세의 젊디젊은 나이로 세상을 등진 그는 불우한 천재라는 말 외에는 표현할 길이 없는 인물이다. 독특한 형태와 어두운 우수 그리고 퇴폐적인 에로티시즘이라는 단어로 대표되는 에곤 실레는 오스트리아의 툴른에서 역장의 아들로 태어났다. 어린 시절의 실레는 기차를 좋아해서 하루 종일 기차를 그리면서 놀았다. 하지만 한편으로는 학교에 적응하지 못했고, 성적도 좋지 않았던 폐쇄적인 아이였다.

고통 속에서 살았던 천재 화가

그가 마음을 열고 놀았던 상대는 게르티라고 부르던 여동생 게르트루데였다. 이 남매가 근친상간적인 성향을 지녔으리라 추측되기는 하지만, 확실하지는 않다. 실레는 16살 때 12살이었던 게르티와 함께 (당시에는 오스트리아 항구였던) 트리에스테까지 기차를 타고 간 적이 있었다. 둘은 트리에스테의 호텔에서 하루를 보내고 돌아왔다. 그는 딱 하룻밤만 자고 온 여행지였던 트리에스테를 죽을 때까지 그리워했으며, 이후에도 상상으로 부두에 정박한 배들을 그리곤 했다.

1906년에 실레는 클림트가 다녔던 빈 응용미술학교에 입학했지만, 학교의 엄격한 제도와 보수적인 교수들을 견디지 못하고 3년 만에 그만뒀다. 혼자서 작품을 그리던 실레는 클림트를 찾았고, 두 사람의 역사적인 첫 만남에서 클림트는 실레에게 특별한 관심을 표했다. 그런 클림트를 존경한 실레는 초기에는 클림트나 코코슈카 등을 모방했지만, 이내 자신만의 스타일을 찾아갔다.

실레는 1908년 빈 분리파 전시회에 클림트의 초청으로 참가했다. 1910년부터는 자신만의 누드를 실험하기 시작했으며, 이때부터 병약하고 신경질적인 형태와 색채를 지닌 특징적인 인물상이 자리 잡기 시작했다. 하지만 그의 독창적인 작품들은 주변 사람들 및 당시 화단과 마찰을 일으키게 되었다. 이 즈음 실레는 17세의 어린 소녀 발리를 만나는데, 그녀는 실레에게 가장 중요한 모델이자 뮤즈가 된다. 하지만 실레는 계속해서 추문을 일으켰고, 심지어 감옥에서 구류를 살기도 하는 등 고생이 끊이지 않는다.

실레는 한 역장의 딸과 결혼하고, 결혼 3일 후에 입대했다. 1917년에 빈으로 돌아온 그는 분리파 전시회에 다시 참여하는 등 크게 활약하고 비로소 인정받았다. 그러나 일 년이 지나지 않아 그의 아내가 스페인 독감으로 인해 사망했고, 그녀를 간병하던 실레도 3일 뒤에 짧고 파란만장한 일생을 마감했다.

무목 MUMOK

MQ의 안마당 오른편에는 돌무더기처럼 강렬한 존재감을 뿜내는 검은 건물이 보인다. '무목'은 '현대미술관MUseum MOderner Kunst'이라는 뜻에서 따온 이름이다. 빈에는 기존의 현대미술관이 있었다. 그런데 1981년에 독일 기업가 페터 루드비히와 이레네 부부가 자신들이 모았던 현대미술품 230점을 여기에 기증했다. 루드비히 부부는 독일을 비롯한 5개국의 19개 미술관에 엄청난 양의 미술품을 기부한 바 있었던 현대미술 콜렉터였다. 빈 현대미술관은 이 기증을 계기로 새로운 미술관의 건축을 논의했고, MQ 안에 새 건물을 짓기로 했다. MQ의 건축을 맡았던 '오르트너 앤 오르트너' 사社가 현대적으로 설계한 새 미술관은

무목

2001년에 개관했다.

안에는 약 1만 점에 달하는 현대미술품들이 우리를 맞이한다. 현대미술로는 고전이라고 할 만한 파블로 피카소와 앤디 워홀을 필두로 요제프 보이스, 게르하르트 리히터, 로이 리히텐슈타인 등이 남긴 20세기의 걸작부터 21세기의 작품들까지 망라한다. 특히 한국 작가인 백남준의 대표작들이 비중 있게 설치돼 있어서 뿌듯한 기분이 든다.

탄츠콰르티어 Tanzquartier Wien, TQW

MQ의 안마당에 서면 왼편으로 레오폴트 미술관을, 오른편으로는 무목을 거느리고 가운데에 서 있는 건물이 있다. 양편의 두 건물처럼 현대식 건물이 아니다 보니 마치 오래 전에 지어진 것처럼 보인다. 그러나 고전적인 외관과는 달리 내부는 완전히 새로 만들어진 시설이다. 이곳이 현대무용을 위한 공간인 '탄츠콰르티어'다.

탄츠콰르티어는 2001년에 MQ와 함께 개관했다. 오스트리아 최초로 현대무용 장르에만 집중하는 기관이다. 현대무용의 공연을 중심으로 전문 무용수의 교육, 워크숍 및 세미나, 아마추어를 위한 교육 등을 실행한다. 공연장과 3개의 스튜디오, 강의실 및 도서관 등이 있다.

발터 쾨니히 서점 Buchhandlung Walther König

MQ 안에는 인상적인 서점이 있다. 이 서점이 취급하는 책들은 미술, 디자인, 패션, 사진, 영화 그리고 예술 이론에 집중되어 있다. 쾰른에서 1969년에 설립된 '발터 쾨니히 서점'은 예술 전문 서점으로 명성이 높다. 이곳은 단순한 서점을 넘어서 예술가나 갤러리 등과 밀접한 관계를 맺으면서 문화계에서 중요한 위치를 점하고 있다. 쾰른의 본점은 세계에서 가장 큰 미술 전문 서점이고, 주요 도시에 10여 개의 지점을 두고 있다. 특히 주요 미술관 내에 입주해 있는 것으로 유명하다. 세계에서 가장 방대한 예술서 공급처의 매장을 구경해 보기 바란다.

빈 폭스 오페라극장 Wiener Volksoper

박물관 구역의 서쪽, 그러니까 건축 박물관 쪽의 출입구로 나오면 독특하고 아름다운 건물이 서 있다. 커다랗게 폭스오퍼Volksoper라고 적혀 있으니, '민중 오페라' 정도로 번역할 수 있다. 이곳은 화려한 빈 국립 오페라극장에 이은 제2의 오페라극장이다. 1898년에 '카이저 주빌레 시립극장'으로 문을 연 이곳은 처음에는 연극 극장이었다. 그러다가 오페레타를 주로 하는 극장이 되었다. 2차 대전이 끝났을 때는 파괴된 국립 오페라극장을 대신해서 오페라를 상연했다. 이후 국립 오페라극장이 재건되어 폭스오퍼는 1955년부터 다시 오페레타와 뮤지컬을 주로 공연하는 역할로 돌아갔다. 오페라의 경우에는 대중적인 명작들을 독일어로 공연하는 것이 특징이다.

극장에 들어가면 로비의 모습이 소박하다. 빈 국립 오페라극장을 떠올리는 사람에게는 초라해 보일 것이다. 하지만 이곳에 가면 마치 어린 시절에 동네에 있는 재개봉관에 들어갔을 때처럼 마음이 편해진다. 빈의 극장까지 와서 어린 시절을 회상할 수 있다는 건 참 놀라운 경험이었다. 빈 국립 오페라극장은 샴페인을 팔지만, 이곳에서는 삼류 영화관의 매점 같은 곳에서 비닐봉지에 담긴 사탕을 판다. 사탕을 입에 넣고 오물거리면서 오페레타를 보는 것이다.

오페라는 비극이지만 오페레타는 모두 해피엔딩이다. 즉, 이곳에 심각함은 없다. 공연 수준은 좋다고 말하기 어렵다. 아니, 겨우 봐줄 만하다. 이곳은 공연의 수준을 느끼러 오는 곳이 아니다. 서민들은 어떤 공연을 보고 어떤 문화를 즐겼을까를 체험하는 것이 중요하다. 세상에는 상류층만 있는 것은 아니며, 하이엔드만이 문화의 전부는 아니다. 폭스 오페라극장에 와보면 빈 국립 오페라극장이 얼마나 대단하고 사치스러운지를 실감할 수 있고, 또 우리가 얼마나 호강(어머니가 즐겨 쓰시던 추억의 표현이다)하며 살고 있는지 감사하게 된다. 폭스 오페라극장은 이런 소중한 깨달음을 안겨주는 다정한 곳이다.

빈 폭스 오페라극장

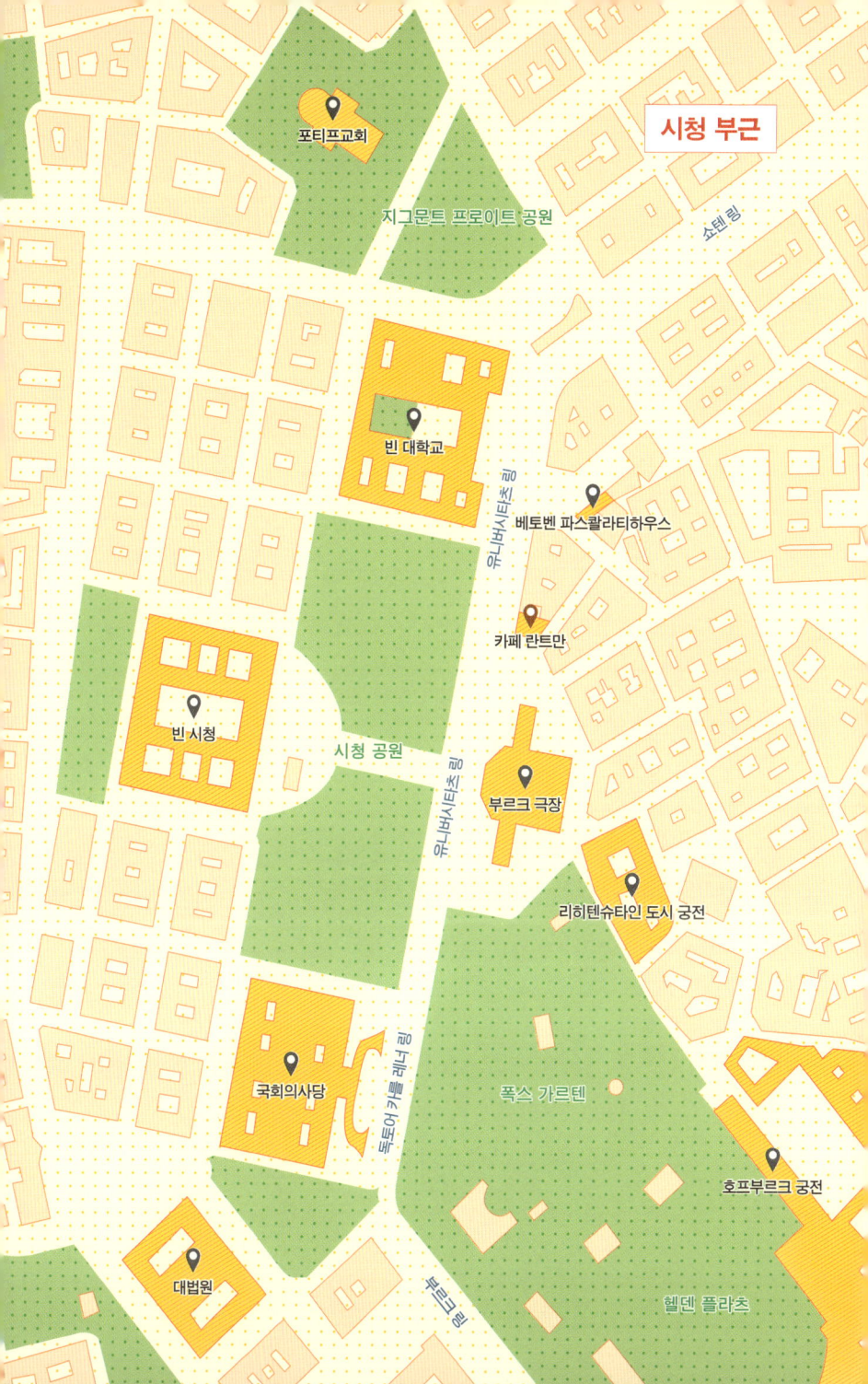

시청 부근

빈 시청 Rathaus

1883년에 완성된 빈 시청은 건축가 프리드리히 폰 슈미트가 설계했다. 높은 첨탑이 서 있는 신고딕 양식이다. 19세기 후반에 빈은 도시의 팽창과 인구의 과밀을 경험했고, 당시의 시청사도 커져 가는 도시의 업무를 처리하기에는 비좁았다. 그래서 새로운 시청을 크게 지으려는 열망이 링 슈트라세 건설 계획에 반영되었다. 링 슈트라세에 있는 이 지역은 처음부터 공공건물을 세우기 위해 계획된 곳으로, 광장과 링 슈트라세를 사이에 두고 시청과 부르크 극장이 마주보는 형태로 계획되었다. 행정의 중심과 예술의 전당을 마주보게 함으로써 시민 사회의 상징을 표현한 것이다. 시청의 좌우에는 한쪽에 국회가, 다른 쪽에는 빈 대학이 들어서 있다. 네 개의 대형 기관이 광장을 사면에서 둘러싼 모습이다.

시청 가운데에 있는 98미터에 달하는 높은 첨탑은 역대로 유럽 자유도시의 정신을 상징하는 것이다. 그 기원은 자유도시 브뤼셀의 시청사다. 영주가 다스리지 않고 시민들이 선택한 시장과 시민이 자치적으로 다스리는 자유도시 브뤼셀의 정신은 시청 건물로 곧잘 상징되었다. 그래서 함부르크나 뮌헨 등 많은 도시들이 모두 이런 모양의 시청을 가지

빈 시청

고 있다. 그중에서도 탁월하게 높고 큰 건물이 빈 시청사다. 전면의 좌우 폭은 127미터이고 전면과 후면 사이의 폭은 152미터에 이르는 초대형 건물로서, 총 1,575개의 방을 가지고 있다.

라트하우스켈러 Rathauskeller

시청사 지하에 식당 라트하우스켈러가 있다. 프리드리히 슈미트가 설계한 이 식당은 1899년에 개장했다. 1천 평에 이르는 이 식당은 빈에서 가장 큰 식당이다. 시청 안의 식당인 만큼, 오스트리아를 대표하는 대형 와인 저장소와 빈 스타일의 인테리어 등 많은 면에서 공을 들였다. 방문객은 물론 시민들에게도 만남의 장소로 사랑받고 있다.

부르크 극장 Burgtheater

링 슈트라세를 두고 시청사와 마주보는 건물이 '부르크 극장'으로서, '황실 궁정 극장KK Theatre an der Burg, KK Hofburgtheater'이 원래 명칭이다. 현재는 국가에서 관장하는 국립 극장이다. 이곳은 독일어로 연극을 하는 극장 중에서는 세계에서 가장 중요한 곳으로 꼽힌다. 권위 있고 깊은 해석을 보여주는 연출로도 유명하다.

1741년에 마리아 테레지아 여제에 의해서 궁정 극장으로 설립된 부르크 극장은 280년의 역사를 자랑한다. 당시의 위치는 도심 한복판에 있는 미하엘 광장 옆이었다. 처음에는 연극 외에 콘서트나 오페라도 공연했다. 거기서 베토벤의 교향곡 1번, 괴테의 『타우리스의 이피게니에』 등이 초연되었다. 그러다가 링 슈트라세가 건설될 때에 지금의 극장이 건축되면서 1888년에 이전했다. 설계는 고트프리트 젬퍼와 카를 프라이어 폰 하우제나우어가 맡았다. 2차 대전 중의 폭격으로 파괴되었다가 1955년에 복원되었다.

부르크 극장의 배우들을 '부르크 앙상블'이라고 부른다. 이들은 독일어권 전체에서 가장 권위 있는 정극 배우라는 자긍심으로 살아간다. 이곳 배우들의 독특한 발음과 관습 때문에 '부르크 극장 독일어Burgtheater Deutsch'라는 말까지 생겼다. 보통 120명 정도의 단원을 유지하고 있는데, 잘 알려진 배우로는 스벤에릭 베흐톨프, 클라우스 마리아 브란다우어, 안드레아 클라우센, 브루노 간츠 등이 있다. 부르크 극장을 거쳐간 대표적인 연출가들로는 오토 쉔크, 피터 홀, 조르조 스트렐러, 루카 론코니, 한스 노이엔펠스, 조너선 밀러, 뤽 본디 등이 있다. 모두 지금 세계 오페라와 연극 무대를 휘젓고 있는 인물들이다.

클림트가 그린 부르크 극장의 천정화

부르크 극장은 아름다운 건물이다. 내부 투어 프로그램이 있으므로 신청해서 구경해 보자. 여기서 문학, 연극, 회화, 건축이 결국 하나임을 느낄 수 있을 것이다. 특히 유명한 곳은 남쪽 계단실인데, 황제가 극장에 왔을 때에 마차에서 내려서 올라가던 통로다. 이 계단실에는 특히 유명한 천정화가 있다. 바로 인류 연극의 역사를 그린 「극장의 역사」 연작이다. 구스타프 클림트와 그의 동생 에른스트 그리고 프란츠 마취의 세 사람이 세운 '예술가 회사'가 제작한 작품으로, 세 사람이 나누어서 그렸다. 그중에서 클림트가 그린 「셰익스피어 극장」에는 연극 『로미오와 줄리엣』의 마지막 장면이 그려져 있다. 이 그림에는 재미있는 부분이 있다. 그림 속의 극장 관객들 중에서 옆모습이 두드러지는 남자 관객이 바로 화가인 클림트 자신이다. 이것은 클림트가 남긴 유일한 자화상이다.

카페 란트만 Café Landtmann

부르크 극장 앞에 서면 '카페 란트만'이라고 써 놓은 커다란 간판이 보인다. 유치한 디자인의 간판을 내걸긴 했지만, 빈의 정통 카페로 명성이 높은 곳이다. 세계 최고의 독일어 연극 극장인 부르크 극장 앞에 있다 보니 자연스럽게 배우와 극장 관계자 및 작가들이 모이는 곳이 되었다. 뿐만 아니라 건너편에는 시청이 있고 뒤편으로는 장관들의 집무실을 포함한 관공서와 귀족의 저택들도 많아서, 관리나 정치가 등이 애용했던 장소이기도 하다. 기자들은 이곳에 자리를 잡고 취재하곤 했으며, 정치가나 배우 등이 기자회견을 가질 때도 이 카페를 애용했다.

밖에서 보아도 건물이 범상치 않음을 알 수 있다. 6층짜리 우아한 건물은 본래 '리벤아우슈피츠 궁전 Palais Lieben-Auspitz'이었다. 카페 창립자인

펠릭스 잘텐
Felix Salten, 1869~1945

인물

유명한 동화 『밤비』의 작가인 펠릭스 잘텐은 오스트리아-헝가리 이중 제국의 시대에 부다페스트에서 태어났고 빈에서 성장했다. 직장 생활을 하면서 본인이 좋아하던 집필을 병행했던 그는 '젊은 빈 운동'에도 참여하며 예술 및 연극 평론가로 자리를 잡았다. 하지만 다양한 분야의 책을 닥치는 대로 쓰면서도 유명해지지 못했다. 그러다가 1923년에 소설 『밤비』로 큰 성공을 거둔다. 출판의 길이 막힌 잘텐은 1938년에 스위스로 이주했고, 취리히에서 세상을 떠났다.

잘텐은 『밤비』의 영화 제작권을 한 영화감독에게 1,000달러에 팔았고, 그 감독은 다시 월트 디즈니사에 팔았다. 1942년에 디즈니사는 『밤비』를 만화영화로 제작했고, 영화는 엄청난 성공을 거두었다. 월트 디즈니는 돈방석에 앉았지만, 정작 원작자인 잘텐은 쓸쓸한 노후를 벗어나지 못했다. 『밤비』를 어린이용 동화로만 생각하면 안 된다. 자연 보호를 주장하는 이 소설은 생태문학의 장르를 연 선구적인 작품이다. 1920년대 초에 이미 공업이 발달했던 오스트리아는 자연 파괴가 심각했지만, 그에 대한 인식은 부족한 상황이었다. 이에 잘텐은 『밤비』를 통해 숲의 폭군은 바로 인간이며, 인간이 자연을 파괴하고 있음을 어린이들에게 설파했다.

프란츠 란트만은 부근의 대형 공공건물들이 완공되기도 전부터 이 건물이 지닌 입지의 중요성을 파악했고, 커피 제조가와 제빵사 등의 진용을 갖추고 1873년에 카페를 열었다. 초창기부터 작곡가 구스타프 말러나 에머리히 칼만, 동화 작가 펠릭스 잘텐이나 작가 페터 알텐베르크 등이 드나들면서 카페는 번창했다. 특히 지그문트 프로이트는 거의 하루도 빼먹지 않고 걸어서 이곳으로 출근해서 커피를 마신 것으로 유명하다. 2007년에 열린 개장 125주년 기념식에는 많은 유명 인사들이 참석해서 란트만의 위상을 실감케 했다.

리히텐슈타인 도시 궁전 Stadtpalais Liechtenstein

부르크 극장 뒤편은 과거부터 귀족들의 저택이 모여 있는 동네였다. 호프부르크 궁전의 뒷문이 가까워서 황실에 가까운 귀족들이 이곳에 저택을 가지고 있었다. 이렇게 귀족들과 은행들이 많았던 곳이다 보니 이곳의 길 이름도 헤렌 가세Herrengasse와 방크 가세Bankgasse다. 이 두 골목을 중심으로 한 이 구역은 지금도 한가하고 근엄한 분위기를 풍긴다. 귀족들이 사라진 지금은 대사관들이 많이 들어와 있다.

이곳의 대저택 중에서 대표적인 건물이 '리히텐슈타인 도시 궁전'이다. 리히텐슈타인은 유럽에서 가장 작은 나라인 리히텐슈타인 공국을 소유하고 있는 가문을 말한다. 스위스와 오스트리아의 국경 사이에 끼어 있는 리히텐슈타인 공국은 리히텐슈타인 가문이 그곳에 살아서 붙은 이름이 아니다. 빈의 부유한 대귀족인 리히텐슈타인 가문이 약 3백 년 전에 그곳의 땅을 구입하여 독립시킨 것이다. 그러므로 리히텐슈타인 가문의 본가는 빈에 있으며, 이 궁전이 리히텐슈타인 가문의 종가宗

리히텐슈타인 도시 궁전 내부

※에 해당한다. 빈의 다른 궁전들과는 달리 현재도 가문이 직접 관리하는 곳이다. 그래서 죽어버린 세트장 같은 여느 궁전들과는 분위기가 사뭇 다르다. 궁전은 개방되어 들어가 볼 수 있지만, 미리 예약한 가이드 투어를 통해서만 입장할 수 있다.

이 궁전은 빈에서도 중요한 바로크 양식의 건물이다. 2013년에 민간 개방을 앞두고 다시 수리했으며, 건물뿐만 아니라 벽의 그림들과 조각, 가구, 샹들리에 등도 실제 가문의 수집품들로 정비했다. 이 궁전은 다른 귀족이 짓던 것을 1694년에 리히텐슈타인의 가문이 구입한 뒤 건축가 도메니코 마르티넬리 등에게 의뢰해 완성시켰다. 정교하게 잘 만들어진 모든 방이 다 구경거리지만, 그중에서도 2층 가운데에 있는 무도장은 바로크 건축의 백미라고 할 만큼 화려하다. 천장이 높아서 여타 왕궁을 압도하는 규모를 자랑하며, 커다란 샹들리에와 많은 촛대 그리고 유리로 장식된 벽들로 인해 조명이 켜졌을 때 특히 화려하기로 유명하다. 또한 이곳은 많은 그림을 보관하고 있다. 1866년부터 이미 독립국으로 인정받은 리히텐슈타인은 영세중립국이기 때문에 나치가 소장품들을 강제로 압수할 수 없었다. 그래서 이 가문의 미술품은 그대로 보존될 수 있었던 것이다.

국회의사당 Österreichisches Parlament

링 슈트라세를 돌다 보면 파르테논 신전 같이 거대한 건물이 눈에 띈다. 다른 건물들과는 모양새부터 다른 것이, 영 심상치 않은 기운이 느껴진다. 이곳이 국회의사당이라는 말을 들으면 고개가 끄덕여진다. 링 슈트라세를 건설할 때에 가장 공들인 건물 중 하나로 꼽히는 국회의사당은 지난 백 년 동안 오스트리아 정치의 산실이었다.

설계는 덴마크의 건축가 테오필 폰 한젠이 맡았다. 이전까지 민주주의의 전통이 전무했던 오스트리아였기에 한젠은 고대 그리스의 정신을 가져올 수밖에 없었다. 그는 그리스 건축에 바탕을 둔 신고전주의 건물을 지었다. 그 결과물은 장엄할 뿐 아니라 아름답다. 위압적이지도 않다. 국가가 우리를 지배한다기보다는 우리를 보호해준다는 느낌이다. 건물 앞에서 황금빛으로 반짝이는 아테나상像과 함께 서 있는 오스트리아 의회는 아버지보다는 어머니에 가깝게 느껴진다. 아테나 여신상을 세운 데에도 의미가 있다. 오스트리아는 7백 년 동안 대제국을 경영해왔지만 제국은 오직 황제의 것이었을 뿐, 어디에도 민주적인 정의 같은 것은 없었다. 이에 한젠은 그리스 고대 민주주의를 이식하기 위해서 의회 앞에다 지혜의 여신 아테나의 상을 세웠다. 아테나상의 아래에는 오스트리아를 통과하는 네 개의 강을 상징하는 물줄기가 있다. 각각 도나우강, 인강, 엘베강 그리고 몰다우강을 뜻한다. 이 네 강만 떠올려 봐도 유럽 중동부를 다 지배했던 제국의 광활함을 느끼게 된다.

1883년에 완성된 건물은 중앙 로비를 중심으로 좌우에 두 개의 큰 회의실, 즉 상원과 하원을 위한 의사당이 배치돼 있다. 1918년에 제국의회의 마지막 회의가 여기서 열렸고, 같은 날 오스트리아 공화국의 첫 회의 역시 이곳에서 열렸다. 정면에 보이는 박공은 과거 오스트리아에 있었던 17개의 민족을 상징한다. 건물의 지붕 위로는 인물들의 상이

보인다. 이들은 민주 정치에 공헌을 한 역사적인 철학가, 작가, 정치가 등인데, 자세히 보면 오스트리아 사람들이 아니라 소크라테스나 플라톤 같은 외국 인물들이다. 한편 아테나상에서 건물로 올라가는 경사로에도 여덟 개의 조각이 있는데, 이쪽 역시 케사르, 헤로도토스, 폴리비오스, 타키투스 등의 인물들을 담고 있다. 오스트리아는 어두웠던 근대와 중세를 건너뛰고 고대의 민주 정신에서 자신들의 민주 정치의 뿌리를 찾은 것이다.

국회의사당

대법원 Justizpalast

국회의사당 뒤편을 보면 네모반듯하고 단단하게 지어진 건물이 있다. 이 신르네상스 양식의 하얀 건물은 대법원이다. '유스티츠팔라스트'는 직역하자면 '정의의 궁전'으로 번역할 수 있어서 그 의미가 깊다. 안에는 대법원뿐만 아니라 대검찰청과 고등 법원, 지방 법원도 있고, 대법관이나 검찰 총장 등의 사무실도 있다.

겉만 보면 단순해 보이지만, 내부가 아름다워서 기회가 있으면 한번 들어가 보는 것도 좋다. 특히 중앙의 안마당에 있는 웅장하고 아름다운 계단이 볼 만하다. 계단실의 아름다움은 신르네상스 양식의 정수를 보여준다. 강당도 훌륭하다. 안에 있는 카페는 신시가지를 내려다보는 좋은 전망을 갖고 있다. 이 카페는 누구나 이용할 수 있다.

빈 대학교 Universität Wien

빈 시청의 오른편에 있는 육중한 건물이 빈 대학이다. 링 슈트라세의 주요 공공건물 중 하나인데, 엄밀히 말하자면 거대한 빈 대학 조직의 본부다. 1365년에 설립되어 650년의 역사를 가진 빈 대학은 독일어를 사용하는 국가의 대학들 중에서 가장 규모가 크다. 학생은 10만 명에 육박하고 교직원은 1만 명을 헤아리며, 178개의 학과를 가지고 있는 방대한 조직이다.

링 슈트라세가 건설되자, 포티프 교회 뒤편에 있었던 빈 대학의 본관을 새로 건설하자는 계획이 대두되었다. 건축가로는 포티프 교회를 지은 하인리히 폰 페르스텔이 선정되었고, 페르스텔은 이탈리아의 오래된 대학인 파도바 대학과 제노바 대학의 본관을 모델로 삼아 르네상스 양식으로 지었다. 1884년에 완성된 본관에는 대학 본부와 사무실, 대부분의 학장실과 강의실들이 있다. 본관 안으로 들어가면 로비에 빈 대학 출신의 노벨상 수상자들의 얼굴과 이름이 진열되어 있다. 참고로 본관에서 가장 인기 있는 구역은 중앙부에 위치한 사각형의 안마당과 도서관이다.

1894년에 빈 대학은 대강당의 천정을 장식하기 위해서 다섯 점의 그림을 제작하기로 했다. 그중에 두 점은 프란츠 마춰에게, 세 점은 구스타프 클림트에게 의뢰되었다. 그중 클림트가 그리게 된 것은 4대 학문

빈 대학 안마당

중의 세 가지인 철학, 의학, 법학이라는 주제였다.

클림트는 고심 끝에 놀라운 걸작을 만들었지만, 빈 대학의 위원회는 그림들이 학문의 본질을 구현하지 못했고 외설적이라는 이유로 설치를 거부했다. 결국 이 사건으로 충격을 받은 클림트는 이후로 기관이 의뢰하는 작품을 맡지 않고 개인적인 의뢰만 받아들이게 되었다. 이 작품들은 강당에 걸리지 못한 채로 보관되다가 2차 대전 중에 화재로 소실되었다. 다만 작품을 찍은 사진은 레오폴트 미술관에서 볼 수 있다.

중세 때부터의 오랜 역사를 지닌 곳이다 보니, 교내 곳곳에 그 역사를 담은 유물들을 보존하고 있다. 대학은 오스트리아 황실의 지원으로 운영되었지만, 1848년 혁명 기간에는 혁명의 모의 장소로 사용되기도 했다. 이때 군대가 교내에 진입해서 폭동을 격렬하게 진압했고, 관련 학생들은 전원 퇴학당했던 아픈 역사도 가지고 있다.

빈 대학 도서관

도서관은 빈 대학 본관에서 가장 중요한 시설이다. 빈 대학은 이곳뿐만 아니라 빈 시내 전역에 40개의 대학 도서관을 거느리고 있다. 전체 직원만 350명에 달하는 도서관 조직은 전산망으로 연결되어 있어서 교수, 연구원, 학생 그리고 일반인들에게 도움을 준다.

도서관은 1777년 궁전에서 지원한 도서 45,000권을 중심으로 문을 열었다. 이 도서관의 고민은 끊임없이 새 수장고를 지어도 연간 3만 권가량 새 책이 늘어나서 수장고의 공간이 금방 사라진다는 것이다. 예약하면 대학 내부와 함께 도서관의 투어를 안내받을 수 있다.

빈 대학 도서관

요제프슈타트 극장 Theater in der Josefstadt

보통 요제프슈타트 극장으로 번역하지만, 원래는 '요제프슈타트에 있는 극장 Theater in der Josefstadt'이라는 이름이다. 1788년에 세워져서 빈에 현존하는 극장 중에서 가장 오래된 곳으로, 그냥 '요제프슈타트 Die Josefstadt'라고 말하면 시민들이 다 알아들을 정도다. 물론 지금도 현역이다. 오늘 저녁에도 공연은 열릴 것이다.

1822년에 재개관한 이후로는 오페라나 콘서트도 했던 곳으로서, 베토벤과 바그너 등도 여기서 지휘를 했던 역사가 있다. 그러다 연극을 전문적으로 올리는 극장으로 탈바꿈했다. 막스 라인하르트, 요한 네스트로이, 페르디난트 라이문트, 크라우스 마리아 브란다우어, 오토 쉔크 등 독일-오스트리아 연극계의 전설적인 연출가와 배우들이 이곳을 거쳐 갔다. 곳곳에 19세기 극장의 모습을 간직하고 있다.

베토벤 파스콸라티하우스 Beethoven Pasqualatihaus

빈 대학에서 링 슈트라세 건너편을 보면 '파스콸라티하우스'가 보인다. 베토벤을 기념하는 공간이다. 본 출신의 베토벤은 빈으로 와서 공부하고 활동하다가 영면했다. 여러 이유로 끊임없이 이사를 다녔던 그는 빈에서 35년간 지내면서 무려 80여 군데의 집에서 살았다고 한다. 그러니 빈에 와서 베토벤의 집을 찾아다니는 것만큼 쓸데없는 일도 없을 것이다. 하지만 그중에서 딱 하나의 거처만을 찾겠다면, 정답은 이곳이다.

베토벤이 1804년부터 1814년까지 10년이나 살았던 이 집은 그가 가장 좋아했던 거처다. 공동주택 건물의 5층 방 두 개가 베토벤의 집이었다. 여기서 베토벤은 교향곡 4번, 5번, 7번과 오페라『피델리오』를 작곡했다. 빈 당국은 베토벤이 사용했던 두 개의 방과 이웃한 방 두 개를 더해서 베토벤 박물관으로 꾸몄다. 이곳에는 베토벤의 초상화, 서류, 소지품 같은 자료들이 있다. 물건이 많지 않아서 실망할 수도 있지만, 그보다 놓치지 말아야 할 것은 창문을 통해 보이는 전망이다. 창밖으로 빈 대학이 보이는데(물론 베토벤이 살 때는 대학 건물은 없었지만), 베토벤은 이 전망이 좋아서 이 집을 사랑한다고 말했다.

지그문트 프로이트 박물관 Sigmund Freud Museum

지그문트 프로이트 박물관은 정신분석학의 대가인 지그문트 프로이트가 살았던 베르크 가세 Berggasse 19번지에 만들어진 기념관이다. 그의 집이자 진료실이었던 이곳은 정신분석학의 성지인 셈이다. 건물이 지어진 1891년에 프로이트가 입주했다. 그는 여기서 47년을 살면서 낮에는 진료를 했고, 저녁에는 낮에 진료한 기록을 토대로 저서들을 집필하고 이론을 정립했다. 정신분석학이나 정신의학에 관심이 있는 사람이라면 꼭 들러봐야 한다.

 들어가 보면 프로이트의 진료실이 생전 그대로 보존되어 있다. 그의 장서와 집기들, 그가 수집했던 각국의 민속 공예품들을 볼 수 있다. 그리고 누구나 관심을 둘 법한, '프로이트의 진료실'을 상징하는 책상과 의자 등도 남아있다. 게다가 프로이트의 상징인 외투와 지팡이와 가방도 보존돼 있어서, 잠시 외출 나간 박사님이 곧 돌아올 것만 같은 분위기다. 하지만 사람들이 보고 싶어 하는 카우치는 그가 런던으로 망명할 때에 가지고 가서 남아 있지 않다. 한편 이 건물에는 유럽 최대의 정신분석 도서관이 함께 있는데, 장서가 35,000권에 달한다.

지그문트 프로이트 박물관

지그문트 프로이트
Sigmund Freud, 1856~1939

인물

지그문트 프로이트는 현대 정신의학사에서 가장 중요한 인물이다. 19세기 말에서 20세기 초에 세워진 그의 이론은 인간 사고의 패러다임을 바꾸었고, 정신의학이나 심리학을 넘어서 거의 모든 분야에 지대한 영향을 끼쳤다. 이런 사고 체계의 혁명은 다윈의 진화론이나 마르크스의 공산주의 이론에 비견된다.

프로이트는 당시 오스트리아 제국령이던 모라비아 지방에서 태어났다. 그는 어려서부터 문학을 좋아했으며, 독일어뿐만 아니라 프랑스어, 이탈리아어, 스페인어, 영어, 히브리어, 라틴어 및 그리스어 등에 밝아서 거의 모든 저작을 원서로 읽었다. 17세에 빈 대학에 입학한 그는 철학, 생리학, 해부학, 동물학 등을 연구했다. 그리고 이를 통해 심리학과 생물학이라는 양쪽 측면에서 인간의 심성에 접근할 수 있는 기초를 습득했다. 그는 많은 동물 실험을 통해 뱀장어, 가재, 개구리 등의 신경조직과 뇌에 관한 연구를 남기기도 했다(종종 간과되지만, 생물학에 대한 프로이트의 관심은 그가 거둔 위대한 성취의 바탕을 이루고 있다). 브레타노, 브로이어, 샤르코 등 선배 정신의학자들의 영향을 받은 그는 다윈, 괴테, 니체, 쇼펜하우어 등도 연구했고, 소포클레스나 셰익스피어의 문학 등까지 탐구하는 등 다양한 학문을 넘나들었다.

그는 빈 대학에서 의학 박사 학위를 받고 신경병리학 부교수 지위에 오른다. 하지만 베르크 가세 19번지에 진료실을 개업한 뒤로는 평생 임상의로서 환자를 보았고, 임상 경험에서 얻은 사실을 토대로 자신의 이론을 정립해 나갔다.

프로이트는 무의식에 대한 이론을 정리하면서 인간의 심리 구조를 이드, 자아 및 초자아의 체계로 파악했다. 또한 인간 정신의 발달 과정에서 성적 에너지인 리비도의 존재를 밝히고, 어렸을 때의 성적인 경험과 무의식이 성장에 영향을 끼친다는 이론을 정립했다. 이러한 그의 이론은 의학의 영역을 넘어서 인간이 만든 종교와 문화 등에 대한 광범위한 해석과 비평으로 이어졌다.

"현대 정신 분석학의 창시자"

프로이트의 이론은 세기말과 20세기 초에 엄청난 영향을 끼쳤으며, 동시에 커다란 파문과 반발을 일으켰다. 많은 학자들은 그의 이론에 반기를 들고 새로운 학파를 발전시켰지만, 프로이트의 위대함과 영향력에 대해서만큼은 모두 인정했다. 지금은 임상에서는 프로이트의 이론이 많이 퇴보했지만, 여전히 그의 이론은 심리학, 문학, 미학, 인류학, 예술 심지어는 정치와 경제, 사회 분야에서까지 언급되고 있다. 그의 저서들은 지금도 인문학의 필독서로 거론된다.

『담배 가게 소년』
『Der Trafikant』

소설

　최근 유럽에서 큰 반향을 일으킨 젊은 작가가 로베르트 제탈러다. 그가 오스트리아 사람들에게 가장 부끄러웠던 시절인 1930년대를 그린 소설이 『담배 가게 소년』이다. 이 작은 소설은 성장 소설의 형식을 띠고 있지만, 모성, 우정, 사랑, 정치, 군중, 사회, 정의, 인류애 심지어 정신분석학까지 수많은 이야기를 담고 있다. 빈과 오스트리아 사회를 알아보기 위해서는 이만한 책이 흔치 않다.

> ## 광기에 물든 빈에서 꽃핀 우정

　잘츠부르크 부근에 있는 아터제라고 하는 아름다운 호숫가에 프란츠라는 가난한 소년이 홀어머니와 살고 있다. 프란츠의 장래가 걱정된 젊은 어머니는 아들을 위해서 수도 빈에서 그가 일할 자리를 알아봐 준다. 프란츠는 시골 기차역에서 어머니와 이별하고 난생 처음 빈에 도착한다. 프란츠가 일하는 가게는 길가의 담배 가게다. 그곳에서는 담배뿐만 아니라 신문과 주간지도 판다.

　열심히 일을 배우던 어느 날, 프란츠는 가게 주인인 오토가 한 나이 많은 손님에게 벌떡 일어나서 예의를 갖추는 것을 본다. 잘난 사람이 많은 빈에서 주인은 유독 그 손님만 깍듯이 대우한다. 그는 바로 프로이트 교수다. 프란츠도 그 이름을 안다. 고향에서 동네 여자들이 쑥덕거리는 것을 들었던 것이다. 프로이트가 엄청난 상담료를 받는다던지, 그의 진료실에서는 여자들이 추잡한 욕망을 다 털어놓는다던지 하는 소문들이었다. 프로이트에게 담배를 팔면서 그와 가까워진 프란츠는 곧 그의 산책에도 따라다닌다. 소문보다도 친절한 프로이트는 프란츠의 연애 고민도 들어준다. 프란츠는 돈 한 푼 받지 않고 자신의 말을 들어주는 그에게 감사해하고, 그렇게 두 사람은 친구가 되어간다.

그러나 빈은 이전 같지 않다. 나치가 정권을 잡고 오스트리아는 독일에게 무릎을 꿇는다. 유대인들에 대한 핍박은 심해지고, 유대인들에게 물건을 파는 오토의 가게도 테러를 당한다. 어느 날 프로이트를 찾아가니 그의 집 앞에는 짐들이 잔뜩 나와 있다. 유대인이었던 그는 외국으로 망명하는 수밖에 없었다….

이 소설은 한 소년의 눈을 통해서 1930년대의 빈과 유럽이 어떻게 돌아갔는지, 유대인들이 어떻게 핍박을 받았는지, 당시 군중들은 얼마나 비겁했고 또 의식 있는 시민들은 얼마나 용감하고 결연했는지 말하고 있다.

더불어 20세기 최고의 지성으로 큰 업적을 남긴 프로이트가 어떻게 환자를 보았는지, 어떤 성품을 가졌는지, 어떤 과정을 거쳐서 재산을 몰수당했고 어떻게 영국으로 망명하게 되는지를 사실적으로 보여준다. 여든두 살의 나이에 평생을 기여한 조국을 떠나 런던에 도착한 프로이트는 이듬해에 세상을 떠났다.

포티프 교회, 봉헌 교회 Votivkirche

빈 대학 뒤편을 보면 링 슈트라세에서 좀 떨어져 있는 교회가 보인다. 고딕풍의 높은 첨탑이 인상적이다. 주요 건물들이 링 슈트라세 주변에 몰려 있는 빈에서 혼자 뚝 떨어져서 저만치 뒤로 물러서 있는 데다가, 껑충한 외관마저 시대착오적으로 보이는 이 건물은 얼핏 이 도시에 어울리지 않는 것 같다. 마치 동네 아이들이 손을 잡고 둥글게 노는데, 거기에 어울리지 못하고 혼자서 원 밖에 서 있는 수줍은 꺽다리 소녀 같다. 그런데 그 소녀를 가까이서 보니 유행이 지난 레이스로 장식된 옷을 입고 있는 게 아닌가?

빈을 여러 번 방문하면서도 이 교회를 찾을 생각은 하지 않았다. 빈의 정신에 어울리지 않는 시대착오적인 건물로만 보였던 것이다. 그런 고딕풍 건물은 프랑스나 독일에 얼마든지 있다. 그런데 언젠가 우연히 그 옆을 지나가게 되면서, 바로 옆에서 본 건물이 어쩐지 가짜가 아니라는 느낌을 주었다. 어느 날 스케줄이 비었을 때 작심하고 그곳을 찾았다.

1853년 프란츠 요제프 1세의 암살이 미수에 그쳤다. 헝가리 출신의 재단사 견습공인 야노스 리베니의 칼이 급소를 빗나가면서 황제는 천운으로 살아났다. 이에 신께 감사를 드리는 의미로 봉헌 교회라고 번역되는 포티프 교회가 지어졌다. 교회는 '백성들의 애국심과 제국에 대한 헌신을 기념'하는 봉헌물로서, 제국 전역에서 기금이 조성되었다. 교회의 설계를 공모하자 75개의 설계도가 도착했다. 결국 약관 26세였던 하인리히 폰 페르스텔의 설계가 뽑혔다. 그는 신고딕풍 양식에 창의적

포티프 교회

인 요소를 가미했다.

교회는 1879년에 완성되었다. 이 교회가 아름다워 보이는 이유는 비율 덕분이다. 디테일도 좋고 신고딕 양식의 전통도 잘 따랐지만, 모든 건축적 요소의 배열, 길이, 깊이, 높이 등이 완벽한 비율을 가지도록 설계되었다. 그래서 이곳은 나중에 미국을 비롯한 세계의 많은 교회 건축의 모델이 되었다. 특히 미국에 이 교회를 본뜬 교회가 많으며, 일본의 적지 않은 교회나 예식장도 이 교회를 모델로 하고 있다.

슈베르트 생가 Schubertgeburtshaus

음악 도시라고 불리던 빈에는 많은 음악가들이 살았지만, 실제로 빈에서 태어나서 빈에서 죽은 음악가는 별로 없다. 그런데 슈베르트는 빈

슈베르트 생가

슈베르트 생가에 있는
슈베르트의 안경

에서 태어나서 그 불우하고도 낭만적인 31년의 짧은 생을 오직 빈에서만 보냈다. 슈베르트 생가는 그가 살던 시절에는 빈의 외곽에 속했지만, 지금은 빈에 편입돼서 빈의 서북부에 위치한다. 여전히 관광객이 거의 없는 지역이라, 관광객으로 넘쳐나는 번화가에 지친 분들은 여기서 사람 사는 동네를 만날 수 있다. 슈베르트의 생가는 안마당이 있는 공동주택인데, 2층에서 슈베르트가 태어났다. 지금은 시에서 옆에 있는 다른 집도 사들여 박물관으로 꾸며 놓았다. 소장품이 별로 없는 곳이긴 하다. 하지만 슈베르트가 어린 시절에 성장한 공동 주택 분위기가 그대로 남아 있어, 그 체취만으로도 방문할 가치는 있다. 슈베르트의 아버지는 이곳에서 작은 학교를 열어서 운영하기도 했다.

안에는 슈베르트에 관한 자료들이 있다. 그중에서 방문객의 관심을 가장 끄는 전시물은 초상화에서 익히 보아왔던 그의 안경이다. 잘 보관된 안경을 바라보다 보면 '내가 죽어도 내 안경은 변치 않고 남아 있겠구나'하는 묘한 생각이 든다. 비치된 헤드폰을 통해 슈베르트의 대표작들을 들을 수 있는데, 사람이 없을 때 그의 방에 홀로 앉아서 들었던 그의 음악은 오랫동안 잊히지 않았다. 지금도 그 소리가 귀에 생생하다.

어떤 이들은 이곳에서 안경 외에는 볼 것이 너무 적다고 투덜댄다. 하지만 31세에 죽은 가난한 음악가에게 안경 외에 무슨 물건이 있을 수 있겠는가? 그는 피아노 한 대도 제대로 가지지 못했던 사람이다. 슈베르트의 생가를 처음 방문했던 그날 오후, 나는 요한 슈트라우스 2세의 아파트도 방문했다. 그 화려한 가구와 많은 사치품들…. 나는 그곳에서 슈베르트의 이 생가가 더욱 그리워졌다.

요한 슈트라우스 일가 박물관 Museum der Johann Strauss Dynastie

빈은 왈츠의 왕으로 불리는 요한 슈트라우스(보통 요한 슈트라우스 2세를 지칭한다)가 살고 활동한 곳이다. 빈에서 그의 박물관을 찾으면 두 개가 나온다. 하나는 요한 슈트라우스 아파트 박물관으로서 요한 슈트라우스가 만년에 기거하던 아파트를 박물관으로 만든 것이다. 다른 하나는 요한 슈트라우스 가문, 그러니까 요한 슈트라우스 2세 외에도 여러 음악가를 배출한 이 일가一家에 관한 박물관이다. 즉 이 박물관에는 요한 슈트라우스 1세와 2세, 요제프, 에두아르트 그리고 요한 슈트라우스 3세 등에 관한 자료가 전시돼 있다. 사진, 서류, 신문, 기사 등의 자료와 악기, 지휘봉, 의상, 소품 등 다양한 전시물을 만나볼 수 있다. 또한 이 가문이 한창 활동하던 시기의 빈을 보여주는 전시물도 있다.

문화센터 부크 Kulturzentrum, Das WUK

흔히 '부크WUK'라고 부르는 이곳은 일종의 문화센터다. 19세기에 세워진 기관차 공장이 예술의 산실로 바뀌었다. 1884년에 공장이 이전하면서 기술 무역 박물관TGM으로 탈바꿈했는데, 다시 1980년에 개조되면서 사회적 목적을 지향하는 예술 공간으로 바뀌었다. 붉은 벽돌 건물과 그 사이로 세워진 강철 구조물들은 공장이었던 과거를 상기시키지만, 이제 이곳은 가장 창의적이고 미래지향적인 창작물들을 생산한다.

이곳은 한때 철거될 상황에도 처했지만, 시민들이 'TGM 구하기'라는 운동을 펴서 문화 공간으로 남게 하였다. 현재는 예술 단체나 동아리 또는 작가들에게 공간을 배분하여, 150개의 그룹이 교류하며 새로운 문화를 만들어내고 있다.

문화센터 부크

프란츠 슈베르트
Franz Peter Schubert, 1979~1828

인물

수많은 음악가들이 음악의 도시라고 일컬어지는 빈에서 활동했지만, 정작 빈에서 태어나고 빈에서 죽은 사람은 많지 않다. 빈이 대제국의 수도였기에 주변에 있는 많은 나라의 음악가들이 빈으로 와서 활동했던 것이다. 하지만 프란츠 슈베르트는 빈에서 자신의 모든 생애를 보낸 음악가다.

슈베르트는 31년이라는 너무나 짧은 생애 동안에 무려 900여 곡에 달하는 작품을 작곡했다. 우리는 그런 그를 '가곡의 왕'이라고 부른다. 그러나 이 표현은 가곡 분야에 대한 그의 위대한 업적을 강조하는 반면, 다른 장르에 대해서는 별로 업적이 없는 것처럼 느끼게 하는 부작용도 갖고 있다. 물론 슈베르트는 무려 600곡이 넘는 가곡을 작곡했다. 이를 반대로 생각하면 성악이 포함되지 않은 곡도 300여 곡이나 작곡한 셈이다. 베토벤과 같이 아홉 곡의 교향곡을 작곡한 슈베르트는 많은 실내악곡과 기악곡과 종교음악, 그리고 연극 부수음악도 남겼다. 심지어는 최근 들어 자주 공연되는 『피에라브라스』나 『알폰소와 에스트렐라』 같은 오페라도 남겼다. 슈베르트는 이렇게 다작하면서도 중요한 곡들을 많이 남겼다. 특히 마지막 세 곡의 피아노 소나타(D.958, D.959, D.960)와 피아노곡 『방랑자 환상곡』, 『악흥의 순간』, 『즉흥곡집』, 그리고 현악 사중주 『죽음과 소녀』, 피아노 오중주 『송어』를 비롯한 실내악곡들은 위대한 성취다. 하지만 최고의 걸작을 꼽으라면 역시 가곡집을 꼽아야겠다. 특히 두 개의 연가곡집 『겨울 나그네』와 『아름다운 물방앗간의 아가씨』가 중요하다.

"전 생애를 빈에서 보낸 가곡의 왕"

슈베르트는 가난한 학교 교장의 많은 자녀 중 한 명으로 태어났다. 음악에 소양이 뛰어났던 아버지 덕분에 슈베르트는 어려서부터 자연스럽게 피아노와 바이올린을 배우면서 음악을 깨우치기 시작했다. 11세 때에 음악학교에 들어간 그는 5년이라는 짧은 기간에 하이든, 모차르트 그리고 베토벤 같은 빈 고전파 거장들의 음악을 습득했다. 하지만 집안 형편상 음악만 할 수는 없었다. 그는 아버지의 바람대로 교사 수업을 받았으며, 그 직후에는 아버지의 학교에서 임시 교사로 아이들을 가르쳐야 했다.

슈베르트는 슈베르티아데Schubertiade라고 부르는, 가까운 친구들로 구성된 작은 모임 안에서 신작을 발표하고 함께 연주하면서 격려를 받았다. 슈베르티아데의 구성원들은 지성인들이었지만, 그 무대는 위대한 슈베르트에게는 너무 작았다. 그는 최초의 공개 연주회를 개최한 해에 세상을 떠났다. 그의 사후에 멘델스존, 슈만, 브람스 등 후배 작곡가들이 그를 높이 평가하면서 그의 진가는 사후에야 비로소 인정받았다.

슈타트파크 부근

브리스톨 호텔 Hotel Bristol Wien

  세기말에 빈을 대표하는 4대 호텔이 있었다. 여기서는 그 호텔들을 단순한 숙소를 넘어 역사적인 장소로서 언급하려 한다. 4대 호텔은 앞서 언급한 자허를 포함해 여기에 나란히 소개될 브리스톨, 그랜드 그리고 임페리얼이다.

  빈 국립 오페라극장을 바라보고 서면, 오른쪽 길 건너편에 역사적인 향취를 뿜는 건물이 또 하나 있다. 1892년에 개장한 브리스톨 호텔이다. 국립 오페라극장 옆이라는 좋은 위치 덕에 개장 당시부터 고급 호텔이자 사교장으로 운영되었다. 이름은 영국의 브리스톨 백작에서 따왔다고 하는데, 항구 도시 브리스톨을 연상시킨다. 명칭에서 느낄 수 있듯이, 호텔 측은 벚나무 내장재 등 영국풍으로 꾸민 영국식 클럽을 만들어서 인기를 끌었다. 타이타닉호의 선내 식당과 같은 인테리어로 꾸며진 식당도 유명했다.

  유명 인사도 많이 방문했다. 영국의 에드워드 공이 심슨 부인과 빈을 여행했을 때 여기 묵었으며, 미국의 테오도어 루즈벨트 대통령도 묵었다. 하지만 우리에게 더 흥미로운 사실은 조지 거슈윈이 여기서 『파리의 아메리카인』을 작곡했다는 것이다. 빈 국립 오페라극장에서 공연하는 예술가들도 이곳을 이용하는데, 그 명단은 푸치니에서 카라얀에 이른다. 2차 대전 후에 4개 전승국이 빈을 점령했을 때는 미국 측의 사령부로 사용되기도 했다. 2008년에 인테리어를 개보수하면서 세기말의 아르누보 스타일을 더욱 강조해 멋을 냈다. 내부 식당인 '브리스톨 라운지'도 과거의 분위기를 살리고 있다.

링 슈트라세에 있는 그랜드 호텔(왼쪽의 노란 건물)

그랜드 호텔 Grand Hotel Wien

링 슈트라세에 있는 대형 호텔 중 하나다. 1870년에 문을 연 호텔은 개관 때부터 고급 호텔로 인기를 얻었다. 왈츠의 왕 요한 슈트라우스 2세가 데뷔 50주년을 기념하는 콘서트를 이곳에서 열 정도였다. 번창을 거듭한 호텔은 1911년에 좌우에 있는 건물 두 채를 사들여 세 배로 확장했다. 2차 대전 후에 승전 4개국이 빈을 점령했을 때는 소련군 사령부로 사용되었다.

이후 국제원자력기구IAEA가 이곳을 매입해서 1979년까지 국제원자력기구 본부로 쓰였다. 그러다 일본 항공사인 전일본공수ANA가 인수하여 다시 '아나 그랜드 호텔ANA Grand Hotel'로 개관했다. 이때 원래의 크기로 축소되었으며, 처음의 외관도 복원되었다. 특히 맨 위층에 있는 두 개의 식당, 즉 프랑스 식당인 르 시엘Le Ciel과 일본 식당 운카이Unkai는 큰 인기를 끌었다. 특히 운카이는 전일본공수가 그날 아침에 도쿄의 츠키지 시장에서 재료를 공수한다고 광고할 정도로 일본 본토와 유사한 요리로 인기를 모았다. 하지만 2002년에 ANA는 호텔을 매각했고, 지금은 다시 '그랜드 호텔 빈'이라는 이름이 되었다.

호텔 임페리얼 Hotel Imperial

링 슈트라세에서 눈에 띄는 신르네상스 양식의 건물이다. 호텔 임페리얼이지만 그냥 '더 임페리얼'이라고도 부른다. 이 호텔은 19세기 중엽의 분위기를 간직하고 있다. 로비에 들어가면 잘 관리된 반짝이는 샹들리에와 빛나는 대리석 바닥이 인상적이다. 본래는 건축가 아르놀트 제네티가 뷔르템베르크 공작의 도시 궁전으로 지은 건물이다. 이

'뷔르템베르크 궁전Palais Württemberg'은 1866년에 완공됐지만, 공작은 궁전을 매각했다. 빈에서 만국박람회가 열리면서 호텔로 개조되었고, 박람회에 맞추어 1873년에 문을 열었다.

이후로 이 호텔은 고급 호텔로 자리 잡았고, 세계적인 명사들이 이

호텔 임페리얼

곳을 찾았다. 흥미로운 일화도 있다. 화가의 꿈을 키우던 아돌프 히틀러가 빈에서 밑바닥 생활을 하던 시절에 이 호텔에서 잡부로 일한 적이 있었다는 점이다. 그래서 나중에 정권을 잡은 히틀러는 1938년에 빈을 방문할 때에 일부러 이 호텔에 묵었다고 한다. 당시에 호텔은 유대인의 소유였는데, 나치는 호텔을 싼값으로 강제 매입해서 2차 대전 때는 빈 주둔 나치군 사령부로 사용하는 등, 이 호텔은 나치와 묘한 인연을 가지고 있다. 나치의 만행을 기록하는 일에 일생을 바쳤던 지몬 비젠탈은 1998년에 자신의 90회 생일 파티를 일부러 임페리얼 호텔에서 개최했는데, 그때 그는 말했다. "보세요. 히틀러도 나치도 사라졌죠. 하지만 샹들리에는 여전히 흔들리고, 우리는 여전히 여기서 노래하고 춤추고 있습니다."

카페 임페리얼 Cafe Imperial

호텔 임페리얼의 1층에 있는 카페인데, 아무래도 투숙객이 아니라면 들어가기가 꺼려진다. 관광객이 장사진을 치는 카페 자허와는 대조적이다. 하지만 그렇기 때문에 오히려 번잡한 카페를 피해서 조용한 시간을 보내고 싶은 사람이라면 용기를 내어 들어가 볼 만하다. 다만 그만큼 가격은 비싸고 분위기는 정중하다. 웨이트리스들이 서빙을 하는 카페 자허나 카페 데멜과 달리, 정장 차림의 나이 든 웨이터가 시중을 드는 분위기부터가 다르다.

이곳에도 자허 토르테에 비교할 만한 디저트인 '임페리얼 토르테 Imperial Torte'가 있다. 호텔 개장 때 참석한 프란츠 요제프 1세의 요청으로 호텔 주방장이 개발한 것이다. 자허 토르테와는 달리 달지 않고 우아한 맛이 있다. 상업적으로는 자허 토르테를 따라잡는 데 실패했지만, 소수 마니아층의 사랑을 받고 있다. 그러나 이 카페에서 가장 맛있는 품목은 커피다. 물론 다른 대부분의 음식도 훌륭하다. 이 카페를 사랑한 인사로는 구스타프 말러가 있다.

카페 슈바르첸베르크 Café Schwarzenberg

링 슈트라세에 자리 잡은 고색창연하고도 위엄 있는 카페다. 처음 문을 연 이후로 인테리어나 분위기가 거의 바뀌지 않은, 몇 남지 않은 카페 중 하나다. 그래서 전통적인 빈 커피하우스의 분위기를 맛보기에 적합하다. 특히 오전에 브런치를 먹거나 낮에 커피를 마시면서 링 슈트라세의 풍경을 바라보기에 좋다. 여기는 정기적으로 독서회나 정기적인 콘서트인 '카페하우스 무지크 Kaffeehausmusik'를 열기도 한다.

카페 슈바르첸베르크

1867년, 링 슈트라세의 개통과 함께 호흘라이트너 부부가 이곳에 카페를 열었다. 빈의 많은 카페들이 예술가나 작가들의 사랑방으로 유명했지만, 이곳은 처음에는 예술가들에게 문호를 열지 않았다. 대신에 영향력 있는 기업가나 금융가들이 드나들었다. 다만 예외가 있었으니, 바로 이 카페의 인테리어에 직접 관여한 건축가 요제프 호프만이었다. 지금도 카페에 남아 있는 호프만의 흔적들은 이 카페를 더욱 기품 있게 해 준다.

아카데미 극장 Akademietheater

빈 국립 오페라극장에서 링 슈트라세를 따라서 콘체르트하우스 방향으로 가다 보면 '아카데미 극장'이라는 간판이 보인다. 이곳은 빈의 중요한 공연장 중의 하나로서 '음악 및 공연 예술 아카데미Akademie für Musik und darstellende Kunst'에서 학생들의 실습용 극장으로 지은 것이다. 루드비히 바우만 등이 설계한 극장은 1914년에 베르디의 오페라『가면무도회』를 공연하면서 개장했다.

1922년부터는 연극 전용 극장으로 탈바꿈했고, 부르크 극장에서 직접 운영한다. 부르크 극장이 정통적인 고전극을 올린다면, 객석이 500석인 여기서는 소극장 무대를 공연한다. 실험적이고 현대적인 작품을 주로 올려서 지식인이나 젊은 층은 도리어 이 극장을 선호한다.

콘체르트하우스 Konzerthaus Wien

아카데미 극장 다음에 나오는 건물이 '콘체르트하우스'다. 1890년대에 빈에는 이미 무지크페라인이 있었지만, 워낙 음악회가 많이 열리다 보니 또 하나의 공연장이 더 필요하다는 여론이 생겼다. 아카데미 극장

콘체르트하우스

을 설계한 루드비히 바우만 등이 아르누보풍으로 설계한 건물은 1913년에 개관했다. 당시 이 공연장은 빈에서 두 번째로 중요한 공연장으로서, 세 개의 홀을 가진 대규모 건물이었다. 2차 대전 중의 공습으로 파괴되었다가 1970년대에 이르러서야 복구되었다. 최근에 네 번째의 홀이 개장했다.

흰색의 콘체르트하우스 앞에 서면, 구스타프 말러의 부조가 붙어있는 것을 보면서 이곳의 역사성을 깨닫게 된다. 안으로 들어가면 무지크페라인보다 넓은 로비가 방문객을 맞이한다. 콘서트를 들으러 왔다면 많은 사람이 오가는 분주한 로비를 보고 놀랄 것이다. 건물 안에 네 개의 홀이 있다 보니 동시에 네 개의 공연이 열릴 때도 적지 않기 때문이다. 2층 중앙에는 1840석의 그로서 잘Großer Saal이 자리하고, 1층에는 그보다 작은 모차르트 잘(704석)과 슈베르트 잘(336석)이 있다. 최근에 지어진 것은 베리오 잘(400석)이다.

콘체르트하우스는 빈 심포니 오케스트라의 홈그라운드다. 최근에는 그 외에도 빈 챔버 오케스트라, 빈 성악 아카데미, 클랑포룸 빈Klangforum Wien, 벨체아 현악 사중주단 등 많은 단체들이 이곳을 근거지로 사용한다. 그만큼 많은 음악가를 후원하는 것이다. 그 외에 빈 필하모닉이나 빈 ORF 방송교향악단 등도 정기적으로 연주회를 연다. 또한 콘체르트하우스는 직접 여러 페스티벌을 개최하기도 한다. 1월의 '레조난젠Resonanzen 고음악 축제', 4~5월의 '빈의 봄 축제Wiener Frühlingsfestival', 5~6월의 '국제 음악제Internationales Musikfest' 그리고 가을에 열리는 '현대 빈Wien Modern' 등이다.

콘체르트 하우스의 그로서 잘

엘프리데 옐리네크
Elfriede Jelinek, 1946~

인물

2004년의 노벨 문학상은 오스트리아의 소설가이자 극작가인 엘프리데 옐리네크가 받았다. 화학자이자 좌파 지식인, 유대인, 또한 페미니스트였던 그녀의 아버지는 정신병으로 사망했다. 그녀의 아버지는 사중의 의미로 소수성의 대변자였던 셈이다. 홀로 남은 어머니는 엘프리데를 음악가로 키우려고 엄격한 훈육을 했다. 엘프리데는 빈 음악원에서 피아노과 오르간 등을 배웠지만, 곧 어머니에게 반항하기 위해서 음악을 포기하고 연극과 미술사를 공부했다. 21세에 시집을 발표하면서 주목을 받기 시작한 그녀는 시, 소설, 희곡, 평론 등 다양한 분야의 글을 썼다.

옐리네크의 작품들은 현대 오스트리아 사회의 가장 민감한 문제들을 적나라하게 드러낸다. 그녀는 오스트리아의 극우화, 국가주의, 자본주의의 확장과 세계화, 나치와 역사 청산 문제 등을 까발리면서 시민들이 보수적이고 소시민적인 삶에 안주하는 것을 비난한다. 그녀는 심지어 토마스 베른하르트처럼 자기 작품을 오스트리아 국내에서 상연 금지시키기도 했다. 그런 그녀가 노벨문학상을 수상하자 오스트리아 사회는 지지하는 쪽과 비난하는 쪽으로 나뉠 정도였다. 그 후로 그녀는 주로 극작에 집중하면서 여전히 깨어있는 지식인으로 맹렬히 활동하고 있다.

『피아노 치는 여자』
『Die Klavierspielerin』

소설

엘프리데 옐리네크의 대표작 중 하나이자 외설적인 묘사 덕에 대중적으로도 알려진 소설이다. 주인공인 에리카 코후트는 자신을 피아니스트로 만들려는 어머니의 가혹한 훈련 속에서 어머니를 증오하며 성장한다. 그녀는 어머니와 둘이서 산다. 에리카는 어머니에게 세상을 떠난 아버지를 대신하는 존재가 되고, 늙어가는 에리카에게도 어머니는 아버지의 대용물이 된다. 이런 점에서 소설은 작가의 자전적인 요소가 강하다. 이 소설은 옐리네크의 내면에 난 창문처럼 그녀의 일생이 어떠했는가를 보여준다.

피아노 교수가 된 에리카는 사디즘적인 선생이 된다. 여성적인 것을 사거나 꾸미는 것을 어머니로부터 금지당했던 그녀는 자신이 받았던 억압을 학생들에게 분출한다. 그런 그녀에게 젊은 학생이 접근하지만, 그녀는 더 혼란스러워질 뿐이다. 이 소설은 노골적인 성적 묘사로도 유명하지만, 거기에 집중해서는 의미가 없다. 사회적으로 성공한 한 여성의 상처 받은 내면을 적나라하게 분석했다는 점이 중요하다.

이 소설은 오스트리아의 세계적인 영화감독 미하엘 하네케에 의해서 2001년에 「피아니스트」라는 영화로 만들어졌다. 영화 속에 나오는 공연장이 바로 빈의 콘체르트하우스다.

아르놀트 쇤베르크 센터 Arnold Schönberg Center Privatstiftung

빈이 낳은 현대음악의 선구자 아르놀트 쇤베르크의 업적을 널리 알리기 위한 기관이 '아르놀트 쇤베르크 센터'다. 여기에는 도서관과 자료실뿐만 아니라 강의실과 공연장도 있으며, 쇤베르크가 생전에 사용하던 악보와 그림, 책 등은 물론이고 문구와 집기까지 갖추어져 있어서 작곡가의 작업 환경과 작곡 모습을 떠올려 볼 수 있다. 특히 쇤베르크가 미국에서 소장했던 수많은 악보와 서적, 일기, 프로그램, 음반 등은 소중한 자료들이다.

쇤베르크는 12음 기법을 세우는 등 음악계에 많은 업적을 남겼지만, 유대인이었기에 망명길에 오를 수밖에 없었다. 결국, 그는 로스앤젤레스에서 파란만장한 생을 마감했다. 그의 유산은 미망인 게르투르트 여사가 관리했는데, 그녀는 1997년에 유산으로 물려받은 많은 자료를 공개하면서 센터를 세울 수 있는 조건을 충족하는 도시에 모든 자료를 기증할 뜻을 밝혔다. 세계의 여러 도시들이 센터의 건립을 희망했지만, 결국 작곡가의 고향인 빈이 선정되었다. 이렇게 쇤베르크가 남긴 자료들은 그 주인은 돌아오지 못한 고향으로 돌아왔다.

그리하여 1998년에 빈에 국제 쇤베르크 협회 Internationale Schönberg Gesellschaft와 함께 아르놀트 쇤베르크 센터가 설립되었다. 이곳은 쇤베르크의 음악과 업적을 알리는 일 외에도, 미망인의 요구대로 그의 영향에 관한 대중 교육, 기록 보관 등을 수행한다. 많은 학자와 작곡가, 연주가 그리고 음악 애호가가 끊임없이 이곳을 찾고 있다.

아르놀트 쇤베르크 센터

아르놀트 쇤베르크
Arnold Schönberg, 1874~1951

인물

    음악의 도시 빈에 왔으니 음악을 찾게 되는 것이 당연할진대, 그렇다면 빈을 상징하는 음악가는 누구일까? 요한 슈트라우스의 왈츠를 찾는다면 초보적인 단계다. 그다음 단계로는 모차르트나 하이든 혹은 베토벤 같은 빈 고전파일 것이다. 더욱 단련된 음악 애호가라면 말러나 브루크너 같은 이들을 떠올릴 것이다. 그러다가 마지막으로 만나게 되는 것이 20세기 초에 만개한 '빈 악파'다. 모차르트, 하이든, 베토벤 등을 빈 악파라고 부르는 사람이 있기 때문에, 이와 구분하기 위해서 이들을 흔히 '신新 빈 악파'로 부른다. 현대음악의 이론은 신 빈 악파에 의해서 구축되었다고 보아도 과언이 아니다. 그러니 빈은 과거 음악의 전통을 계승한 곳일 뿐 아니라, 현대음악의 시발을 이룬 곳이기도 하다.

    신 빈 악파는 쇤베르크로부터 시작되었다. 그는 수백 년 동안 조성調性에 바탕을 두고 만들어진 서양 고전음악의 전통을 해체했다. 또한 그가 확립한 12음 기법은 현대음악의 초석을 만들었다. 12음 기법을 완성했을 때 쇤베르크의 자부심은 대단했다. 그는 "나는 독일 음악이 앞으로 백 년간 음악계에서 우위를 유지할 수 있는 발견을 했다"고 말했다.

    아르놀트 쇤베르크는 빈에서 헝가리 출신 유대인 구두공의 아들로 태어났다. 독학으로 작곡을 공부했던 그는 아버지가 돌아가시자 은행원이 되어서 가족의 생계를 책임졌다. 그는 퇴근 후에 아마추어 오케스트라 활동에 참여했는데, 그곳의 지휘자가 작곡가 알렉산더 쳄린스키였다. 그는 거기서 만난 쳄린스키로부터 작곡을 배웠다.

"현대음악의 기반을 닦은 선구자"

이후 쉰베르크는 은행을 그만두고 작곡만을 위한 생활을 시작했다. 그는 생계를 위해 음악 개인 지도를 한다는 광고를 냈는데, 그때 찾아온 사람 중에 알반 베르크와 안톤 베베른이 있었다. 이 세 사람이 나중에 신 빈 악파를 결성하고 그 중심 인물이 되었다.

그러나 쉰베르크는 빈에서 그 명성을 누릴 수 없었다. 유대인이었던 그는 나치에 의해 추방되어 미국으로 망명해야만 했다. 그는 캘리포니아에 정착하고 미국과 세계의 음악 발전에 지대한 영향을 끼쳤다. 다방면에 해박했던 그는 그림 실력도 뛰어나서 화가로도 인정받았다. 표현주의 계열에 속하는 그의 그림들은 지금 레오폴트 미술관과 빈 박물관 등에서 볼 수 있다. 그의 작품 중에서 오페라 『모세와 아론』을 비롯하여 합창곡 「바르샤바의 생존자」, 『구레의 노래』, 현악 사중주 『정화된 밤』, 『달에 홀린 피에로』, 실내 교향곡 1번과 2번, 그리고 많은 실내악들이 지금도 연주되고 있다.

빈 시립 공원. 멀리 보이는 건물이 쿠어살롱이다.

빈 시립 공원 Wiener Stadtpark

콘체르트하우스 옆에 펼쳐진 넓은 대지는 시립 공원이다. 이곳은 링 슈트라세를 만들 때 계획적으로 조성된 도심 공원이다. 면적은 2만 평 정도로 넓다고 할 수는 없지만, 도심이라는 지리적 조건 때문에 시민들의 사랑을 많이 받는 곳이다.

이 공원은 조경가 요제프 셀레니가 자연스러운 영국식 정원으로 설계했다. 가운데를 흐르는 강에는 오토 바그너가 설계한 인공적인 축석과 난간, 다리 등이 놓였다. 남쪽에는 화려한 건물인 쿠어살롱 Kursalon이 있는데, 원래는 무도장이자 콘서트 홀로 사용되었던 곳이다. 아마도 요한 슈트라우스의 왈츠가 연일 흘러나왔을 것이다. 한때는 폐쇄되었다가 최근에 개조를 마치고 무도회, 콘서트, 회의 등의 모임을 위해 임대하고 있다.

이 공원의 특징은 많은 예술가의 상(像)들이 있다는 것이다. 그러므로 이곳을 찾기 전에 여기 있는 동상의 주인공들을 알아 둔다면 더 의미 있고 재미있는 산책이 될 것이다. 가장 유명한 것은 전신에 금박을 입힌 요한 슈트라우스 2세의 황금상이다. 고전음악에 관심이 있는 사람 치고 이 동상의 사진을 본 적이 없는 사람은 없을 것이다. 관광객들이 사진을 찍느라 장사진을 이루는 이 동상은 에

빈 시립 공원의 슈베르트 상

드문트 헬머가 1921년에 만든 작품이다. 그 외에 작곡가 프란츠 슈베르트, 안톤 브루크너, 프란츠 레하르, 로베르트 슈톨츠, 화가 한스 마카르트 등의 상이 있다. 특이한 것은 수중 치료 요법을 만든 제바스티안 크나이프 신부의 상이다. 처음 이 공원이 만들어질 때 수중 치료 센터도 설치되었기 때문이다. 그래서 건물의 이름도 쿠어살롱(치유 센터)이다.

응용 예술 박물관 MAK

빈의 특징을 가장 잘 드러내는 박물관 중 하나가 막MAK이라고 부르는 곳이다. MAK은 '응용 예술 박물관Museum für Angewandte Kunst'을 뜻하는데, 옛날 식으로 '공예 박물관'이라고 하면 이해가 쉬운 분들도 있을 것이다. 이곳에서 다루는 예술의 범위는 간단히는 공예, 넓게는 응용 미술에 속한다. 붉은 벽돌 건물에는 네온사인으로 만들어진 글씨가 있는데, 이것은 영구 전시된 제임스 터렐의 작품「막라이트MAKlite」다. 응용 예술

응용 예술 박물관

 박물관은 황제의 명으로 1863년에 호프부르크 궁전 옆에 처음 개관했지만, 1871년에 하인리히 폰 페르스텔이 세운 지금의 건물로 옮겼다.

 박물관은 여러 구역으로 나뉘어 있다. 가장 볼 만한 것은 1900년대의 빈 디자인 코너다. 그때가 빈이 세계에서 가장 앞선 미술을 보유했던 유일한 시대가 아닐까? 이 코너에는 1890년부터 1938년까지 빈 디자인이 남긴 많은 업적이 집약되어 있다. 그 외에 르네상스와 바로크, 로코코, 아시아를 다룬 코너를 비롯해 의자 코너, 유리 코너, 그릇 코너, 레이스 코너까지 있다. 또한 유명한 마가레테 쉬테리호츠키가 디자인한 역사적인 '프랑크푸르트 부엌'과 클림트가 디자인한 브뤼셀의 '슈토클레 저택 식당'도 재현되어 있다. 브뤼셀에 가더라도 슈토클레 저택은 개방하지 않기 때문에, 그 유명한 식당과 클림트의 프리즈frieze를 볼 수 있는 유일한 장소가 여기다.

 2015년부터 MAK은 순수 미술, 디자인 및 건축의 3자를 결합한 세계 최초의 비엔날레인 '빈 비엔날레'를 창설했다. 2년마다 여름에서 가을에 걸쳐 열리는 이 행사는 빈에서 가장 큰 미술 행사로, 빈 응용 미술 대학, 쿤스트할레, 빈 건축 센터와 MAK이 함께 개최한다.

MAK에 갔다가 그냥 나오면 나중에 크게 후회할 장소가 두 군데 있다. 하나가 소품을 판매하는 숍이고 다른 하나는 식당이다. 어느 미술관에 가건 숍이 우리를 유혹하지만, MAK 디자인 숍은 빈 최고의 디자인 용품 가게이기도 하다. 단순한 가게가 아니라 첨단의 디자인을 가르쳐 주는 교실과도 같다. 숍의 인테리어도 멋진데, 빈 응용 미술 대학 출신의 디자이너 미하엘 발라프의 작품이다. 두 번째 장소는 식당이다. 혁신적인 디자인을 자랑하는 이 식당은 밥을 먹으면서도 디자인의 최첨단 고지高地에 와 있음을 느끼게 해준다. 건축가 미하엘 엠바허가 오스발트 헤르트틀의 가구와 요제프 프랑크의 직물을 이용하여 멋진 공간을 만들었다. 식사와 음료가 가능한데, 어느 쪽이나 대단히 훌륭하다. 보통 이곳에 들어가면 영감이 넘쳐나서 밖으로 나가고 싶지가 않다. 그래서일까, 이 식당은 미술관이 문을 닫아도 자정까지 영업을 멈추지 않는다.

카페 프뤼켈 Café Prückel

MAK 건너편에는 '카페 프뤼켈'이 있다. 들어가 보면 대부분 노트북으로 작업을 하거나 독서를 한다. 사람은 많은데 의외로 조용하다. 사실 이 카페의 역사는 백 년이 넘는다. 1903년에 유럽 사이클 챔피언이었던 막시메 루리온이 여기에 '카페 루리온Cafe Lurion'을 개업했다. 링 슈트라세에 걸쳐 있는 이곳은 입지가 좋았던 데다, 세기말에 큰 인기를 얻었던 화가인 한스 마카르트의 스타일로 꾸며져서 금방 명소가 되었다.

1931년에는 카페의 지하에 독일풍의 카바레 '사랑스런 아우구스틴Der

카페 프뤼켈

Liebe Augustin'이 개장했다. 나치가 정권을 잡자 독일에서 빈으로 들어온 예술가들이 이 카바레와 카페를 중심으로 모여들었고, 건너편의 공예학교에 다니던 예술가들도 가세하면서 이곳은 예술가들의 집합소가 되었다. 그들은 지하에서 그 어두운 시대를 풍자하는 작품들을 올렸고, 당시 사람들은 프뤼켈의 무대를 '용기의 극장Theater der Courage'이라고 불렀다. 이 지하 극장은 없어졌다가 최근에 재개장해서 피아노 연주나 카바레송 공연 등을 종종 개최한다. 최근에 수리하면서 1950년대 스타일의 커피하우스 모습을 되살렸다. 지금 이곳을 찾는 고객들은 나치 치하에서 이곳이 담당했던 역할을 기억하지 못할 수도 있지만, 진지한 분위기만큼은 여전히 남아있다. 이곳의 고객들은 주로 건너편의 응용 미술 대학을 중심으로 한 학생이나 교수들이다. 그 외에도 현지인들이 주류를 이루다 보니 관광객으로 넘치는 다른 카페들과는 분위기가 사뭇 다르다. 커피

외에도 간단한 식사도 할 수 있으며 직접 만든 케이크도 있다.

오스트리아 우편저축은행 Österreichische Postsparkasse

오스트리아 우편저축은행 건물은 빈의 주요 모더니즘 건축물 중의 하나로서, 세계 건축사에서 중요한 위치를 차지한다. 세기말 빈에서 가장 많은 건물을 지은 오토 바그너의 진정한 대표작이다. 바그너는 이 건물을 짓기 전까지는 전통적인 신고전주의와 아르누보의 그림자 속에서 부유했지만, 1906년에 지은 이 건물을 계기로 진정한 현대건축가로서의 첫걸음을 내디뎠다.

8층이나 되는 큰 건물인데, 가까이 가서 살펴보면 이미 그 당시에 알루미늄을 사용했음을 알 수 있다. 전면부의 철제 볼트들은 기능과 장식 역할을 동시에 하고 있다. 대리석과 벽돌과 알루미늄과 철강이 섞인 건물 전면은 현대 도시 건축을 예견하고 있다. 기능적이면서도 아름다운 것이란 무엇인지 가르쳐 주는 모습이다. 건물 꼭대기에는 월계관을 든 천사 같은 여성상이 있는데, 오트마 쉼코비츠의 작품이다.

안으로 들어가면 넓고 밝은 로비가 맞아 준다. 그야말로 실내가 환하다. 우체국이자 은행인 건물의 기능을 극대화하고자 장식적인 요소에 실용성을 결합시켰다. 채광창, 라디에이터, 환풍구, 유리 천장, 유리 블록, 등, 바닥, 테이블, 문틀, 창살, 난간 등 하나하나를 자세히 살펴보면, 지금 우리에게 익숙한 많은 디자인적 요소가 여기서 시작됐음을 알게 된다. 더욱 놀라운 것은 이 건물이 지금도 여전히 은행과 우체국의 기능을 수행하고 있다는 점이다. 그것도 이렇게 아름답고 조화롭게…. 이것이 디자인이다. 여기는 디자인의 교과서이자 디자인의 메카다.

오스트리아 우편저축은행

오토 바그너

Otto Koloman Wagner, 1841~1918

인물

1841년에 빈의 부르주아 집안에서 태어난 오토 바그너는 지금의 빈 공대와 베를린 왕립 건축학교에서 건축을 공부했다. 공부를 마친 그는 빈으로 돌아와 건축을 시작했으며, 1894년부터는 빈 미술 아카데미의 교수가 되어 강의하기 시작했다.

그는 전통을 유지하면서도 빈 스타일의 아르누보를 받아들여 유겐트슈틸 양식의 건물을 설계했다. 당시 빈은 링 슈트라세를 건설한 이후 도시의 현대화에 박차를 가하고 있었는데, 다른 어떤 건축가들보다도 먼저 도시계획에 눈을 떴던 바그너는 새로운 빈의 건설에 적극적으로 참여했다. 그러나 그의 많은 계획 중에 실제로 시 당국에 받아들여져서 건설된 것은 소수였다. 채택된 사례 중 대표적인 것이 슈타트반, 즉 도시철도다. 그가 설계한 역사와 철교 등은 지금 보아도 균형감과 세련미에 감탄하게 된다. 그는 1896년 저서 『현대건축』을 출간하면서 자신의 건축 사상을 피력했다. 세상이 변하고 있으므로 건축에서도 새로운 형태와 재료가 중요하다는 이야기였다. 그는 "새로운 형태의 작업과 관점은 기존 형태의 변화 또는 재구성을 요구한다"고 말했다.

그는 빈 미술 아카데미 교수라는 권위에 힘입어 학생들에게 강력한 영향을 미쳤으며, 그의 강의를 들은 많은 학생들이 새로운 빈의 건설에 동참하면서 거대한 그룹을 이루었다. 세간에서는 그들을 '바그너 학파'라고 불렀는데, 대표적인 인물로는 요제프 호프만, 요제프 마리아 올브리히, 카를 엔, 막스 파비아니 그리고 요제 플레츠니크 등이 있다. 이들 중 플레츠니크는 조국인 슬로베니아로 돌아가서 류블랴나 도심에 있는 대부분의 주요 건물과 교량 등을 건설했다. 그 작업을 통해 류블랴나는 제2의 빈으로 불리게 되었다.

" 현대건축의 기틀을 닦은 선구자 "

바그너의 제자인 루돌프 신들러는 "현대건축은 스코틀랜드의 매킨토시, 빈의 바그너, 그리고 시카고의 루이 설리번의 3인으로 시작되었다"고 말했다. 바그너는 1897년에 구스타프 클림트를 중심으로 결성된 분리파 운동에 요제프 호프만, 요제프 마리아 올브리히, 콜로만 모저 등과 함께 합류했다. 그들에 의해서 빈의 미술은 새로운 길로 나아갔고, 빈의 건축은 비로소 신고전주의나 아르누보에서 벗어나서 현대건축으로 나아갔다.

바그너가 천명한 새로운 건축 재료 중의 대표는 철강재와 철근 콘크리트였다. 빈의 많은 건물이 그 재료들을 활용했다. 그중에서 그의 철학과 양식을 가장 잘 대표하는 건물이 우편저축은행 건물이다. 그 외의 대표작들로는 빈 도시철도, 슈타인호프 교회, 마욜리카하우스, 바그너 빌라 등이 있다.

연방정부 청사 Regierungsgebäude

우편저축은행에서 링 슈트라세 건너편을 보면 아주 크고 웅장한 건물이 있다. 현재 오스트리아 정부의 많은 부서가 입주해 있는 이곳은 일종의 연방정부 청사다. 1차 대전이 발발하기 직전, 유럽 제국들이 전쟁을 대비하던 1913년에 세워졌다. 당시에 전쟁을 위한 부서들이 이 건물에 자리 잡아서 사람들은 이 건물을 '전쟁 내각Kriegsministerium'이라고 불렀다. 그럴 만도 했던 것이, 과거에는 건물 뒤편에 '평화를 원한다면 전쟁을 준비해야 한다'는 표어가 붙어 있었다고 한다. 2차 대전 이후에 그 표어는 철거되었다.

연방정부 청사

이 건물은 당시에 황실이 발주한 가장 큰 프로젝트여서 오토 바그너와 아돌프 로스 등 쟁쟁한 건축가들이 방대한 계획서를 제출했지만, 고전적이고 위압적인 건물을 선호한 황실은 구시대적인 루드비히 바우만의 설계를 채택했다. 결국, 건너편에 있는 현대적 건물인 우편저축은행과 대조되는 반시대적인 건물이 들어섰다. 당시 오스트리아-헝가리 이중 제국 체제를 상징하는 거대한 쌍두雙頭 독수리의 청동상이 건물 위에 서 있는데, 한쪽 날개의 길이만 16미터에 달한다. 건물 역시 매우 커서, 1만 제곱미터의 부지 안에는 아홉 개나 되는 안마당이 있다. 방은 약 1천 개다. 현재는 연방정부 부서 중에서 노동 사회 복지부, 국토 산림 환경 수자원부, 과학 경제부가 입주해 있다.

빈 음악 대학교 Universität für Musik und Darstellende Kunst Wien, MDW

빈에 오면 적지 않은 사람들이 빈 음대를 찾거나 궁금해 한다. 음악의 도시라는 빈이니, 빈에서 빈 음대를 찾는 것은 당연한 일일지도 모른다. 빈 음대라고들 부르지만, 정식 명칭은 '빈 음악 및 공연 예술 대학'으로 흔히 MDW라고 한다. 1817년에 설립되었다가 몇 번 이름이 바뀐 끝에 지금에 이르렀다.

학교 본부 건물은 무지크페라인처럼 파르테논 신전을 본뜬 고전주의적인 건물이다. 이름에서 알 수 있듯, 이곳은 단순한 음대가 아니라 무려 24개의 학과로 구성된 세계적인 규모의 예술 대학이다. 첫 번째 교장이 유명한 안토니오 살리에리라고 하니, 학교의 오랜 전통과 권위를 느낄 수 있다. 지금은 24개에 다다르는 다양한 예술 학과를 운용하고 있다. 학교 자체에서 10여 개의 콩쿠르를 주최하며, 2년마다 영화제

빈 음악 대학교

를 열고 있다. 이 학교는 빈 필하모닉 오케스트라와 특별한 관계를 맺고 있으며, 오스트리아의 거의 모든 주요 오케스트라에 인턴 단원을 공급한다.

빈을 거쳐 갔던 전설적인 대가들이 이 학교에서 가르쳤다. 그 명단 중에는 안토니오 살리에리, 안톤 브루크너, 요제프 크립스, 막스 라인하르트, 아르놀트 쇤베르크, 펠릭스 바인가르트너 등이 있다. 이 학교 출신의 유명인은 많아서 거론하기도 힘들 정도다. 지휘자만 봐도 아르투르 니키쉬, 구스타프 말러, 클레멘스 크라우스, 헤르베르트 폰 카라얀, 클라우디오 아바도, 마리스 얀손스, 주빈 메타, 키릴 페트렌코 등이 있다.

비트겐슈타인 하우스 Haus Wittgenstein

빈에서 태어난 분석철학가 루드비히 비트겐슈타인은 현대건축의 대표적 건물 중 하나로 꼽히는 집을 지었다. '비트겐슈타인 하우스' 혹은 '스톤보로 하우스 Haus Stonborough'라고 부른다. 대기업가의 아들이었던 비트겐슈타인이 여동생 마가레테를 위해 지은 집으로, 아돌프 로스의 제자였던 파울 엥겔만이 설계했다.

그런데 건축이 진행되면서 비트겐슈타인이 설계에 크게 관여했다(이 공사 이후에 비트겐슈타인은 자신의 직업란에 '건축가'라고 표기했다는 일화가 있다). 결국, 비트겐슈타인의 고집으로 문의 손잡이 하나, 라디에이터 하나를 디자인하느라 설계하는 데만 1년이나 걸렸다. 내장은 베른하르트 라이트너가 맡았고, 라이트너는 이 집을 작업하고 나서 스스로 인테리어 사상 비교할 수 없이 고급스럽고 독창적인 작품이 나왔다고 말했다. 완공은 1928년에 이루어졌고, 마가레트는 사망할 때까지 이 집에서 거주했다. 지금은 불가리아 대사관 문화원으로 사용 중이다. 덕분에 우리는 이 집의 내부를 구경할 수 있게 되었다. 바우하우스풍으로 지어진 건물

비트겐슈타인 하우스

은 편리하고 아름답다. 또한 이 건물은 비트겐슈타인 가문의 흔적이 되는 중요한 자료이며, 철학자 비트겐슈타인의 또 다른 미학적인 집착과 예술적 취향을 엿볼 수 있는 귀한 장소이기도 하다. 오스트리아 국가문화재로 지정돼 있다.

요한 슈트라우스 박물관 Wiem Museum Johann Strauß Apartment

빈에 왈츠가 성행했던 시대를 부인할 수는 없다. 그 중심에 섰던 인물이 요한 슈트라우스 2세다. 사실상 혼자의 힘으로 왈츠를 당대 최고의 인기 장르로 만들었던 그는 또한 왈츠에서 가장 많은 열매를 맺은 사람이기도 하다. 이 박물관은 슈트라우스 2세가 마지막에 생활했던 거처인데, 지금도 건물에는 다른 세입자들이 함께 살고 있다. 처음 이곳에 도착했을 때는 평범한 아파트 같은 모습에 당황했다. 대체 요한 슈트라우스의 집이 건물 안의 어디에 있는지 알 수가 없었다. 지금도 사람들이 사는 아파트라서, 승강기 앞에서 벨을 누르면 안에서 열어주는 방식이었다. 내가 요한 슈트라우스와 약속을 한 것도 아니고 당연히 집의 열쇠도 없는데… 라고 고민하면서 문 앞에서 기다렸다. 그때 한 남자가 나타났다. 그야말로 직장인의 모습이었다. 가방에 신문까지 들고 다른 한 손에는 코트를 벗어든 채였다. 구세주가 나타난 것이다. 그가 나에게 인사를 먼저 하기에, 나는 마치 주민을 찾듯이 "요한 슈트라우스가 몇 층이에요?"라고 물었다. 남자 역시 아무렇지도 않게 지금 사는 사람을 일러주듯이 "그는 2층입니다"라고 대답했다. 나는 그와 함께 승강기를 타고 2층에 내렸다. 그리고 문을 밀었다.

그의 집은 박물관이 되어 있다. 문을 열고 들어가니 조용한 밖과는 달리 사람들로 가득했다. 슈베르트나 베토벤의 집이 한가한 것과는 반대로, 무슨 바겐세일을 하는 장소처럼 사람들이 빽빽하다. 역시 요한 슈트라우스는 죽어서도 슈베르트보다도 인기가 많다. 대중적인 것과 위대한 것은 별개라고 되뇌면서도 괜히 심통이 났다. 그래도 전시물들은 제법 좋다. 슈트라우스의 의상, 장갑, 지휘봉, 피아노 등이 있다. 특히 그의 유명한 '아마티 바이올린'은 전시의 백미다. 기분은 좀 복잡했지만, 어쨌거나 상당히 많은 자료와 흥밋거리 덕분에 한 시간 정도는 시간 가는 줄 모르고 구경했다. 기념품들의 구색도 나름 알차다. 게다가 이 부근은 관광지가 아니라서 시가지를 걸어 다니며 진짜 빈의 거리를 맛보는 재미도 쏠쏠하다.

요한 슈트라우스 박물관

요한 슈트라우스 2세
Johann Strauss Jr., 1825~1899

인물

요한 슈트라우스 2세는 빈 근처의 장크트 울리히에서 태어났다. 그의 아버지는 음악가였다. 고상한 음악가는 아니었지만, 무도장에서 지휘하는 음악가로서는 명성이 높았다. 그러나 아버지는 이름까지 물려준 아들이 자신을 이어 음악가가 되는 것을 원치 않았다. 아버지는 아들이 음악을 배우는 것을 반대했고, 아들이 버젓한 은행원이 되어서 빈의 부르주아 시민으로 살아가기를 원했다. 그러나 아들 요한은 음악 없이는 살기가 힘들었고, 어머니는 아버지의 눈을 피해서 아들의 음악 과외수업 비용을 대 주었다.

요한 슈트라우스 2세는 아버지의 지원 없이 스스로 음악가의 길을 하나씩 밟으며 올라갔다. 그러나 아버지의 방해로 그는 번듯한 무대에 데뷔할 기회를 잡지 못했다. 그런 그가 겨우 데뷔한 곳이 빈 외곽에 있는 '돔마이어 카지노'였다. 그는 이곳에서 자신의 악단을 지휘했고, 결과는 대성공이었다. 대중들은 물론, 까다로운 비평가와 언론도 그에게 열광했다. 그러나 그의 아버지는 분노했다.

요한은 아버지의 라이벌이었던 요제프 라너가 사망하자 라너의 자리였던 빈 시민 연대의 지휘자 자리에 올랐고, 도시 내에서 아버지와 아들의 경쟁 구도가 형성되었다. 당시 빈은 1848년 혁명의 여파로 보수파와 혁명파로 나뉘어 있었다. 혁명파를 지지했던 아들 요한은 오스트리아 군대의 사령관인 요제프 라데츠키 원수를 찬양하는 「라데츠키 행진곡」을 작곡하면서 황실에 충실한 아버지의 반대편에 섰고, 부자의 경쟁은 더욱 깊어갔다. 그러나 1849년에 아버지가 사망하자 아버지 악단의 단원들이 아들을 찾아가서 자신들을 거두어 달라고 요청했다. 이렇게 해서 두 악단은 통합되었으며, 아들은 통일된 왈츠 왕국의 왕이 되었다. 아들 요한의 명성은 아버지를 능가했으며, 그의 왈츠는 빈을 넘어 주변 유럽과 심지어 미국까지 퍼졌다. 악단이 번성하자 요한은 동생들까지 끌어들였고, 요제프와 에두아르트도 지휘자 겸 작곡가가 되었다.

빈을 지배했던 왈츠의 왕

요한 슈트라우스 2세는 대중적인 왈츠로 유명해졌지만, 브람스나 바그너 같은 고전음악 작곡가들도 그의 음악에 경의를 표했다. 한편, 슈트라우스는 오페레타의 작곡에도 도전해서 『박쥐』, 『집시 남작』, 『빈 기질』, 『베네치아의 하룻밤』 같은 오페레타를 남겼다. 그의 왈츠들 중에서 유명한 작품으로는 「푸른 도나우 강」, 「황제 왈츠」, 「빈 숲 속의 이야기」, 「봄의 소리」, 「남국의 장미」, 「예술가의 생애」, 「예술가의 콰드릴」, 「빈 기질」, 「오스트리아의 마을 제비」 등이 있다.

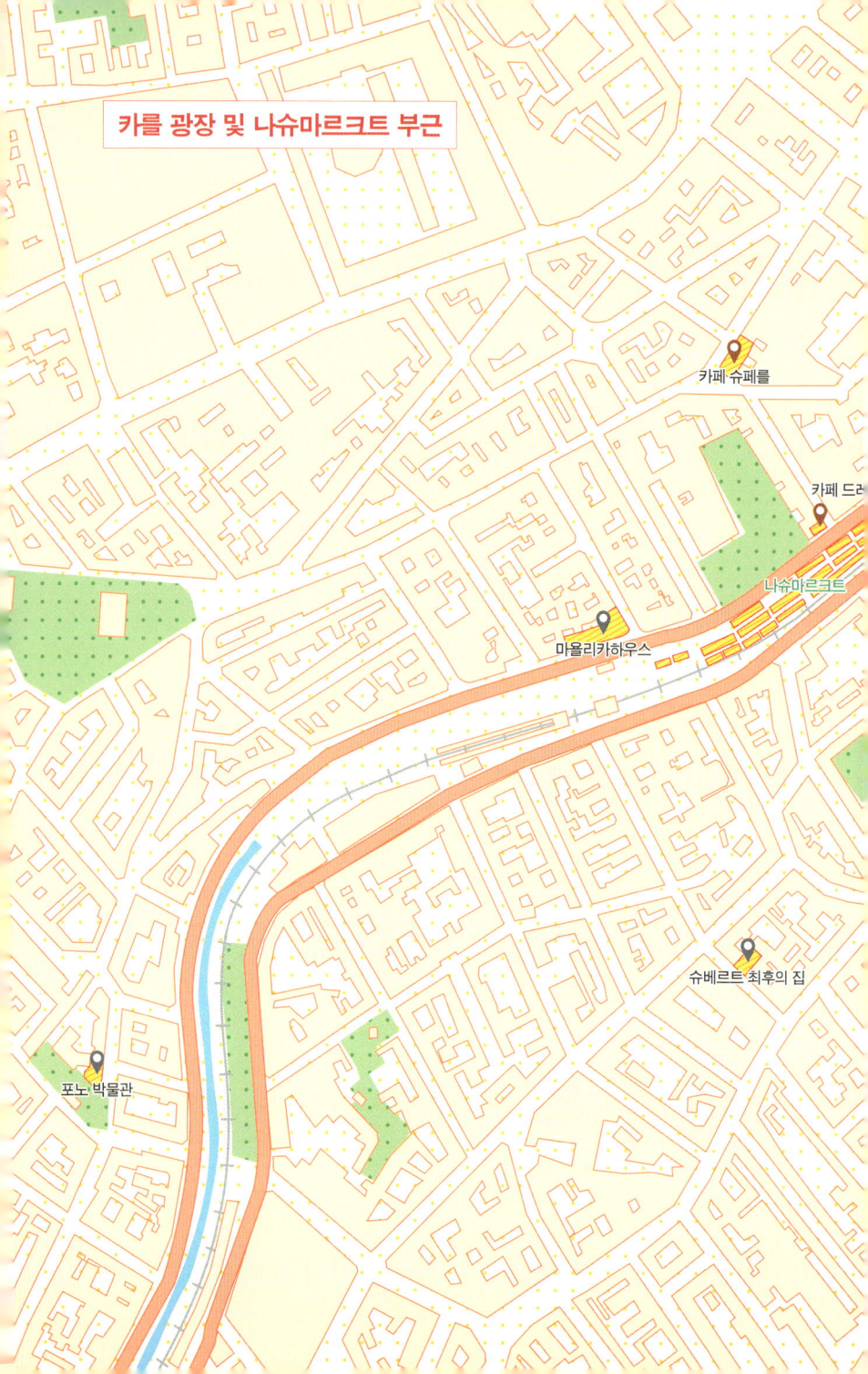

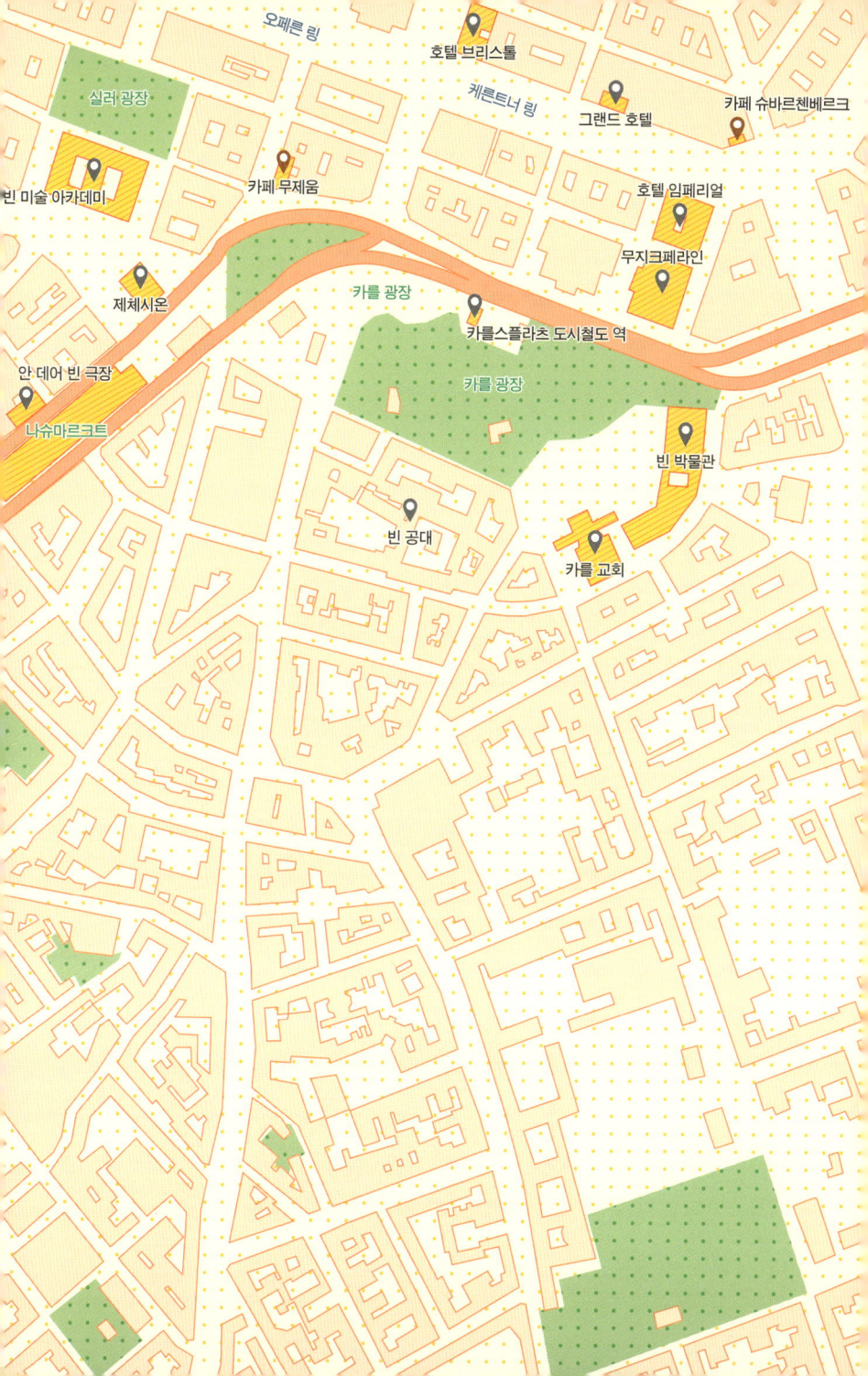

카를 광장 및 나슈마르크트 부근

카페 무제움 Cafe Museum

 카페 무제움은 아돌프 로스가 인테리어를 했다는 사실만으로도 유명해진 곳이다. 또한 이곳은 빈의 화가들과 건축가들이 모이는 대표적인 카페이기도 했다. 빈의 미술을 관장하는 빈 미술 아카데미와 분리파 회관인 제체시온이 가까이 있기 때문이다. 빈 미술 아카데미와 제체시온은 서로 보기 싫다는 듯이 등을 지고 있어서, 각각의 장소에서 나와서 상대편으로 가려면 카페 무제움 앞을 지나게 된다. 그렇게 카페 무제움은 두 진영 화가들이 만나고 헐뜯고 교류하는 장소가 되었다. 특히 구스타프 클림트를 만나기 위해서 매일 출근하여 기다리다가 결국 그를 만나서 자신을 소개했다는 에곤 실레의 일화는 유명하다. 이렇듯 이 카페는 많은 예술가들이 응접실처럼 드나들던 흔적을 지니고 있다. 두 사람 외에도 오스카 코코슈카, 카를 크라우스, 프란츠 레하르, 로베르트 무질, 요제프 로트, 오토 바그너, 프란츠 베르펠, 알반 베르크 등이 단골 명단에 올라 있다.

 아돌프 로스는 이 카페에 나무를 휘어서 만든 유명한 '토네트 의자(우리가 종종 '카페 의자'라고 부르는)'를 놓고, 그 외에는 단순한 인테리어

카페 무제움

로 처리했다. 이후 요제프 조티가 내부를 재단장하면서 벽을 따라 로지lodge와 반원형의 붉은 소파를 설치했다. 이렇게 다른 카페들에 비해 내외관이 아주 단순했던 카페 무제움은 '카페 니힐리즘Café Nihilismus' 즉 '허무 카페'라는 별명을 얻게 되었다. 인테리어가 얼마나 단순하고 현대적이었는지를 짐작할 수 있는 이름이다. 하지만 개장을 거듭하면서 초기의 인테리어는 사라지고 말았다.

다행스럽게도 2003년에 이뤄진 개조는 과거의 디자인을 살리는 쪽으로 진행되었다. 이 복원 공사는 재현을 제대로 했는지의 여부 등으로 논란이 되기도 했지만, 아예 그런 흔적 자체가 거의 없던 시절에 이 카페에 처음 가 보았던 나로서는 이런 복원이 고마울 따름이다. 2010년에는 또 한 번의 개조를 거쳤다. 특유의 조명과 창가의 붉은 소파는 여전히 과거의 향기를 내뿜고 있다. 또한 이 카페는 과거 진행되었던 정기 독서회를 재개하면서 과거의 분위기를 살리려 하고 있다.

빈 미술 아카데미 Akademie der Bildenden Künste Wien

아돌프 히틀러가 젊은 시절에 빈에 살았다는 것은 잘 알려진 이야기다. 그의 목표는 권위 있는 빈 미술 아카데미에 입학해서 화가의 길을 걷는 것이었다. 하지만 빈 미술 아카데미는 1907년과 1908년에 두 번이나 히틀러를 불합격시켰고, 빈은 그의 기억 속에 냉혹한 도시로 남았다. 낙방한 히틀러는 노숙자 구호소에서 싸구려 수채화를 그리다가 길거리에서 판매하면서 비참한 생활을 이어갔다. 나중에 오스트리아를

빈 미술 아카데미

합병하고 황제 같은 모습으로 링 슈트라세에 진입한 히틀러는 이 학교 건물을 다시 보면서 어떤 기분이 들었을까?

1692년에 설립된 빈 미술 아카데미는 오스트리아에서 가장 권위 있는 미술 교육 기관이다. 1877년에 링 슈트라세 건설에 맞추어 실러 광장에 새 교사를 세웠다. 천장화를 그린 안셀름 포이어바흐를 비롯해서 빈의 저명한 화가들이 이 건물의 천정과 벽에 프레스코화를 그렸다. 그런 만큼 이 학교는 건물 자체로도 의미를 지니며, 또한 학교의 컬렉션 역시 가치가 높다. 이 컬렉션은 오스트리아에서 가장 큰 규모지만, 안타깝게도 일반에게는 개방하지 않는다. 하지만 가끔 기획전의 형태로 전시회를 열어서 그 일부나마 접할 수 있다.

지금 미술 아카데미는 대학 과정으로 커리큘럼이 진행되며, 거의 모든 시각 예술 분야를 아우르고 있다. 빈 음대처럼 '빈 미대'라고 부르기도 한다. 그 외에 보존 및 복원 연구소, 예술 및 건축 연구소 등의 부설 연구소들도 있다. 에곤 실레, 안셀름 포이어바흐, 클레멘스 홀츠마이스터, 에른스트 푹스, 다니엘 리히터 등이 이 학교 출신들이다.

빈 분리파 Wiener Secession

'빈 분리파'는 세기말 빈의 기성 화단畵壇에 반기를 든 젊은 예술가들이 만들었던 단체다. 1897년에 젊은 예술가들이 빈의 보수적인 미술관 쿤스틀러하우스Künstlerhaus에서 집단 탈퇴했다. 당시에 이미 베를린과 뮌헨에는 분리파라는 이름의 예술가 모임이 있었는데, 그들의 활동이 빈에도 영향을 끼쳤다. 회화, 조각, 건축, 공예 등을 아우르는 시각 예술가들이 두루 참여한 빈 분리파는 구스타프 클림트를 초대 회장으로 옹립

빈 분리파

했다. 칼 몰, 콜로만 모저, 요제프 호프만, 요제프 마리아 올브리히 등이 창립 멤버였다. 이후에도 오토 바그너, 막스 파비아니, 오스카 코코슈카, 요제 플레츠니크, 에곤 실레, 오트마 쉼코비츠 등 많은 예술가들이 참여했다. 1898년에는 요제프 마리아 올브리히가 설계한 분리파 회관인 제체시온이 개관했다.

이들의 활동 중에서 특히 베토벤에게 헌정한 '제14회 분리파 전시회'는 세간에서 화제가 되었다. 그들은 전통과 '분리'된 20세기의 새로운 예술을 천명했다. 제체시온 정면에 있는 "시대에는 그 시대의 예술을, 그 예술에는 자유를Der Zeit Ihre Kunst, Der Kunst ihre Freiheit"이라는 모토가 알려주듯, 분리파는 하나의 미학적 개념이었다.

분리파 건축이 붐을 일으키자 요제프 호프만과 콜로만 모저는 1903년에 빈 공방을 설립했다. 결국, 순수한 미학적 개념으로 시작한 운동에 실용성과 상업적 요소가 끼어들면서 순수 예술만을 지향했던 회원들과 갈등이 생기기 시작했다. 1905년에 지도자였던 클림트가 멤버들과의 예술적 견해 차이로 탈퇴했고, 이를 기점으로 분리파의 활동은 사실상 막을 내렸다. 하지만 20세기를 열었던 분리파는 미술사에 큰 영향을 끼쳤으며, 이후로도 미술뿐 아니라 다른 예술과 사회 전반에도 큰 영향을 미쳤다.

제체시온Secession

제체시온 건물 앞에 처음 섰을 때 나의 감정은 한마디로 '흥분'이었다. 별로 크지도 않은 이 건물이 빈의 정신과 역사를 집약적으로 설명하고 있었다. 올브리히의 건축에 클림트의 문구가 금박으로 새겨진 예

제체시온

술의 신전. 베토벤을 신으로 모셨고, 클링거의 조각상이 제단을 이루고, 말러가 지휘했으며, 실레가 전시를 했던 곳. 젊은 예술가들이 모여서 새로운 예술의 앞날을 천명한 성전. 건물의 전면에는 분리파의 정신을 적은 유명한 모토가 새겨져 있다.

> Der Zeit ihre Kunst. Der Kunst ihre Freiheit.
> 모든 시대에는 그 시대의 예술을, 모든 예술에는 자유를.

빈 미술 아카데미의 권위와 아집에 정면으로 도전장을 내민 이 젊은 예술가 그룹은 1898년에 요제프 마리아 올브리히의 혁신적인 설계를 바탕으로 자신들의 건물을 세웠다. 베를린과 뮌헨에서도 태동한 분리파 운동은 거부할 수 없는 시대적 흐름이었고, 황실도 더 이상 그 흐름을 모른 체할 수는 없었다. 이에 프란츠 요제프 1세가 부지를 내어 주었고, 회원들이 건물을 지었다. 그들은 제14회 전시회에서 독일의 조각가 막스 클링거의 베토벤상을 전시장 중앙에 놓았다. 새로운 시대를 열었던 혁명적인 음악가 베토벤의 정신을 (비록 장르는 다르지만) 계승하겠다는 의미였다. 베토벤이 선배, 멘토를 넘어서 우상으로 모셔지는 순간이었다. 그 전시장에는 클림트의 벽화 「베토벤 프리즈」가 3면에 그려졌는데, 이 그림은 베토벤의 교향곡 9번 『합창』을 시각적으로 형상화하고 있다.

베토벤 프리즈 Beethoven Frieze

분리파는 제체시온 지하의 전시실에 그들의 우상인 베토벤의 조각상을 모시기로 하고 조각가 막스 클링거의 베토벤상을 임대했다. 이 때 클림트는 베토벤상이 놓일 방의 벽을 장식하기 위해 벽 맨 위쪽에 띠지처럼 둘러진 벽화를 제작했다. 이것이 「베토벤 프리즈」다. 이 그림은 베토벤의 교향곡 9번 『합창』의 4악장에 나오는 '환희의 송가'를 그림으로 표현한 것이다. 그중에서도 실러의 가사인 "환희여, 아름다운 신의 빛이여, 오 세상에 입맞춤을 해주리라"는 부분을 시각적으로 나타낸 것이다.

방으로 들어가면 세 면에 걸쳐 그림이 그려져 있는데, 모두 34미터에 이른다. 맨 왼편에서 시작하는 첫 부분은 '행복을 향한 동경'이다. 인간이 행복을 향해서 비상하기 시작한다. 화면은 우윳빛으로 비어 있고 인간들이 그 안을 헤엄치듯이 부유한다. 두 번째 부분은 '약한 자의 고난'이다. 황금 갑옷에 투구와 칼로 무장한 기사가 서 있고, 뒤에는 여인들이 있다. 병약해 보이는 남녀가 무릎을 꿇고 기사에게 애원을 한다.

전시장의 정면 벽부터가 세 번째 부분인데, '적대적인 힘'이다. 고릴라 같은 거인 티포에우스가 시커멓고 커다랗게 그려져 있다. 그 왼쪽에는 그의 세 딸인 고르곤이 있다. 그녀들의 뒤에는 인간이 가장 두려워하는 세 가지, 즉 질병, 광기, 죽음을 상징하는 그림이 그려져 있다. 오른편에는 세 여자가 화려한 모습을 보여주고 있다. 음탕, 음란, 방종이다. 오른쪽에는 풍성한 머리카락을 지닌 여인과 뱀이 있다. 이는 인간의 끝없는 슬픔을 표현한다.

이제 오른쪽 벽으로 넘어간다. 다시 부유하는 사람들이 나타나고, 한 여자가 리라를 연주한다. 음악을 뜻하는 이미지다. 그리고는 한참 아무런 그림도 없이 비어 있다. 그러다 기뻐하는 여인들이 등장하는데, 예

베토벤 프리즈

술을 상징하는 이들은 실러의 '환희의 송가'를 부르고 있다.

  이 그림 속에 시와 미술과 음악이 다 담겨 있다. 인간이 진정 기뻐할 수 있는 대상은 바로 이 예술뿐이라는 것이 클림트의 결론이다. 여기에 이어지는 마지막이자 다섯 번째 부분은 '세상을 향한 키스'다. 밝은 화면 속에는 꽃이 만발하고, 그 위에서 천사들이 합창을 부른다. 그 앞에 한 쌍의 남녀가 서서 격렬하게 키스한다. 이 남녀는 클림트의 「키스」 속의 남녀를 연상시킨다. 실은 「키스」와 같은 인물들이다. 그렇다면 「키스」는 그저 애욕을 표현한 게 아니라, '환희의 송가'와 같은 뜨거운 인류애를 담은 그림이 아닐까?

  이제 「베토벤 프리즈」 전체를 다시 정리해보자. 인간은 끝없는 고통과 슬픔 속에서 유혹과 방해를 받으며 살아간다. 그런 인간이 행복을 느낄 수 있는 대상은 오직 시와 미술과 음악이다. 나약하고 불쌍한 인간이지만, 예술이 있기에 기쁨도 있으며, 그 속에서 우리는 사랑하는 상대와 행복하게 결합할 수 있다.

  1902년 분리파 전시회에서 베토벤상과 함께 「베토벤 프리즈」가 공개되던 날, 빈 국립 오페라극장의 음악감독이었던 구스타프 말러가 빈 국립 오페라 오케스트라의 금관악기 주자 20여 명을 대동하고 나타났다. 말러의 손이 올라가자 금관 주자들은 베토벤의 '환희의 송가'를 이 좁은 방에서 연주했다. 말러가 클림트를 위해서 금관 앙상블용으로 '환희의 송가'를 직접 편곡한 것이었다. 나는 빈을 찾을 때마다 이 방에 들어오고, 이 방에 들어올 때마다 그날을 상상한다. 한 구스타프는 베토벤을 그렸고, 다른 구스타프는 베토벤을 연주했다. 음악과 미술은 다르지 않다. 그저 형태만 다를 뿐, 늘 같은 것을 얘기한다.

애당초 클림트의 「베토벤 프리즈」는 전시 기간에만 설치될 예정이었다. 그러나 그 감동과 충격은 예상을 훨씬 넘어섰다. 전시가 끝난 뒤 소장가가 가져갔던 프리즈는 오스트리아 정부가 구입해서 벨베데레 궁전에 보관했다. 그러나 어떤 그림은 자기 자리가 있는 법이다. 특별한 공간을 위해 만든 그림은 제 자리에 있어야만 빛난다. 우리가 빈까지 찾아가서 이 그림을 보는 이유이기도 하다. 1986년에 오스트리아 정부는 10년이 넘는 복원 작업 끝에 제체시온의 원래 자리로 돌아온 「베토벤 프리즈」를 공개했다.

실러의 시는 베토벤의 음악을 만들었고, 베토벤의 음악은 클림트의 미술을 만들었으며, 클림트의 그림은 말러의 연주를 탄생시켰다. 클림트는 "인간은 예술 속에서만 열락을 누린다"고 말했다. 이 방 안에서 우리는 클림트를 보면서 눈으로 베토벤을 들을 수 있다.

카를 광장 Karlsplatz

국립 오페라극장에서 링 슈트라세를 건너서 남쪽으로 곧장 내려오면 탁 트인 광장이 나타난다. 카를스플라츠, 즉 '카를 광장'이다. 이곳은 과거부터 교통의 요지로서, 광장 가운데에 외롭게 서 있는 카를스플라츠 도시철도 역의 아름다운 역사가 과거의 영화榮華를 말해준다.

광장의 남쪽에는 거대한 카를 교회가 있다. 카를 교회 앞의 연못에 '떠다니는 무대'를 설치하고 콘서트를 열기도 한다. 그곳을 중심으로 오른편에 있는 현대식 건물들이 빈 공대 Technische Universität Wien다. 그 옆으로는 개신교 학교가 나오는데, 여기서 길 건너편 서쪽을 보면 황금빛의

카를 교회

구형 지붕을 가진 건물이 보인다. 바로 제체시온이다. 제체시온 앞에는 쿤스트할레Kunsthalle의 지점支店이 있다. 다시 카를 교회로 돌아와 왼편을 보자. 빈 박물관이 있다. 거기서 링 슈트라세를 건너면 무지크페라인이 보인다.

카를스플라츠 도시철도 역Karlsplatz Stadtbahn Hof, 오토 바그너 파빌리온Otto Wagner Pavillon Karlsplatz

링 슈트라세를 건설할 때 도시계획의 많은 부분을 책임졌던 오토 바그너는 카를 광장도 설계했다. 하지만 지금 광장에서 눈에 띄는 그의 유산은 마주 서 있는 두 개의 도시철도 역 건물이다. 창의적이면서도 아름다운 두 건물은 비록 크기는 작지만 빈 분리파 건축의 대표적인 작품이자 걸작으로 간주된다. 빈의 지하철이 새롭게 건설되면서 두 개의 역사는 완전히 해체되었다가 지하철이 완공된 후에 그 자리에 다시 세

카를스플라츠 역

워졌다. 지금은 역으로 사용하지는 않고, '오토 바그너 파빌리온'이라고 불린다. 하나는 박물관이고 다른 하나는 카페로 사용하고 있다. 당시 도시철도 역이 어떻게 생겼는지 볼 수 있으며, 바그너의 양식도 느껴볼 수 있다.

브람스 기념상

카를 광장은 잠시 평화롭게 몸과 마음을 정비하기에 좋은 장소다. 이곳 나무 사이를 걷다보면 커다란 대리석 좌상坐像을 만나게 된다. 브람스의 상이다. 요하네스 브람스는 함부르크 출신이지만 빈에서 활동했으며, 빈 필하모니 협회장을 맡는 등 빈의 음악계와 예술계의 큰 어

브람스 기념상

른으로 추앙받다가 이곳에서 죽었다. 그가 맡았던 빈 필하모닉의 근거지였던 무지크페라인이 보이는 곳에 그의 석상이 세워졌다. 거대한 체구의 늙은 브람스가 의자에 기대듯이 앉아 있는 형태는 조각가 루돌프 바이르의 작품으로, 브람스의 발치에 앉은 여인이 비파를 뜯으면서 애도한다.

빈 박물관 Wien Museum Karlsplatz

카를 광장 한쪽에는 크게 '빈 박물관Wien Museum'이라고 써 붙인 멋대가리 없는 건물이 눈에 띈다. 박물관이 이렇게 많은 도시 빈에서 아무런 수식어도 없이 그냥 빈 박물관이라니? 대체 이렇게 정체성을 알 수 없는 박물관이 있나? 정말 무엇에 관한 박물관인지 알 수가 없다. 하지만 이곳은 몇 개의 소장품만으로도 들어가 봐야 할 박물관임에는 분명하다.

중요한 전시물은 2, 3층에 배치되어 있다. 먼저 눈에 띄는 것은 거대한 빈 시가지의 모형이다. 이 모형은 몇 종류나 전시되어 있는데, 링 슈트라세가 건설되기 전의 성곽도시 빈과 링 슈트라세가 만들어지던 대개발시대 이후의 빈의 모습을 한눈에 볼 수 있다. 특히 에두아르트 피셔가 1854년에 만든 정교한 도시 모형은 그 자체가 유물이다.

그 외에도 여러 유적들을 통해 빈이 걸어온 길을 보여주는 이곳은 일종의 '빈 역사 박물관'이다. 특히 19세기 빈의 일반 가정의 모습을 볼 수 있다는 점이 중요하다. 베토벤의 친구이자 극작가였던 프란츠 그릴파르처의 집이 재현돼 있어서 당시의 인테리어, 가구, 의복, 및 공예품들을 볼 수 있다. 또한 여기에는 몇 점의 중요한 세기말 회화들도 있다.

클림트, 실레 그리고 작곡가이기도 했던 아르놀트 쇤베르크의 그림들이다. 빈 공방이 만든 의상과 소품들도 진품으로 볼 수 있다. 그중에서도 클림트의 걸작인「에밀리 플뢰게의 초상」이 백미다. 이 그림 속에서 클림트의 뮤즈이기도 했던 플뢰게가 직접 운영했던 의상실과 그때 만든 의상들을 살펴볼 수 있다. 며칠간 빈에 머무르게 된다면 초반에 이 박물관을 방문하자. 이 도시의 역사와 개관을 알고 나면 빈을 전반적으로 이해하는 데 큰 도움이 될 것이다.

카를 교회 Karlskirche

카를 광장에서 눈에 띄는 거대한 건물이 '카를 교회'다. 거대하며 아름답고 중요한 건물이다. 16세기 개혁자인 성인 카를 보로메오에게 헌정되어서 이렇게 불린다. 양편에 있는 두 개의 높은 기둥 사이에서 눈에 띄는 초록색의 돔은 바로크 양식의 걸작 중 하나로 손꼽힌다. 1713년에 빈에 큰 전염병이 돌고 나자, 황제는 신에게 감사를 드리기 위해서 전염병 환자들의 수호성인인 카를 보로메오를 위한 교회를 짓기로 했다.

공사는 1716년에 요한 베른하르트 피셔 폰 에를라흐의 설계로 시작되었다. 공사 도중에 건축가가 사망하자 그의 아들인 요제프 에마누엘 피셔 폰 에를라흐가 아버지의 설계도를 이어받았다. 그는 자신의 의도를 반영해 기존의 설계를 변경했고, 교회는 1737년에 완공되었다. 그리하여 원래는 바로크식으로만 꾸려졌을 건물에 로코코적인 요소가 가미되었고, 두 탑은 바로크 양식으로 세워졌다. 내부도 외양만큼이나 크고 아름답다. 베네치아 출신의 작곡가 안토니오 비발디는 현재의 자허 호텔 자리에서 살다가 사망했는데, 이 교회에 묻혔다. 지금은 그의 무덤이 사라지고 없지만, 지금도 여기서는 그를 기리기 위해 정기적으로 비발디 음악을 공연한다.

무지크페라인 Musikverein

1870년에 건립된 '무지크페라인'은 빈 신년음악회를 여는 곳으로 잘 알려져 있다. 하지만 그보다 중요한 사실은 이 공연장의 음향이 세계에서 가장 뛰어난 축에 속한다는 것이다. 이 부분에 관해서는 사람마다 이견이 있겠지만, 이곳이 일반적으로 가장 음향이 좋은 곳 중의 하나로 일컬어지는 것은 사실이다.

무지크페라인은 빈 필하모니 협회가 운영하고 있다. 바로 빈 필하모닉 오케스트라를 경영하는 단체다. 링 슈트라세에 있는 이 건물은 1863년에 프란츠 요제프 1세가 부지를 하사하고 필하모니 협회가 건설했다. 덴마크 건축가 테오필 한젠이 그리스의 신전을 연상케 하는 신고전주의 양식으로 설계했다. 처음에는 흔히 황금 홀 즉 '골데너 잘 Goldener Saal'이라고 부르는 대형 콘서트 홀과 '브람스 잘 Brahmssaal'이라고 부르는 소형 실내악 홀을 나란히 만들어서 1870년에 개관했다.

정식 명칭이 '그로서 무지크페라인 잘 Großer Musikvereinssaal'인 세칭 '황금 홀'은 1744석의 좌석에 여분의 입석이 가능하다. 길이 약 50미터에 폭 약 20미터의 긴 직사각형 형태라서 이론상으로는 공연장으로 쓰기에는 나쁜 형태. 그럼에도 높은 천정과 크리스털 샹들리에, 상층부의 유리창, 오르간의 파이프, 좌우로 늘어선 목재 기둥과 거기 붙어 있는 황금 칠을 한 조각상들, 목재로 이루어진 벽면 등이 종합적으로 음향을

무지크페라인의 골데너 잘

향상시킨다.

골데너 잘 옆에 있는 실내악 전용 홀인 브람스 잘은 세로 33미터에 가로 10미터의 작은 홀이다. 객석은 600석이다. 보통 사람들은 이렇게 2층에 있는 두 개의 홀만을 생각하지만(1층은 로비다), 최근 개축하면서 지하에 네 개의 공연장이 더 만들어졌다. '글래스너 잘Gläserner Saal'은 무대 뒷면이 금칠한 유리로 되어 있어서 '유리 홀'로 불린다. 이곳은 황금홀과는 달리 앞뒤보다 좌우가 더 긴 현대적인 형태이며, 객석은 가변형이라 좌석을 옮길 수 있다. 그렇다면 '메탈레너 잘Metallener Saal'은 금속으로 만들어졌을까? 그렇다. 이 '금속 홀'은 가로와 세로 모두 10미터인 작은 정사각형 홀이다. 또한 '슈타이네르너 잘Steinerner Saal'과 '횔체르너 잘Hölzerner Saal'도 있는데, 각기 돌과 나무라는 의미다.

빈 필하모닉 오케스트라 Wiener Philharmoniker

빈이라는 이름을 붙인 브랜드 중의 대표주자이면서 빈을 대표하는 단체가 '빈 필하모닉 오케스트라'다. 1842년에 창단된 세계적으로 유서 깊은 오케스트라이며, 연주력으로도 세계적으로 평판이 높다. 빈 필하모닉 오케스트라(이하 빈 필로 부르자) 단원은 빈 국립 오페라극장 오케스트라의 단원을 겸한다고 알려져 있다. 대체로 맞는 말이지만 꼭 그렇지는 않다. 빈 필 단원이 되기 위해서는 빈 국립 오페라극장 오케스트라 단원이 되어야 하고, 그 단원으로 3년 이상 근무한 멤버들 중에서 원하는 사람이 빈 필 단원으로 지원할 수 있다. 그러니 빈 필 단원은 모두 빈 국립 오페라극장 단원이지만, 빈 국립 오페라극장 단원이라고 빈 필은 아닌 셈이다. 이렇게 빈 필과 빈 국립 오페라극장은 마치 부부처럼 유기적인 협력 관계를 유지하면서 단원들의 스케줄을 조절한다.

빈 국립 오페라극장의 공연은 시즌 중에는 거의 매일 열리는데, 저녁에 오페라 공연이 있고 나면 다음 날 오전에 무지크페라인이나 콘체르트하우스에서 빈 필의 공연이 열린다. 그리고 나면 오후에는 다음에 할 오페라나 콘서트 연습이

빈 필하모닉 오케스트라 로고

있고, 저녁에는 또 다른 오페라 공연이 있다. 이런 스케줄을 한 단원이 소화할 수는 없다. 그래서 빈 국립 오페라극장 오케스트라의 단원 수는 한 오페라를 공연할 수 있는 단원의 세 배에 가깝다. 그래서 이 단체는 세계에서 가장 단원이 많은 오케스트라로 꼽힌다. 어제 저녁 오페라에서 연주한 단원은 다음 날 콘서트에서는 빠지고, 다른 주자가 참여한다. 그리고 또 다른 주자가 다음 오페라의 리허설에 참여하는 식이다. 오케스트라가 세계 순회공연을 하는 중에도 빈 국립 오페라의 공연은 계속된다. 스케줄을 관리하는 직원은 거의 세 개 오케스트라 정도의 인원을 관리하는 것이다.

'필하모니'라는 말은 일종의 음악 애호가 모임에 해당한다. 음악을 좋아하는 사람들의 자발적인 단체를 뜻한다. 빈에 필하모니 협회가 창설된 것은 1842년이다. 빈 궁정 오페라극장의 멤버들을 중심으로 전문 오케스트라가 결성되었다. 초대 지휘자는 오토 니콜라이였다. 창립 때부터 지금까지 필하모니 협회는 독립적인 단체이며, 단원들의 민주적인 결정으로 운용된다. 현재 오케스트라의 모든 결정은 12명으로 이루어진 이사회가 한다.

 빈 필은 초기에는 일종의 상임 지휘자 제도를 두고 있었지만, 세계대전 이후에는 각 콘서트나 투어 때마다 위원회가 지휘자를 선정하는 방식으로 운영되어 왔다. 이 위원회는 세계에서 가장 뛰어난 지휘자들을 선정해서 빈 필의 지휘를 맡긴다. 그러다 보니 빈 필의 지휘대에 선다는 것은 세계 정상급 지휘자가 되었음을 입증하는 일처럼 여겨지고 있다. 브루노 발터, 빌헬름 푸르트벵글러, 한스 크나퍼츠부슈, 클레멘스 크라우스, 오토 클렘페러, 조지 셀 등 전설적인 지휘자들이 여기에 해당한다. 그중에서도 세 명의 전설적인 지휘자가 있었으니, 바로 카를 뵘, 헤르베르트 폰 카라얀, 레너드 번스타인이다. 이들은 빈 필과 함께 역사적인 명반들을 남겼다. 그들의 뒤를 이어서 카를로 마리아 줄리니, 주빈 메타, 게오르크 솔티, 클라우디오 아바도, 카를로스 클라이버, 리카르도 무티, 니콜라스 아르농쿠르, 로린 마젤, 마리스 얀손스, 다니엘 바렌보임, 발레리 게르기에프, 오자와 세이지, 프란츠 벨저 뫼스트 등이 거의 번갈아 하다시피 지휘봉을 잡았다.

빈 필의 특징 중 하나는 1997년까지 여성 단원이 없었다는 것이다. 근엄한 교수 같은 할아버지 100명이 조끼까지 갖추어진 양복을 입고 진지한 얼굴로 연주한다. 반바지에 티셔츠 차림으로 연습하는 미국 오케스트라의 단원들이 "빈 필은 리허설 때도 양복 입는대"라고 수군거렸다는 이야기는 두 나라 악단의 문화적 차이를 말해준다. 특히 여성 단원이 없는 데에 대한 사회적 비난이 일면서 여성에 대한 문호를 열었는데, 아직까지도 세계의 주요 오케스트라 중에서는 여성 비율이 낮은 악단에 속한다. 2008년에는 최초로 불가리아 출신의 알베나 다나일로바가 악장 중 한 명이 되었다. 한편, 아시아계 단원도 늘어나고 있다.

뵈젠도르퍼 피아노 Bösendorfer Klaviere

무지크페라인 건물의 뒤편으로 돌아가면 전설적인 피아노 제작사인 뵈젠도르퍼의 매장이 있다. 음악의 도시 빈에 왔으니, 빈의 피아노를 알아두는 것도 나쁘지 않을 것이다. 유서 깊은 피아노 브랜드 중 하나인 뵈젠도르퍼는 1828년에 빈의 이그나츠 뵈젠도르퍼가 설립했다. 이

그나츠의 아들인 루드비히가 운영을 이어 맡으면서 성공을 거듭하며 빈 최고의 피아노라는 명성을 갖게 되었다. 1909년 이후로 회사는 여러 주인을 거치다가 2008년부터 일본의 야마하가 소유하고 있지만, 고유의 피아노 모델은 계속 지키고 있다.

뵈젠도르퍼 피아노는 무엇보다 특유의 소리로 알려져 있다. 유명한 '뵈젠도르퍼 사운드'는 잘 알려진 스타인웨이보다 어둡고 풍부한 소리를 들려준다. 특히 저음이 풍부하고 강렬하다. 또한 뵈젠도르퍼는 대대로 빈의 건축가들에게 피아노의 디자인을 맡겨서 개성적이고도 아름다운 외관을 지닌 것으로도 유명하다. 테오필 한젠, 요제프 호프만, 한스 홀라인 같은 거장들이 디자인을 맡았다. 또한 뵈젠도르퍼는 고급 모델 이외에도 재원이 모자라는 학교나 학생들을 위해 저렴한 콘서트바토리 시리즈를 공급하기도 한다. 시간이 있으면 한번 들어가서 피아노를 시험해 보기 바란다. 어쩌면 당신의 인생이 바뀔지도 모른다.

카페 슈페를 Café Sperl

카페 슈페를은 1880년에 카페 로나허 Café Ronacher로 개업했다가 새 주인이 매입하면서 개명한 것이다. 이 카페는 처음부터 섬세하고 전통적이며 아름다운 실내장식으로 유명했다. 쪽세공 마루, 굽은 나무의자, 대리석 상판의 테이블, 크리스털 샹들리에 그리고 전통적인 당구대와 포커 테이블들까지, 완벽한 빈 카페 양식을 보여준다. 이 카페에도 작가, 미술가, 음악가 등이 모였는데, 그중에서 가장 유명한 단골은 작곡가 프란츠 레하르였다.

카페 슈페를

이곳은 빈 카페의 원래 모습을 잘 보존하고 있어서 카페 중에서는 최초로 국가 문화재로 지정되었다. 하지만 미국 영화 「비포 선라이즈」에 나오는 바람에 세계적으로 알려져, 사진을 찍으려는 관광객들이 몰려들어 몸살을 앓고 있는 안타까운 곳이기도 하다. 이 영화에 보면 빈 카페에 대한 조금의 지식도 없는 주인공이 주문을 받으러 빨리 오지 않는 웨이터를 두고 "이건 문명의 퇴보야. 이런 서비스로는 뉴욕에서는 모가지야"라고 말한다. 물론 빈 카페의 직원들은 불친절하다. 그러나 어쩌란 말이야. 그것이 전통이다. 여기는 빈이다. 전통을 관광객이 바꿀 수는 없다. 그런데 그 영화 덕분에 많은 관광객들이 사진을 찍으러 몰려드는 바람에, 안타깝게도 늙은 웨이터들은 이제 더욱더 불친절해지고 말았다.

나슈마르크트

나슈마르크트 Naschmarkt

나슈마르크트는 전통시장으로서, 19세기부터 도나우강을 통해 도착한 채소와 과일 그리고 유제품 등 주로 식품들을 팔았다. 지금은 유럽 전역은 물론이고 아프리카나 아메리카 대륙에서 온 식품까지 판매하고 있다. 채소와 과일은 물론이고 빵, 과자, 치즈, 고기, 생선 그리고 꽃까지 있다. 한국의 유명한 라면 상표를 써 붙인 곳도 눈에 띄는데, 여기서 어지간한 한국 식품도 구할 수 있다. 또한 식자재 상점 외에도 즉석에서 먹을 수 있는 간단한 음식을 파는 가게도 많다. 초밥이나 케밥, 중국 볶음밥, 동남아시아 국수까지 다양한 메뉴를 저렴하게 맛볼 수 있어 인기가 높다. 또한 토요일 아침마다 열리는 벼룩시장도 규모가 크다.

안 데어 빈 극장 Theater an der Wien

18세기 빈에는 궁정 극장과 케른트너토어 극장이라는 두 개의 오페라극장이 있었지만, 시민들이 점점 부유해지고 교양에 대한 요구가 높아지면서 극장에 가려는 수요가 계속 늘어났다. 그리하여 귀족이나 상류 부르주아가 주를 이루었던 기존의 관객층보다도 하위계층을 담당할 극장이 필요해졌다. 이에 흥행가인 에마누엘 시카네더와 바르톨로메우스 지터바트는 새로운 상업 극장을 설립했다. 1801년에 개장한 극장은 곧 빈의 주요 극장의 하나로 자리 잡았는데, 이는 시카네더의 수완 덕분이었다. 그는 나폴레옹 전쟁으로 인한 어려운 환경 속에서도 베토벤 같은 작곡가와 좋은 관계를 유지하면서 그의 걸작들이 초연되게끔 지원했다. 이 극장에서 초연된 베토벤의 작품들 중에서 유명한 것들만 추려도 교향곡 2번, 3번, 5번, 6번, 『피델리오』, 『합창 환상곡』 등을 꼽을 수 있다. 그 외에도 요한 슈트라우스의 『박쥐』와 『집시 남작』, 레하르의 『즐거운 미망인』 등 많은 명작 오페레타들이 여기서 초연되었다.

2차 대전 중의 폭격으로 빈 국립 오페라극장이 파손되자 국립 오페라단이 임시로 이곳을 사용하기도 했다. 덕분에 이 극장은 카를 뵘이나 요제프 크립스 등이 지휘한 역사적인 모차르트 오페라 공연들을 올릴 수 있었으며, 그때의 실황 녹음은 지금도 남아있다. 이후 빈 국립 오페라극장이 재개관하면서 이곳은 다시 가벼운 오페레타를 상연하게 되었다. 하지만 1960년에 빈 시 당국이 이 역사적인 극장을 인수하면서 다시 일어섰다. 21세기에 접어든 현재, 이 극장은 빈의 '새로운 오페라 하우스'라는 별명을 얻었으며, 빈 국립 오페라극장과 폭스 오페라극장에 이어 제3의 오페라극장의 역할을 확실하게 수행하고 있다. 객석은 1,200석 정도다.

2006년부터 이 극장은 빈 국립 오페라극장과 폭스 오페라극장을 소유하고 있는 문화 지주회사인 빈 홀딩스의 소유가 되면서 두 형님 극장을 향해 과감한 도전장을 던졌다. 이곳의 음악감독 롤란드 가이어는 그간 연주되었던 가벼운 레퍼토리를 버리고 작품의 예술성과 공연의 완성도로 승부를 걸기 시작했다. 그는 현대 오

안 데어 빈 극장

안 데어 빈 극장

페라와 바로크 오페라, 그리고 드물게 공연되는 오페라 등의 세 분야로 표적을 집중했다. 안 데어 빈 극장은 자체 오케스트라를 보유하고 있지 않지만, 외부의 악단을 불러들여서 앞의 두 극장을 앞서는(분명 최근에는 앞서고 있다고 본다) 공연을 완성해내고 있다. 빈 심포니 오케스트라나 빈 ORF 방송 교향악단, 콘첸투스 무지쿠스 빈Concentus Musicus Wien 등의 악단들이 번갈아가면서 각자의 성향에 맞는(예를 들어 바로크 오페라는 콘첸투스 무지쿠스 빈이 맡는 등) 작품을 연주한다.

여러 개의 작품을 번갈아가며 공연하는 '레퍼토리 시스템'으로 운영되는 빈 국립 오페라극장과는 달리, 이 극장은 한 작품을 일정 기간 동안 지속적으로 올리는 '스타지오네 시스템'으로 한두 달에 한두 편

정도만 올린다. 그래서 진정한 음악 애호가들은 최근 관광객들로 점령당하다시피 한 국립 오페라극장을 떠나 이곳으로 대거 이동하고 있다. 만일 빈 여행 중에 안 데어 빈 극장에 공연이 있다면 놓치지 않기를 권한다.

카페 드레호슬러 Café Drechsler

1918년에 문을 열어 100년의 역사를 가진 유서 깊은 카페다. 새벽 4시에 문을 열고 저녁 일찍 문을 닫으면서 영업시간을 차별화했다. 당시 나슈마르크트 주변에는 밤새도록 영업을 하는 술집들이 많았는데, 술집들이 문을 닫을 즈음에 문을 여는 이 카페가 술꾼들이 쉬러 올 수 있는 공간이 된 것이다. 술꾼들은 새벽부터 이곳에 찾아와 달걀 요리나 슈니첼 등을 찾았으니, 우리의 해장국집에 해당하는 카페였던 셈이다. 3대가 카페를 운영하다가 최근 대형 식품회사에서 인수했다. 지금도 사람들이 많이 찾는 나슈마르크트의 터줏대감이다.

빈차일렌호이저 Wienzeilenhäuser

빈차일렌호이저는 나슈마르크트에 있는 일련의 주거용 건물을 총칭하는 말이다. 정확히는 1899년까지 완성된 아파트 세 채를 뜻한다. 오토 바그너가 설계한 이 아파트들은 세기말 분리파 건축의 대표적인 건물이다. 세기말 빈의 대건설 프로젝트 때 세워진 건물 중에서도 미학적 가치가 존중된 건물로서, 지금 봐도 아름다울 뿐 아니라 역사적 가치가 높다.

그중에서 유명한 것은 1898년에 제일 먼저 완공된 마욜리카하우스

Majolikahaus다. 꽃을 소재로 한 전면부의 모티프가 예쁜데, 이 부분이 마욜리카 타일로 만들어져서 이런 이름이 붙었다. 이 타일은 아름답기도 하지만 내구성도 좋고 청소도 편리하다. 건물 내부에서도 바그너의 디자인이 돋보이는 계단과 엘리베이터 그릴 등을 눈여겨볼 만하다. 마욜리카하우스 왼편에 있는 빈차일레 38번지 건물은 1898년에 세워진 것이다. 겉면에 있는 황금 장식은 콜로만 모저의 작품이며, 지붕에 있는 조각은 오트마 쉼코비츠의 작품이다.

빈차일렌호이저

슈베르트 최후의 집 Schubert Sterbewohnung

빈 시내에서 태어나서 빈 한복판에서 생애를 마감한 프란츠 슈베르트야말로 진정한 빈의 작곡가다. 그가 생애를 마감한 곳이 나슈마르크트 주변에 있어, '슈베르트 최후의 집'이라는 이름으로 개방되어 있다. 전형적인 비더마이어풍 건물인 이 집은 본래 슈베르트의 집이 아니라 그의 형 페르디난트의 집이었다. 슈베르트는 죽기 전 몇 주간을 이 집에서 지내면서 최후의 작품인 「바위 위의 목동」을 비롯한 마지막 작품들을 작곡했다. 전시는 슈베르트의 마지막 생애와 죽음, 그리고 장례식과 매장 등에 초점이 맞추어져 있다.

포노 박물관 Wiener Phonomuseum

우리식으로 말하면 '오디오 박물관'이다. 에디슨에서부터 현재에 이르는 각종 오디오들이 전시되어 있다. 컬렉션은 1천 점이 넘는다고 한다. 직접 볼 수 있는 실물만 300점 가량으로 규모가 상당하며, 상세한 설명도 깃들인다. 물론 비닐 레코드와 CD 등 디지털 녹음에 관한 전시까지 있다. 관심이 있는 분이라면 둘러볼 만하다.

하이든하우스 Wien Museum Haydnhaus

고전주의 음악의 대가 요제프 하이든은 현재 헝가리의 영토인 로하우에서 태어났다. 성인이 된 그는 오스트리아 아이젠슈타트에 있는 에스테르하치 궁전에 악사로 취직했고, 그곳의 궁정 악장으로 재직하며 30여 년의 세월을 보냈다. 늙어서 후작의 궁전에서 은퇴하고 나서야 처음 자유의 몸이 된 하이든은 빈으로 와서 살았다. 굼펜도르프에 있는 하이든하우스는 그가 마지막 생을 보낸 곳이다.

1797년부터 이 집에서 살았던 하이든은 1809년에 이곳에서 서거했다. 그 후 애호가 모임인 '하이든 오케스트라 클럽'은 1899년에 건물의 일부를 구입해서 모임 장소로 만들었는데, 이것이 박물관으로 발전했다. 이후 그의 서거 200주기를 맞이하여 전면적으로 개조되었다. 전시는 그가 빈에서 살던 만년의 생활에 집중되어 있다(그의 젊은 시절은 아이젠슈타트나 로하우 등에 있는 다른 박물관에서 잘 다루고 있다). 하이든은 이 집에서 만년의 걸작인 『천지창조』와 『사계』 등을 작곡했고, 탁월한 제자 베토벤을 가르쳤다. 6개의 전시실 중 하나는 또 다른 빈의 음악가인 브람스에게 헌정되어 있다.

하이든 하우스

벨베데레 부근

벨베데레 궁전, 오스트리아 국립 미술관 Österreichische Galerie Belvedere

이곳은 빈에 오면 절대 빠뜨릴 수 없는 방문지 중 하나다. 딱히 예술에 관심이 많은 사람이 아니더라도, 빈에 온 대부분의 여행자가 이곳을 찾는다. 그렇게 보면 초보적인 미술관이라고 볼 수도 있지만, 식견이 높은 미술 애호가들 역시 이곳을 반복해서 찾는다. 빈에 갈 때마다 당연히 이곳을 들르는 사람도 많다. 더불어 이 건물은 미술관이 되기 전에는 대귀족이 거처하던 궁전이었다. 이곳은 바로 튀르크와의 전쟁을 승리로 이끈 영웅이었던 '사보이 공 오이겐'의 여름 궁전이었다.

벨베데레 궁전 부지에 들어가면 두 채의 커다란 궁전을 보게 된다. 물론 부속건물도 몇 채 있지만, 크게는 언덕 위에 있는 상궁上宮과 낮은 지대에 있는 하궁下宮이 중심이다. 화려한 바로크 양식을 지닌 상궁은 벨베데레 궁전의 대표적인 건물로, 과거에 연회나 무도장 같은 용도로 사용되었다. 하궁 역시 바로크 양식이지만 상궁에 비해서는 소박해 보인다. 이 하궁은 과거에 실제로 주인이 주거하던 건물이다. 상궁과 하궁 사이를 이어주는 긴 경사면은 바로크풍의 분수와 조각들로 장식한 정원이다. 흔히 우리가 찾는 미술관은 상궁에 있다.

전쟁에서 승리를 거둔 오이겐 왕자는 빈에서 살기 위해 이곳에 부지를 구입했다. 그는 전투 중에 알게 된 건축가 요한 루카스 폰 힐데브란트에게 설계를 의뢰했다. 힐데브란트는 이 궁전을 완공하고 이듬해인 1723년에 궁정건축가의 위치에까지 오른다. 그는 빈에 있는 슈바르첸베르크 궁전, 킨스키 궁전 등도 설계했다. 오이겐 왕자가 1736년에 사

벨베데레 궁전

망하자 마리아 테레지아 여제가 궁전을 구입했다. 여제는 벨베데레 하궁을 합스부르크 가문 조상들의 초상화 갤러리로 만들었다. 1776년에 그녀의 아들 요제프 2세는 갤러리를 상궁으로 옮기면서 소장품을 시민들에게도 공개했다. 당시에 유럽에 감돌던 계몽주의를 모자母子가 실천한 것이다. 1781년에 유럽에서 손꼽히는 규모를 지닌 공공 미술관으로 정식 개관한 벨베데레는 지금까지 오스트리아에서 가장 중요한 미술관의 위치를 지키고 있다.

 1953년에 상궁은 '오스트리아 국립 미술관Österreichische Galerie'으로 개관했고, 하궁의 오랑주리는 '오스트리아 중세 미술 박물관Museum mittelalterlicher österreichischer Kunst'이 되었다. 기존에 상궁에 있던 미술품들 중 상당수는 나중에 새롭게 건설된 미술사 박물관으로 옮겨졌다.

 상궁에 들어갔을 때 먼저 인상적인 부분은 미술품보다는 건물이다. 관람객이 입장하는 현관은 궁전을 떠받들고 있는 하부층에 있는데, 세상을 떠받치는 네 명의 아틀라스의 모습은 인간의 고통과 의무를 떠올리게 할 만큼 인상적이다. 커다란 계단을 따라서 올라가면 온통 붉은 대리석으로 둘러싸인 '대리석의 방'이 우리를 맞이한다. 가장 비싼 대리석으로 꼽히는 이 붉은 대리석은 당시 오스트리아 제국의 영토였던 이탈리아 북부의 베로나 부근에서 채취해 온 것으로, 특유의 색감 때문에 '베로나 로소Verona Rosso'라고 불린다. 이 방은 본래 연회장으로 설계된 화려한 방이다. 특히 벨베데레 정원뿐만 아니라 멀리 빈의 전경까지 보이는 창문 밖 전망이 아주 좋다. 이 방에서 수많은 연회가 열렸는데, 그중에서 가장 유명한 것은 유럽의 제후와 정치가, 외교관이 다 모였던 '빈 회의'일 것이다.

 이 방을 둘러본 후에 여기서부터 순서대로 옆의 방으로 가면서 전시작들을 감상하면 된다. 역시 가장 유명한 것은 구스타프 클림트의 그림들이다. 유명한 「키스」를 비롯해서 「유디트」, 「인생」 같은 클림트의 대표작들을 줄줄이 볼 수 있다. 확실히 감동적이다. 필설이 모자란다. 또

벨베데레 궁전의 하부층

한 여기에는 코코슈카의 명작들도 많다. 특히 「바람의 신부」나 「타이곤」 등이 유명하다. 에곤 실레의 작품들도 있고, 반 고흐나 모네 같은 작가들의 작품들도 놓칠 수 없다. 3층에 올라가면 서쪽 끝의 큰 방으로 가 보자. 한스 마카르트의 걸작들이 있다. 특히 가장 큰 벽을 가득 채운 대작 「아리아드네의 승리」가 인상적이다. 이 작품은 전통적 회화의 금자탑인 동시에 새로운 시대의 회화로 접어드는 분기점이 되는 작품이다. 그 맞은편에는 마카르트의 또 다른 걸작 「오감五感」이 걸려 있다. 다섯 개의 액자로 이루어진 이 연작은 인간의 다섯 가지 감각 즉 청각, 시각, 미각, 후각, 촉각을 표현한 걸작이다.

구스타프 클림트
Gustav Klimt, 1862~1918

인물

　세기말이라는 단어를 떠올려 보면, 이렇게 세기말에 어울리는 일생을 산 사람도 없다. 바로 클림트다. 오스트리아에 처음으로 의회가 설립된 다음 해에 태어난 그는 제국의 몰락과 함께 일생을 살다가 제국의 멸망과 함께 생을 마감했으니, 활동 연대로 보나 그 역사적 의미로 보나 그의 일생은 세기말 그 자체였다.

　구스타프 클림트는 빈 근처의 바움가르텐에서 태어났다. 금 세공사였던 그의 아버지는 세 아들을 두었는데, 3형제가 모두 미술에 소질을 보였다. 클림트는 14세 때에 빈 응용미술학교에 입학해서 순수미술이 아닌 장식미술을 배웠다. 학교를 졸업한 클림트는 동생 에른스트와 학교 동문인 프란츠 마취와 함께 '예술가 회사'를 조직했다. 이들은 당시 링 슈트라세의 건축 열풍 속에서 지어진 많은 건축물들의 내부 장식을 하청 받았다. 이 작업은 그들을 경제적으로 독립하게 해주고 사회적 명성도 안겨주었다.

　그러나 동생의 죽음과 마취와의 결별로 회사는 깨졌고, 클림트는 혼자서 순수 화가의 길을 걷게 되었다. 초창기에는 상류층의 초상화를 그려서 인기와 부를 얻었던 클림트는 이즈음 동생의 부인의 자매인 에밀리 플뢰게를 만나게 된다. 그녀는 빈에 의상실을 열어서 패션디자이너로서 크게 활약한 인물이었다. 클림트는 평생 동안 플뢰게와 예술적으로나 사업적으로 동반자 관계를 유지했다. 클림트가 독신을 유지했음에도 불구하고 정서적으로나 경제적으로 안정되었던 것, 그리고 예술적으로도 생산적인 작업을 꾸준히 이어갈 수 있었던 것은 플뢰게의 덕으로 여겨진다.

세기말을 대표하는 위대한 화가

일반인들이 그의 작업에서 특이하다고 여기는 점은 보통 두 가지다. 하나는 장식적인 요소가 많다는 것이고, 다른 하나는 에로틱하다는 점이다. 클림트가 장식화가로 출발한 것은 맞는 말이다. 그의 아버지가 그러했듯이 그는 순수미술이 아니라 장식미술로 예술에 입문했고, 이후에 순수미술로 방향을 바꾸었을 때도 장식적인 요소를 가미시켜 독창적인 세계를 발전시켰다. 에로틱하다는 점에 있어서는, 확실히 그의 그림이 외설적이라는 논란을 자주 불러일으키기는 했다. 특히 빈 대학교 강당의 천장화에 대한 논란은 그 절정이었다. 그러나 클림트의 에로틱한 묘사는 그만의 표현 방식이었다. 그가 시대를 좀 앞섰을 뿐이다.

하지만 그에 관한 더 큰 소문은 사생활에 대한 추문들이었다. 실제로 클림트가 세상을 떠났을 때, 그의 자식이라고 주장한 이들이 제기한 친자 확인 소송이 14건이나 되었다고 한다. 클림트가 남긴 재산을 노린 사례가 많았을 것으로 추측되지만, 실제로 몇 명은 승소해서 그의 자녀임을 인정받았다.

「우먼 인 골드」
「Woman in Gold」

영화

　「우먼 인 골드」는 클림트의 그림 「아델레 블로흐 바우어의 초상화 I」의 반환을 둘러싼 실화를 소재로 만든 영화다. 영화는 미국에 사는 평범한 여성 마리아 알트만이 클림트가 그린 숙모의 초상화를 회상하면서 시작된다. 알트만은 숙모의 초상화를 찾기 위해 변호사를 고용한다. 둘 다 오스트리아인의 후손인 알트만과 변호사는 오스트리아 정부를 상대로 그림을 찾기 위한 소송을 시작한다.

　실제 초상화의 주인공인 아델레 블로흐 바우어는 유대계 금융가의 딸이었다. 클림트는 아델레의 초상화를 두 가지나 그렸다. 이후 나치 독일이 오스트리아를 병합하면서 유대인들의 재산을 국가가 압수했고, 그때 이 그림도 압수되었다. 2차 대전이 끝난 뒤에도 여전히 그림은 국가의 소유였다. 그러나 미국에 살던 후손인 알트만은 이런 사실을 몰랐던 것이다.

　이 영화는 실제로 빈에서 촬영되었다. 마리아가 묵는 호텔 자허와 그림이 걸려 있던 벨베데레 궁전, 그 외에 콘체르트하우스와 빈 정부청사 등 빈의 명소들을 구경하는 재미도 대단하다. 후일담을 전하자면, 알트만은 승소했다. 미국으로 온 그림은 지금 뉴욕의 노이에 갤러리에 전시되어 있다. 이 영화는 빈의 역사와 명소 그리고 미술계의 배경을 알기 위한 좋은 교과서다.

하우스 21 21er Haus

　벨베데레 미술관 뒤편에 새로운 현대미술관이 생겼다. 현대미술관 이름에 21세기라는 의미의 '21'을 붙이는 세계적인 추세에 따라, 이곳에도 '21er Haus(혹은 Einundzwanziger Haus)'라는 이름이 붙었다. 간략히 '하우스 21' 내지는 '벨베데레 21'이라고 부르기도 한다. 정확히는 '오스트리아 국립 벨베데레 미술관의 분관'이다.

　유리와 강철을 사용한 현대적인 건물은 근방에 세워진 새로운 빈 중앙역 건물과 세트를 이룬 듯하다. 이 건물은 1958년 브뤼셀에서 개최된 '엑스포 58'에서 오스트리아관으로 건설되었던 것으로, 오스트리아의 건축가 카를 슈반처의 작품이다. 이 건물은 오토 바그너와 아돌프 로스로 시작된 오스트리아 현대건축을 계승하는 의미 깊은 업적으로 간주되었다. 50년대에 만들어진 미니멀리즘 건축물이었으니, 얼마나 앞선 설계였을지 짐작이 간다. 특히 유리로 만든 외벽과 이동이 가능한 가변적인 내부 벽 등은 혁신적이었다. 이와 유사한 형태를 갖춘 건물로는 루드

하우스21

비히 미스 반 데어 로에가 설계해서 세계적으로 유명해진 베를린의 신 미술관Neue Nationalgalerie이 있는데, 그보다도 10년 이상이나 앞선 것이다.

  오스트리아 당국은 이 뛰어난 건물을 브뤼셀에 방치할 수가 없어 빈으로 옮겨왔고, 1979년부터 현대미술을 전시하는 공간으로 활용했다. 이후에 MQ에 무목이 생기면서 소장품들은 그쪽으로 옮겨졌다. 그러다가 슈반처의 제자였던 건축가 아돌프 크리스차니츠가 스승의 정신을 계승하여 그 건물을 리모델링하면서 2011년에 영구적인 현대미술관으로 다시 탄생했다. 이때 건물명의 '20'이 '21'로 바뀌었다. 그러므로 여기서 가장 중요한 작품은 바로 건물 자체라 하겠다. 내부에는 조각가 프리츠 보트루바의 작품을 비롯해서 석재, 금속, 플라스틱 등 다양한 재료를 이용한 설치작품 500여 점과 회화 약 1,500점이 있다.

군사 역사 박물관 Heeresgeschichtliches Museum, Militärhistorisches Institut

  예술과 정신성의 도시로 생각되는 빈에 와서 군사박물관을 찾는 사람은 거의 없을 듯하다. 보통은 그런 게 있으리라는 생각조차 하지 못할 것이며, 있다손 치더라도 '영세중립국인 오스트리아에 있는 군사적 전시물은 별것 없겠지'라고 지레짐작하며 방문 예정지에서 제외시킬 것이다. 하지만 유럽의 대제국이었던 오스트리아는 수십 개의 민족을 다스리며 끊임없이 전쟁에 개입했던 나라다. 빈은 그 거대한 제국의 수도였으며, 정치적 · 군사적 중심이었다.

  벨베데레에서 시 외곽 쪽으로 나가면 행인 하나 없는 스산한 거리에 거대한 붉은 건물이 서 있다. 이곳이 군사 역사 박물관이다. 오스트리아의 군대와 전쟁에 관한 것이라면 없는 게 없다. 각종 무기, 탱크, 비

군사 역사 박물관

행기, 군복, 군기軍旗, 훈장 등이 즐비하고 역사적인 사진과 그림들도 무궁무진하다. 16세기 이후로는 각 방마다 한 시대의 전쟁에 관련된 유물들이 전시되어 있어서, 꼭 군사적 관심이 아니더라도 유럽의 역사를 배우기에 이만한 곳도 드물 것이다.

우리는 예술과 문화를 중심으로 여행하지만, 예술과 문화 역시 당대의 역사를 배경으로 하고 있음을 상기할 필요가 있다. 따라서 더욱 깊이 있게 예술을 향유하기 위해서 한 번쯤 이곳을 찾아볼 만하다. 전시물 중에는 사라예보에서 저격당한 페르디난트 황태자의 피 묻은 군복과 무개차無蓋車, 역대 오스트리아 군대의 제복과 훈장, 군기 등 흥미로운 전시물이 가득하다. 마당에는 탱크 정원Panzergarten도 있다.

군사 역사 박물관은 거대한 단지 안에 있는데, 이 단지를 아세날Arsenal이라고 부른다. 아세날은 1848년 혁명의 결과로 세워진 거대한 군사단지로, 72개나 되는 건물로 이루어져 있다. 젊은 나이에 황제에 오른 프란츠 요제프 1세는 프로이센을 따라 오스트리아의 군사력도 막강하게 정비하기를 원했다. 그 계획의 일환으로 종합군사단지를 빈 교

페르디난트 황태자의
군복과 무개차

외에 세우기로 하고 덴마크의 테오필 한젠을 건축가로 선정했다. 아세날의 중앙에는 오스트리아 군대의 역사를 집대성하는 박물관을 지었다. 이것이 지금의 군사 역사 박물관이다.

한젠이 설계한 박물관 건물은 길이가 235미터에 달하며, 모양새가 당시 오스트리아의 군사력을 상징하듯이 위압적이다. 붉은색이 인상적인 벽돌 건물은 바로 베네치아에 있는 해군기지인 아르세날의 모양을 빌려온 것으로, 이름 역시 거기서 따온 것이다. 내부에는 루메스할레Ruhmeshalle 즉 '명예의 전당'이라는 방이 있다. 역사상 중요한 전투들을 그린 프레스코화들이 벽을 채우고 있으며, 위대한 전투지휘관들의 동상이 즐비하다.

훈데르트바서하우스 Hundertwasserhaus

'훈데르트바서하우스'는 빈에 왔다면 꼭 보아야 할 곳임에 분명하다. 혼자서 찾아가기가 쉽지는 않다. 표지판도 없으며 관광지도 아니다. 아파트들이 촘촘히 들어서 있는 서민 주택가에 있다. 지도를 들고 이 골목 저 골목을 왔다 갔다 하면서 찾는다. 지나가는 사람도 거의 없다. 그러나 이렇게 헤매면서 발견하는 기쁨이야말로 여행의 참맛일 것이다.

아, 드디어 나타났다. 멋대가리 없이 지어진 60년대 사회주의풍 건물들 사이에서 혼자서 아름다운 디자인을 뽐내는 건물이, 흩어지는 아침 안개 사이로 햇빛을 받으며 드러난다. 화가 프리덴스라이히 훈데르트바서가 책상 위에 그린 디자인을 실제 건물로 만들어낸 건축가는 요제프 크라비나다. 두 사람의 창의적인 생각은 이제 빈 건축의 중요한 표상이자 빈 예술의 상징이 되었다

원래 순수회화를 했던 화가 훈데르트바서의 관심은 점점 공공미술로 옮겨갔다. 이는 그의 의식의 변화를 반영하는 것이었다. 그 관심은 다시 공공건축으로 옮겨갔고, 마침내 도시계획에까지 이르렀다. 이러한 변화는 자연과의 결합이라는 특징을 통해 훈데르트바서 특유의 세계관을 이루었다. 천편일률적인 동네에서 같은 모양의 아파트와 같은 구조의 주택에 갇혀 산다는 건 얼마나 자연스럽지 못한 일인가? 그는 이러한 발상을 실제로 구현했다는 점에서 진정한 행동가였다. 1972년에 그는 TV에서 숲속의 라이프스타일을 누릴 수 있는 아파트 모델을

훈데르트바서하우스

선보였다. 이후 훈데르트바서가 요제프 크라비나를 만나면서 아이디어는 실현되기 시작했고, 두 사람의 계획은 실제 건물로 나타났다. 그것이 훈데르트바서하우스다.

밖에서 봐도 어느 하나 똑같은 집은 보이지 않는다. 집마다 서로 다른 창틀과 기둥이 눈에 띈다. 3층 집에서 나무가 튀어나오고, 옥상에도 나무들이 보인다. 길바닥마저도 평편하지 않다. 마치 숲속에 있는 것처럼 보도블록도 울퉁불퉁하다. 직선을 최소화하고 곡선을 살린 아파트는 자연친화적이다. 지붕은 흙과 잔디로 덮여있으며, 나무는 각 세대의 방에 뿌리를 내리고, 많은 나무들이 벽을 뚫고 가지를 밖으로 내밀고 있다. 1985년에 완성된 이 아파트에는 지금도 시민들이 살고 있다(요즘에는 관광객들이 몰려와서 그들의 사생활이 침해받고 있는 실정이다). 아파트 한 동에서 자라는 나무만 약 250그루니, 이곳의 거주자들은 그야말로 도시 속의 숲에서 사는 느낌을 받을 것이다. 그야말로 이제껏 세상에 없었던 아파트다. 이것이 진정한 예술이며, 예술적인 삶의 구현일 것이다.

쿤스트하우스 Kunsthaus Wien

훈데르트바서하우스를 바라보면 그 안이 어떻게 생겼을지 궁금하지 않을 수 없다. 하지만 이곳은 지금도 사람들이 사는 생활공간인 만큼 함부로 들어가면 안 되며, 문을 두드리는 것은 엄격히 금지되어 있다. 그래서 우리의 호기심을 채워줄 수 있는 곳이 따로 있으니, 바로 '쿤스트하우스'다. 훈데르트바서하우스 앞에 있는 표지판을 따라가면 가까운 거리에 있다. 쿤스트하우스라는 이름은 우리말로 현대미술관이니 빈의 현대미술을 망라한 어마어마한 곳이라고 생각할 수 있지만, 그렇지 않다. 이곳은 사설 박물관이다. 다만 '현대미술관'이라는 좋은 이름을 여기서 선점한 것뿐이다. 그래서 정작 빈의 현대미술관은 쿤스트할레라는 이름을 붙일 수밖에 없었다. 참고로 쿤스트할레의 중심 건물이 앞서 소개한 '무목'이다.

쿤스트하우스도 훈데르트바서가 디자인했다. 안에는 그의 많은 작품들이 전시되어 있는데, 전시물보다는 건물과 인테리어가 더 중요한 작품이다. 건물 바닥은 물결 모양의 곡선이 넘치는 모습이고, 관람객의 동선 역시 곡선으로 설계되었다. 동선을 따라 걸으면서 그의 자연주의 사상을 몸으로 체험하게 된다.

쿤스트하우스

전시장에는 훈데르트바서의 작품들이 전시되어 있다. 독특한 회화들은 물론, 다양한 건축 도안과 그가 지은 건물들의 미니어처들도 흥미롭다. 그 외에도 그가 디자인한 포스터, 우표 그리고 특히 오세아니아 여러 국가들의 국기들이 눈길을 끈다. 또한 훈데르트바서라는 한 예술가이자 인간의 생애와 사상 그리고 죽음에 관한 전시도 중요하다. 평생 자연과 같이하는 삶을 살았던 그는 죽어서도 수목장壽木葬으로 장사葬事되었다. 커다란 한 그루의 나무가 되어, 모습만 바꾸어서 아직 살아가고 있는 그의 감동적인 인생은 우리 삶을 되돌아보게 한다.

프리덴스라이히 훈데르트바서
Friedensreich Hundertwasser, 1928~2000

인물

1928년 빈에서 유대인으로 태어난 그의 본명은 프리드리히 슈토바서Friedrich Stowasser다. 그는 아버지가 1차 대전에서 전사하면서 어머니, 외할머니, 이모 등 여성들의 손에서 자라났다. 이후 나치에 의해서 마을 사람 69명이 집단으로 몰살당했는데, 그중에는 외할머니 등 그의 친척이 포함되어 있었다. 그와 어머니는 기적적으로 살아남았다. 훈데르트바서는 어려서부터 색채와 형태에 대한 남다른 감각을 보이며 미술에 두각을 나타냈다. 그는 에콜 데 보자르에 입학했다가 하루 만에 자퇴한 뒤로는 평생 혼자서 작업했다. 작업실도 없었다. 머무르는 장소가 곧 아틀리에였다. 그는 포장지, 직물, 나무판자 등 어디에나 그림을 그렸으며, 유화물감, 수채화물감, 유성펜, 아크릴, 금속, 템페라 등 다양한 재료를 혼합하면서 자신만의 회화를 만들어갔다. 20세가 된 그는 '평화롭고 풍요로운 왕국에 흐르는 백 개의 강'이라는 뜻의 '프리덴스라이히 훈데르트바서'로 개명했다.

미술 이상으로 중요한 것은 그의 사상이다. 그는 인간이 5개의 피부를 덮고 산다는 피부론皮膚論을 주장했다. 첫째는 실제 피부고, 둘째는 옷이며, 셋째는 몸이 살고 있는 집이다. 그리고 넷째는 사회이며, 다섯째는 지구 즉 환경이다. 그러나 인간은 대개 첫째

피부만 의식하고 산다. 그래서 그는 제3의 피부인 집을 새로 세워 우리가 빼앗았던 식물의 공간을 되돌려주어야 한다고 주장했다. 이런 그의 발상은 건축물로 구현되었다. '색채의 마술사'라는 별명이 붙을 정도로 색의 조합에 뛰어났던 그는 전통적인 조합에서 벗어나 자유롭고 대담한 색을 사용했다. 또한 그의 조형에서 두드러지는 특징은 나선螺線이다. 훈데르트바서는 나선이 생명과 죽음을 상징하며, 시작과 끝이 없는 그 모습은 우리 삶과 닮았다고 생각했다.

"
지구를 사랑한 색채의 마술사
"

 이렇게 자연과 인간의 조화를 주장했던 그는 자연보호, 산림운동, 반핵운동 등 활발한 사회운동을 실천한 환경운동가이기도 했다. 그의 주요 사상은 "당신은 지구에 잠시 들른 손님일 뿐이다. 예의를 갖추어라."라는 말로 대변할 수 있다. 그는 이와 관련된 과학적 발명에도 관심이 많아서 식물을 이용한 정수기나 부식토를 사용한 변기 등을 만들기도 했다. 이렇게 그는 환경보호와 아름다운 세상 만들기를 위해 일생을 바쳤다.

 2000년, 줄곧 왕성한 활동을 벌이던 그는 태평양을 항해하던 엘리자베스 2호의 선상에서 생을 마감했다. 그의 시신은 유언에 따라 뉴질랜드에 있는 그의 집 마당인 '행복한 죽음의 정원'에 수목장壽木葬으로 잠들어, 그가 그렇게 사랑한 나무 한 그루가 되었다.

빈 중앙묘지 Wiener Zentralfriedhof

이 묘지는 여기에 묻혀 있는 음악가들의 무덤들만으로도 방문할 가치가 있다. 음악 애호가라면 응당 와 보는 게 좋다. 그리고 이왕이면 본격적으로 빈 관광을 시작하기 전에 먼저 들르는 쪽이 좋다. 빈에 도착한 다음 날 아침, 일찌감치 빛나는 햇살과 맑은 공기 속에서 방문하는 것이다. 겨울이라면 더욱 좋다. 눈이 왔다면 금상첨화고, 춥기까지 하다면 더 바랄 게 없다. 그렇게 음악가의 묘역에 와서 빈에 왔다는 신고식을 치르고 여행을 시작한다면, 더욱 의미 깊은 예술 여행이 될 것이다.

2.4평방킬로미터(약 73만평)의 면적을 지닌 빈 중앙묘지는 유럽에서 두 번째로 큰 공동묘지다. 이곳에는 3백만 기의 무덤이 있어서, 약 180만 명에 달하는 빈의 인구보다 더 많은(그들은 흔히 두 배라고 표현한다) 망자 들이 잠자고 있다. 19세기에 들어 빈의 인구가 팽창하면서 기존 묘지들이 한계를 보이자, 시 당국은 1863년에 새로운 대형 묘지의 건설을 계획했다. 설계는 빈의 모든 시민을 수용하는 것을 원칙으로 했고, 교파를 초월해 계획되었다. 가톨릭 보수파들은 다른 교파나 교도, 특히 유대인과 같은 땅에 묻힐 수 없다며 반대했지만, 원안대로 건설이 진행되었다. 당시 빈에 부유하고 영향력 있는 유대인들이 워낙 많았던 탓에, 도리어 유대인 묘역에 가장 많은 건설비가 들어갔다. 묘지는 1874년에 개장했다. 당시에는 세계 최대 규모의 계획묘지였다.

중앙묘지에 도착하면 거대한 정문 오른편에 늘어선 꽃 가게로 가서 꽃다발을 하나 산다. 이왕이면 가장 나이 많은 할머니를 찾아서 산다.

빈 중앙묘지

이제 꽃다발을 손에 쥐고서 정문으로 들어간 뒤, 멀리 정면에 보이는 커다란 교회를 향해서 반듯하게 걸으면 된다. 그러면 얼마 걷지 않아서 중간쯤에 '음악가Musiker'라고 적힌 표지판이 왼편에 나타나고, 그 뒤로는 사진에서 많이 보았던 반가운 무덤들이 기다렸다는 듯이 나타난다.

위대한 음악가들의 무덤이 한 자리에 모여 있는 것은 우연이 아니다. 묘지를 건설할 때에 시 당국은 빈에 '음악의 도시'라는 명성을 부여한 위대한 음악가들을 위해 일종의 명예묘지인 '음악가 묘역'을 계획했다. 이런 묘역은 세계 어디에서도 유래가 없었고, 앞으로도 세워지기 어려울 것이다. 그야말로 이 묘역은 빈의 자부심이자 정체성이

빈 중앙묘지에 있는 음악가들의 묘. 왼쪽부터 베토벤, 모차르트, 슈베르트

되었다.

가운데에 있는 모차르트의 묘가 음악가 묘역의 중심이다. 하지만 이것은 가짜 묘로서, 안에는 모차르트의 시신은커녕 그와 연관된 어떤 물건도 없다. 전염병으로 죽은 위대한 음악가의 시신은 다른 시체들과 함께 석회구덩이 속에 던져졌던 것이다. 이에 당국은 그의 허묘虛墓를 만들어서 기리고 있다. 기념비 위의 소녀가

브람스의 묘

애도하는 자태가 슬프다. 모차르트의 뒤편 왼쪽에는 베토벤의 묘가 있고, 오른편에는 베토벤 옆에 자신을 묻어달라고 했다는 슈베르트가 있다. 이렇게 빈의 세 거장인 모차르트, 베토벤, 슈베르트가 삼각형을 이루고 있다. 그리고 슈베르트의 옆으로는 브람스의 묘가 있으며, 그 옆으로는 요한 슈트라우스 2세가 있다. 슈트라우스의 일가는 이 묘역에 많다. 요한 슈트라우스 1세를 비롯하여 요제프 슈트라우스, 에두아르트 슈트라우스 등 일가가 쭉 누워있다. 그 외에도 요제프 라너, 후고 볼프 등의 묘를 볼 수 있다.

음악가들은 음악가 묘역에만 있는 것은 아니다. 따로 떨어져 있는 음악가의 묘로는 안토니오 살리에리, 크리스토프 글루크 등이 있다. 또한 아르놀트 쇤베르크의 묘도 카를 보로메오 교회 앞에 있다. 커다란 육면체 바위가 하늘에서 떨어져서 박힌 듯한 쇤베르크의 묘비 디

쇤베르크의 묘

자인은 다른 음악가들의 묘비와는 확연하게 달라서, 전통에 반기를 들었던 그의 음악을 형태로 느낄 수 있다. 음악가 이외의 예술가들로는 건축가 테오필 폰 한젠, 에두아르트 반 데어 뉠, 요제프 호프만 등이 있으며, 작가 카를 크라우스, 프란츠 베르펠, 장 아메리 등도 여기에 잠들어 있다.

그 외에도 여러 묘역들이 있다. 이 묘지는 세계에서 묘역 종류가 가장 다양한 묘지다. 총 8만 기의 묘가 있는 유대인 묘역에는 작가 아르투르 슈니츨러, 빅터 프랑클 등의 역사적 인물들과 함께 로스차일드라고 더 잘 알려진 로트실트 남작 가족의 묘도 있다. 또한 정교회 묘역은 러시아, 그리스, 루마니아, 불가리아, 세르비아 정교회 등으로 정리되어 있어서, 과거 오스트리아 제국의 광활함을 무덤을 통해 느끼게 해준다. 한편, 이곳에는 개신교 묘역은 물론이고 이슬람 묘지도 있으며, 2005년에는 유럽의 공동묘지 중 최초로 불교 묘역도 생겼다.

카를 보로메오 교회 Kirche Karl Borromäus

중앙묘지의 정문으로 들어서면 정면 방향으로 저 멀리에 커다란 돔을 이고 있는 건물이 보인다. 카를 보로메오 교회다. 중앙묘지를 건립한 빈 시장 카를 루에거를 기념하기 위해서 카를 루에거 기념교회 Dr. Karl Lueger Gedächtnis Kirche 라고도 불렀었다. 1910년에 막스 헤겔레의 설계로 완공된 이 교회는 세계적으로도 중요하고 아름다운 아르누보 교회 중의 하나로 꼽힌다. 교회 앞에는 역대 오스트리아 대통령들의 무덤이 있다.

중앙묘지 장례 박물관 Bestattungsmuseum am Wiener Zentralfriedhof

빈의 장례 문화를 보여주는 장례박물관은 중앙묘지 입구에 있다. 구스타프 피헬만이 디자인한 이 건물은 빈의 장례 문화에 관한 전시를 보여주는 곳이다. 빈의 장례 문화를 표현한 장례용품과 사진 등이 있다. 특히 관이나 장례 예복, 그리고 다양한 운구차량 등의 전시물이 흥미롭다. 프란츠 요제프 1세 황제의 장례식을 비롯해서 금융가의 거물이었던 로트실트 남작, 페르디난트 황태자, 모차르트 등의 장례에 관한 전시도 볼 수 있다.

이름 없는 자의 묘지 Friedhof der Namenlosen

빈을 그렸지만 결코 잘 그리려고 하지는 않았던 영화 「비포 선라이즈」를 보면, 두 젊은 연인이 빈에서 사전 정보를 알고 찾아가는 유일한 장소가 이 묘지다. 도나우강 변에 있는 이 묘지의 정체는 여주인공의 대사를 통해서 알려진다. 강에 떠내려 온 신원 미상의 시체들을 건져

카를 보로메오 교회

올려서 묻었던 묘지가 이곳이다. 사고로 익사한 사람도 있지만 자살자도 많을 것이다. 그래서 묘비에는 대부분 이름이 없고, 나멘로젠 묘지, 즉 '이름 없는 자의 묘지'라고 부른다.

이곳은 도나우강 근처라는 위치 때문에 홍수 때면 묘지가 침수되어 유실되곤 했다. 그래서 요제프 푹스 같은 독지가가 평생 이 묘지를 돌보았으며, 무명인들을 위한 묘비도 세워주었다. 또한 시민들이 매년 추모 행사를 연다. 그들은 화환으로 장식한 뗏목 위에 묘비를 세우고 도나우강에 띄워서 이름 없는 영혼들을 위로한다. 영화 「비포 선라이즈」가 흥행한 뒤로 세계의 영화 팬들이 이곳을 찾아오곤 한다.

이름 없는 자의 묘

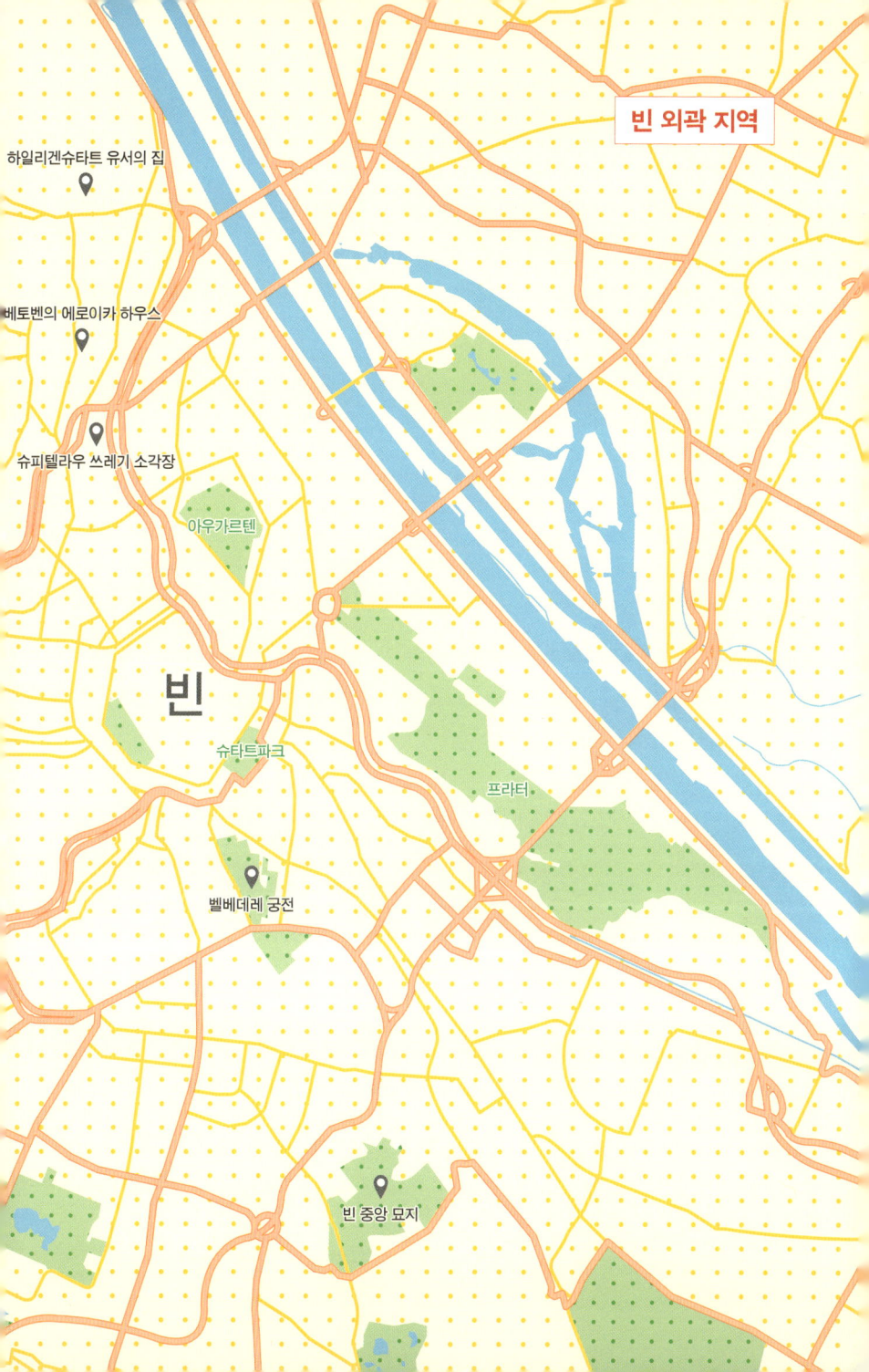

빈 외곽 지역

빌라 바그너 I Villa Wagner I, 에른스트 푹스 박물관 Ernst Fuchs Museum

펜칭Penzing 지역에 있는 이 건물은 건축가 오토 바그너가 자신의 여름용 주택으로 설계한 곳이다. '빌라 바그너 I'이라고 부르는 이 건물은 1888년에 완성되었다. 바그너 일가가 살기 시작한 것은 1895년부터였는데, 1913년에 그의 가족은 이 빌라를 매각하고 가까이에 있는 '빌라 바그너 II'로 옮겨가서 살았다.

1972년에 빈의 유명한 화가인 에른스트 푹스가 빌라 바그너 I을 구입했다. 그는 빌라를 개조해서 스튜디오로 사용했다. 그 후로 빌라는 바그너의 골격을 유지하면서도 개성적인 화가인 푹스의 취향에 맞춘 장소로 탈바꿈했다. 현재는 에른스트 푹스 개인 박물관으로 운영되고 있다. 안에는 푹스의 그림과 조각 등 다양한 작품들과 그의 수집품들이 잘 보존되어 있다. 화가의 독특한 성향대로 표현주의적인 작품에서부터 초현실주의적인 물건까지 흥미로운 전시물이 많다. 이오니아식 기둥들이 빌라의 인상을 지배하는데, 그리스 시대 귀족의 저택과 같은 풍모가 압도적이다. 위층의 로마식 목욕탕에서는 콜로만 모저가 작업한 모자이크가 있다. 계단 위의 금속제 여성상과 빌라 뒤편에 있는 분수인 '님파움 오메가Nymphaeum Omega' 등은 모두 푹스의 작품이다.

빌라 바그너 II Villa Wagner II

오토 바그너가 펜칭에 두 번째로 지은 별장이 '빌라 바그너 II'다. 빌라 바그너 I을 매각한 바그너는 두 번째 빌라를 1913년에 완성했다. 이 집은 바그너의 부인을 위한 것이었지만, 그녀는 1915년에 사망했다. 그 후로 바그너는 빈 시내의 아파트에서 생활했다. 아르누보풍의 바그너 빌라 II는 빈 분리파 건축의 연장선상에 있다. 입방체적인 기하학적

빌라 바그너 I

요소와 비대칭으로 만들어진 파사트가 돋보인다. 현관 위에 그리스 신화를 주제로 그린 모자이크는 콜로만 모저의 작품이다. 파란색의 장식이나 처마 등이 독특한 감상을 자아낸다.

오토 바그너 병원 Otto Wagner Spital

빈에 오면 빠뜨리기 아까운 시설이 오토 바그너 병원인데, 이것은 2000년에 5개의 의료기관을 병합하면서 새롭게 지은 이름이다. 본래 이곳에 있던 요양원, 신경병원, 정신병원 그리고 결핵병원 등을 통합하여 거대한 하나의 병원이 되었다. 지금도 운영 중인 대형 의료기관의 시스템을 구경할 수도 있지만, 그보다도 병원의 이름이 된 오토 바그너가 설계한 건축물들을 만나볼 필요가 있다. 빈 교외에 있는 갈리친베르크Gallitzinberg산의 남향 경사면에 자리 잡은 이 병원은 파빌리온이라고 부르는 거대한 복합 의료단지로, 28동의 주요 건물들과 중앙동, 관리동, 극장 등의 별채로 구성돼 있다. 단지 내의 모든 요소는 오토 바그너의 계획에 의해서 정리되어 있다. 꼭 의료단지가 아니더라도 요양단지나 집단거주단지 등을 건설하는 데 있어서 귀감이 될 만한 곳이다.

1907년에 빈 교외에 문을 연 이곳은 당시 유럽에서 가장 큰 현대식 의료 기관이었다. 처음에는 정신과 병원으로 시작했다가 폐결핵 병원이 병설되면서 폐질환 치료의 중심이 되었다. 당시 이 병원은 카를로 폰 부크가 설계한 파빌리온이 최대 60동까지 설치되었다. 파빌리온은 일종의 병동인데, 과거 우리의 아파트 초기 건설 시대에 지어진 5층짜리 주택공사 아파트의 한 동과 모양이나 규모가 흡사하다. 이런 건물이 무려 60여 채나 한 경사면에 늘어서 있었다.

그러다 2000년에 병원들이 통합되어 오토 바그너 병원이라는 새로운 이름으로 탄생했다. 빈의 도시계획을 맡았던 당대 최고의 건축가 오토 바그너가 병원의 증개축 과정에 참여했었기 때문이다. 바그너가 고안한 이 단지 안에는 의료 물자, 식품 혹은 쓰레기 등의 운반을 위한 협궤철도까지 있으며, 치료를 위한 스파하우스와 환자들을 위한 극장도 있다.

그러나 나치 시대에 이 병원은 비극의 현장이 되기도 했다. 나치는 '인생에 합당하지 못한 삶들을 절멸시킨다'라는 명분으로 유전성 질환

오토 바그너 병원

환자와 정신병 환자 등으로 분류된 4,300명을 이곳에서 의학적 기술로 살해했다. 여기에는 어린이 788명도 포함되었다. 이를 추모하기 위해 제9파빌리온에는 '아동 희생자 기념관Jugendfürsorge Anstalt Am Spiegelgrund'이 있다. 또한 '실용적인 여성을 위한 실험실'이라는 모토로 운영되었던 제23파빌리온은 작업치료라는 미명하에 여성들에게 고강도의 육체노동을 시킨 곳이다. 강제로 주사를 맞으면서 노동했던 그곳의 여성들은 콘크리트로 막힌 내부에서만 생활했다. 이 병원은 이전을 앞두고 있으며, 이전 후에는 중부유럽대학(CEU)의 제3캠퍼스로 사용될 예정이다. 용도가 바뀌더라도 역사적인 건물들은 대부분 보존될 예정이다.

슈타인호프 교회 Kirche am Steinhof

오토 바그너 병원을 찾는 여행자들의 주된 목표는 병원보다도 슈타인호프 교회다. '성 레오폴트 교회 St. Leopold Kirche'라고도 불리는 이 교회는 정신병원의 구내 교회로 건립되었다. 역시 오토 바그너의 설계로 만들어진 이 건물은 세계에서 가장 아름답다고 알려진 아르누보풍 교회다. 교회의 위치는 과거 슈타인호프 정신병원 건물이 위치한 넓은 경사면 대지의 맨 뒤쪽 정중앙으로, 단지 전체가 다 내려다보이는 정점에 해당한다.

교회의 설계를 의뢰받은 후, 이미 빈 시내의 주요 시설을 모두 설계했던 원숙한 63세의 대가는 그의 생애를 기념할 만한 아름다운 성전을 계획했다. 그는 동료 예술가들을 동원해가면서 최고의 작품을 구상했다. 콜로만 모저에게는 모자이크와 스테인드글라스를 의뢰했고, 오트마 쇰코비츠에게는 외부의 천사상 조각을 주문했다. 리하르트 루크

슈타인호프 교회

쉬에게는 두 개의 탑 위에 올라갈 조각상들을 의뢰했다. 그런데 중요한 의미를 갖는 대형 교회를 아르누보풍으로 짓겠다는 계획은 보수적인 고위층들의 반발로 인해 갈등을 빚었다. 그러나 결국 바그너의 예술관이 승리를 거두었다.

아르누보 최고의 걸작으로 알려진 슈타인호프 교회는 물론 아름답기 그지없다. 하지만 우리는 미학적인 면뿐만 아니라, 환자들을 위해서 바그너가 추구한 기능적인 면도 보아야 한다. 이곳에서 기도를 드린 사람들 중 많은 이들이 정신이 온전하지 못하고 동작이 우둔했음을 생각하자. 실내는 날카로운 모서리가 거의 없이 둥글게 마감돼 있다. 좌석은 당시의 의료규칙을 따라서 결핵환자용 좌석이 분리돼 있다. 또 환자를 신속하게 대피시켜야 할 경우에 대비해서 양측 벽에 비상구가 있다. 건물 설립 당시의 낡은 개념으로는 정신병동에서 남녀를 구분하여 수용하는 것이 원칙이었기에, 교회에서도 남녀 자리는 구별되어 있으며 출입구 또한 다르다. 또한 자주 화장실을 이용해야 하는 환자들을 위한 별도의 화장실도 있다.

교회에 들어가면 거대한 공간의 힘이 방문객을 사로잡는다. 다른 교회들과는 달리 넓고 쾌적하고 밝으며, 공간의 신선함이 두드러진다. 역시 건축의 힘은 끝이 없다.

쇤브룬 궁전 Schloss Schönbrunn

'쇤브룬 성'이라고 번역하는 게 마땅하지만, 형태가 궁전宮殿에 가까워서 오랫동안 궁전으로 불리어 왔다. 이곳은 빈 시내 한복판에 있는 왕의 평소 거주지인 호프부르크 궁전과는 달리 별궁別宮으로 지어졌다.

1619년에 마티아스 황제가 이 지역에 사냥을 왔다가 샘을 발견했는데, 황제가 "이 얼마나 아름다운 샘인가Welch' schöner Brunn!"라고 외쳤다는 이야기에서 '쇤(아름다운) 브룬(샘)'이라는 이름이 붙었다. 오스트리아에서 가장 큰 이 궁전은 전반적으로 로코코 양식이라고 할 수 있는데, 방이 1,441개라고 한다. 궁전을 설계한 이는 요한 베른하르트 피셔 폰 에를라흐지만, 이후 여러 번의 개축을 거쳐 마지막으로 니콜로 파카시가 로코코 양식으로 확장하면서 지금의 모습이 완성되었다.

1638년에 공사를 시작한 이 궁전은 오스만 침공 때에 파괴되었다. 그러다 마리아 테레지아 여제 치하이던 1743년에 확장되었으며, 이후

쇤브룬 궁전

글로리에테

로 합스부르크가의 여름 거처로 쓰였다. 그때부터 황제들이 머무는 시간이 많아졌고, 자연스레 제국의 정치와 행정의 중심이 되었다. 2차 대전이 끝나고 연합군 4개국이 빈을 분할 점령했던 시절에는 영국군 사령부가 주둔했다. 종전 직후에는 연합국의 회담장소로 쓰였으며, 1961년의 케네디-흐루시초프 회담도 이곳에서 열렸다. 현재 궁전은 박물관으로 꾸며져 있어서 황실의 가구들과 집기, 소장품들을 볼 수 있다. 50만 평에 이르는 넓은 대지에 펼쳐진 아름다운 정원에는 미로도 있고 멋진 분수도 있다. 특히 아침과 저녁의 흥취가 좋다. 동물원도 있는데, 세계에서 가장 오래된 동물원으로 알려져 있다.

궁전에서 정원 너머 언덕을 올려다보면 눈에 띄는 거대한 건축물이 있다. 이곳이 글로리에테Gloriette다. 이 장식용 건축물에는 조각상이 열을 지어 서 있는데, 쉰브룬 궁전을 돋보이게 하는 효과가 대단하다. 합스부르크가의 무궁함을 기원하며 세워진 글로리에테 앞에서 빈 시내를 내려다보면 그 전망이 장관이다. 빈 필하모닉의 정기 행사인 '여름밤의 음악회Sommernachtskonzert'가 여기서 열린다. 또한 카페 글로리에테 Café Gloriette가 건물 안에 있어서, 거대한 정원을 산책하느라고 지쳤을 때에 쉬거나 요기를 하기에 좋다.

카페 돔마이어 Café Dommayer

히칭 지역의 유명한 카페다. 요한 슈트라우스 2세가 아버지의 방해를 받아가면서 자신의 악단을 이끌고 데뷔 공연을 했던 곳이다.

1787년에 한 웨이터가 빈 외곽의 히칭에 카페를 열었다. 사업이 확장되면서 카페는 식당이 되었고, 주인의 사위였던 페르디난트 돔마이어가 '돔마이어 카지노'로 재개장했다. 이후 이곳은 주말에 히칭으로 피크닉을 온 빈 시민들이 춤을 추고 가는 명소가 되었다. 점점 콘서트 카페로 유명해진 돔마이어는 요한 슈트라우스 2세 외에도 그의 아버지인 슈트라우스 1세와 요제프 라너 등도 연주했다. 지금은 카지노 기능은 없어지고, 페이스트리 등이 유명한 카페로 자리 잡았다. 원래의 카지노 건물은 지금은 쉰브룬 파크호텔 Parkhotel Schönbrunn이 되었고, 지금의 카페는 다른 건물로 옮겨온 것이지만 전통은 여전히 유지되고 있다.

보트루바 교회 Wotruba Kirche

아마도 빈의 수많은 교회들 중에서 가장 인상적인 교회일지도 모르겠다. 어떤 디자이너는 빈에서 가장 멋진 건축물이라고 말했다. 거친 비석들을 쌓아놓은 듯한, 시대를 초월한 교회가 서 있다. 정식 이름은 '거룩한 삼위일체 교회 Kirche Zur Heiligen Dreifaltigkeit'지만, 흔히 '보트루바 교회'로 잘 알려져 있다.

조각가 프리츠 보트루바는 자신이 만든 작은 조각을 모델 삼아 1974년부터 교회 건설을 시작했다. 그는 프랑스 사르트르 대성당을 방문했을 때 큰 감동을 받았고, 그때 받은 영감이 교회 디자인에 큰 영향을 끼쳤다. 하지만 그는 교회가 완공되기 1년 전에 사망했다. 교회 건물은

보트루바 교회

여러 가지 크기의 직육면체 콘크리트 기둥 152개를 불규칙하게 쌓아 놓은 모습이다. 건설 도중에 주변의 주민들이 건립을 반대했을 만큼 혁신적인 디자인이다. 하지만 숲과 기막힌 조화를 이루는 이 건물은 시대를 초월한 듯, 신전의 근원적인 형태를 보여준다.

히칭역 Hietzing Bahnhof

빈의 많은 역사驛舍들 중에서도 가장 관심을 끄는 곳은 히칭역이다. 쇤브룬 궁전에서 가장 가까운 역이기도 하다. 프란츠 요제프 황제는 기차를 아주 좋아했다. 그래서 오토 바그너는 역을 설계할 때 황제의 취향을 고려해야 했다.

1899년에 바로크풍의 고전적인 건물이 완공되었으며, 내부에는 황제 부처와 최고위층들이 기차를 탈 때 이용할 특별 대기실이 만들어졌다. 그러나 이후 황후와 황태자들의 사망 등 예기치 않은 재난이 이어져, 실

히칭역

제로 황제는 이곳을 두 번 밖에 이용하지 않았다. 지금은 아름답고도 역사적인 건물을 찾아오는 사람들을 위해 잘 보존된 채로 개방되어 있다.

빈 슈타트반 Wiener Stadtbahn

빈에 가면 도심 곳곳에 초록색의 고가철도나 교량 등이 눈에 띈다. 그 초록색은 기품 있고, 디자인은 훌륭하다. 이것이 빈의 중요한 교통수단인 경전철이다. 1898년에 처음 개설된 경전철은 도시 내의 대중교통을 위해서 설치한 도시철도, 즉 '슈타트반Stadtbahn'이다. 처음에는 증기기관차로 움직였으며, 7개의 노선이 운행되었다. 이후로는 전철로 바뀌었고, 지금도 일부 노선이 'S반S-Bahn'으로 남아있다.

빈 도시철도 사업의 책임자였던 라디슬라우스 폰 부름브란트 백작은 1894년에 도시철도 미관에 관한 원칙을 세웠다. 이 원칙에 따라 도시철도의 모든 건물은 스타일을 통일하고 높은 예술적 기준을 충족시켜야 했다. 철도가 도시 미관에 중요한 영향을 미치는 요소임을 담당자들이 인식했던 것이다. 이에 따라서 빈 도시철도 자문단은 빈의 주도적인 건축가로 인정받고 있던 오토 바그너를 설계자로 결정했다. 건축가가 도시철도의 기획을 책임지게 되었다는 것은 당시 빈의 예술적 인식을 말해준다. 이미 지하철을 건설했던 런던, 파리, 뉴욕 같은 다른 도시에서는 도시철도가 토목 분야였을 뿐이기 때문이다. 하지만 빈의 도시철도는 운송수단인 동시에 예술의 도시를 상징하는 구조물이었다.

바그너는 거대한 프로젝트를 위해서 70명의 건축가들을 조수로 채용했다. 나중에 이들이 빈 분리파 건축, 나아가서 유럽 건축의 주역이 된다. 훗날 류블랴나의 도시 건설을 도맡게 될 요제 플레츠니크와 빈 분리파 회관을 짓게 되는 요제프 마리아 올브리히를 비롯해서 카를 피

빈 슈타트반의 교량

슬, 레오폴트 바우어, 막스 파비아니 등이 이 프로젝트에 속해 있었다.

건널목과 교차로가 없는 입체교차로를 원칙으로 한 바그너의 도시철도는 당시로써는 대단히 발전된 형태였다. 80여 개의 교량과 40여 개의 입체교차로가 지어지면서 빈의 외관에 중요한 영향을 끼쳤다. 특히 건립 당시에 시대를 주도하는 디자인을 뽐냈던 역사驛舍들은 지금 봐도 아름답다. 바그너는 역사 외에 도시철도의 제반 요소들에도 관여했다. 그는 교량, 벽, 터널 등은 물론, 모든 역사에 공통으로 적용될 열차표 판매 창구를 비롯해 수하물 위탁 창구, 바닥, 천정, 수도관, 난방기구, 조명기구 등에까지 관여했다. 그것들은 지금도 여전히 볼 수 있다. 특히 바그너는 표준 사각형 난간을 직접 디자인했는데, 이것은 이후의 토목 건설에 중요한 모델이 되었다. 「비포 선라이즈」에 보면 열차에서 만난 두 남녀가 아무런 정보도 없이 역에 내려서 걷는다. 이들이 곧 교량을 만나자 남자가 "이 다리 참 멋지다"라고 말한다. 바로 그 다리가 바그너가 만든 다리다. 빈에는 그와 같은 모양의 다리가 수십 개 있다.

슈타트반의 역사驛舍들

오토 바그너의 도시철도 역사驛舍는 고전주의와 아르누보 양식이 섞인 빈 분리파 스타일의 건물이다. 바그너는 당시의 경향을 따라서 장식을 자제하고 있지만, 일본 등 이국적 양식을 가미하기도 했다. 재료는 대부분 빈에서 쉽게 구할 수 있었던 석회암이다.

교외에 있는 역사들은 지상에 지어졌는데, 대부분 작고 소박하다. 반면에 도심에 있는 역사들은 주로 지하에 만들어졌고, 출입구는 폭 16미터의 사각형의 정자 형태로 일관되게 지었다. 지금 카를 광장에 서 있는 역을 보면 된다. 이들 건물의 지하로 철도가 지나간다. 대기실은 폭 8미터의 정사각형 형태다. 주름진 철판으로 된 지붕을 씌웠고, 원칙적으로 모두 승강기가 있으며, 문에는 일본식 장식이 있다. 단 두 개의 역을 빼고는 모든 역이 이 기본 형태를 취했다.

아우가르텐 Augarten

레오폴트슈타트 지역에 있는 아우가르텐은 16만 평에 이르는 광대한 도심 공원이다. 처음에는 황제의 사냥터였던 곳이다. 1766년에 프라터 공원이 개장해서 호응을 얻자, 이 아우가르텐 공원도 요제프 2세 황제의 명으로 1775년에 시민에게 개방되었다. 광대한 공원 안에는 프랑스 바로크풍의 정원이 있으며, 전쟁 때에 세워진 대공포탑의 폐허도 있다.

안에는 몇 개의 시설이 있다. 먼저 눈에 띄는 우아한 궁전이 아우가르텐 궁전 Palais Augarten이다. 현재는 유명한 빈 소년 합창단의 학교 겸 기숙사로 사용되고 있다. 아우가르텐 도자기 공장도 이곳에 있으며, 미술관도 있다. 그 외에 은퇴자들을 위한 시설, 유대인들을 위한 학술시설, 수영장과 운동장 등 여러 시설들이 있다. 공연장도 있는데, 이곳에서 모차르트, 베토벤, 요한 슈트라우스 등이 지휘했다는 기록이 있다. 4백 석 정도의 이 공연장은 '무트 MuTh'라고 부르는데, '음악과 연극 Musik und Theatre'이라는 뜻이다.

빈 소년 합창단 Wiener Sängerknaben

아우가르텐 궁전을 학교이자 기숙사로 사용하고 있는 단체는 세계적으로 알려진 '빈 소년 합창단'이다. 1498년 인스브루크에서 창단된 궁정 소년합창단Hofsängerknaben을 뿌리로 보는데, 합창단은 빈으로 옮겨져서 궁정 미사에서 합창을 담당했다. 이후 황실의 궁정 악단인 호프무지크카펠레Hofmusikkapelle가 1920년에 해산되면서 소년 합창단도 함께 사라질 위기에 처했지만, 명사들이 해체를 막기 위해서 노력한 끝에 궁정과 무관한 음악 사업 단체로 바뀌어 존속하게 되었다. 그때부터 제복이 유명한 해군복으로 정해졌다.

이 합창단은 기숙학교의 형태로 운영된다. 10세에서 14세에 이르는 100여 명의 소년으로 4개의 합창단이 운영되고 있는데, 각 합창단에는 빈의 음악가인 하이든, 모차르트, 슈베르트, 브루크너의 이름이 붙어 있다. 한 팀이 해외 공연을 나가면 한 팀은 미사를 맡고, 다른 두 팀은 공부를 하는 방식으로 운영된다. 각 합창단마다 담당 지휘자들이 있으며, 레

빈 소년 합창단

퍼토리도 개별적으로 가지고 있지만, 대외적으로는 같은 명칭만 사용한다. 단원들은 나이에 맞는 교과목을 이수하며, 특히 음악 교육은 엘리트 교육 즉 전문가 과정에 해당한다. 1년에 약 3백여 회의 연주회를 하는데, 특히 매년 일본과 미국을 방문하는 순회연주는 인기가 높다.

이 합창단은 흔히 우리가 생각하듯이 금발의 백인 소년들로만 이루어진 단체가 아니다. 지금은 아시아나 아프리카 등 세계의 어린이들이 함께하고 있다. 음악적으로는 소프라노와 알토 파트만 보유하고 있어서 다른 성부가 필요한 경우에는 테너나 베이스가 포함된 성인 합창단과 협연한다. 현재는 유치원 과정도 있고, 고등학교도 있어서 졸업하면 바로 대학으로 진학할 수 있다. 특히 잘츠부르크 모차르테움 및 빈 음대와 긴밀한 관계를 유지하고 있다. 졸업생들은 음악 분야에 많이 종사하지만, 그 외에도 변호사, 외교관, 교수, 영화감독, 배우 등 다양한 직업에서 활동하고 있다.

아우가르텐 도자기 공장 Porzellanmanufaktur Augarten

오스트리아를 대표하는 세계적인 도자기 브랜드인 '아우가르텐 도자기'의 공장이 이곳에 있다. 아우가르텐 도자기는 독일의 마이센 도자기에 맞서는 오스트리아의 자존심을 담은 브랜드다. 오스트리아 황실이 애용했던 이 도자기는 빈 회의에 참여한 각국 대표단이 칭찬하면서 유럽 각지에 알려졌다. 이곳에 가면 제작 과정을 구경할 수 있고, 매장에서 상품을 구입할 수도 있다.

티센보르네미사 아우가르텐 미술관 TBA21-Augarten

명목상 합스부르크 제국의 후계자인 프란체스카 폰 합스부르크로트링겐이 세운 현대미술관이다. 미술계에서 유명한 티센보르네미사 가문의 남작 한스 하인리히의 딸인 그녀는 합스부르크가의 카를 대공과 결혼했다. 그녀는 2002년에 빈에 티센보르네미사 현대미술재단 Thyssen-Bornemisza Art Contemporary(약칭 TBA21)을 세웠는데, 이 재단은 실험적인 프로젝트들만을 골라 지원한다. TBA21은 2012년에 아우가르텐 공원 내에 현대미술 전시장 'TBA21-아우가르텐 TBA21-Augarten'을 만들었다.

프라터 Prater

빈을 소재로 하는 영화에 자주 등장하는 장소다. 프라터라는 지명은 모르더라도 이곳의 커다란 대관람차를 본 사람은 많을 것이다. 영화 「비포 선라이즈」에서 두 연인이 입맞춤을 하는 장소가 대관람차 안이다.

도나우강 변의 넓은 대지에 위치한 프라터는 과거 황실의 사냥터였다. 그러다가 1766년에 요제프 2세 황제가 이곳을 공공 공원으로 만들기로 했다. 프라터의 공원이 발전한 결정적인 계기는 1873년에 열린 만국박람회다. 그때부터 이곳에 인공호수, 경기장 등이 지어졌고, 지하철역이 개통하며 점차 인기 있는 공원으로 자리 잡았다. 이후 이 공원은 리하르트 슈트라우스가 오페라 『인테르메초』 2막 3장의 배경으로 지정할 정도로 빈의 명소가 되었다. 아르투르 슈니츨러의 소설 『구르틀 소위』에도 프라터 공원이 주요 장소로 등장한다.

프라터에서 가장 중요한 부분은 중앙대로라고 할 수 있는 하우프탈레 Hauptallee다. 말밤나무가 줄지어 서 있는 이 멋진 길은 오랫동안 빈 시

프라터

민들의 대표적인 산책로였다. 그래서 예로부터 많은 문학 작품과 회화, 영화의 배경으로 자주 등장했다. 빈 시민들에게는 산책로의 대명사처럼 여겨지는 곳이다 보니, 프라터에 간다고 하면 다들 이곳을 걷는 모습을 떠올리곤 한다. 프라터에 오면 맨 먼저 이곳을 걸으면서 세기말의 소설 속 주인공이 된 것 같은 분위기에 빠져보길 바란다. 사계절의 분위기가 다 달라서 언제 와도 멋있다.

한편 '리젠라트 Wiener Riesenrad'라고 부르는 대관람차는 1897년에 완성된 것으로, 높이가 65미터에 이른다. 1985년까지는 세계에서 가장 높은 관람차였다. 명성과는 달리 관람차를 처음 만든 사람은 1907년에 파산하면서 사망했다. 1926년에 해체 허가가 났지만 해체비가 없어서 살아남았는데, 007 시리즈 영화「리빙 데이라이트」에 나오면서 다시 유명해졌다.

그린칭 묘지 Grinzinger Friedhof

빈 외곽 그린칭 지역에 있는 공동묘지는 오랜 역사를 지닌 곳이다. 지금의 모습으로 정비된 1831년 이후, 이 묘지는 빈에서 가장 아름답고 기품 있는 묘지로 인기가 높았다.

이곳은 많은 예술가들이 묻혀있는 것으로도 잘 알려져 있다. 철학자 루드비히 비트겐슈타인의 동생으로서, 전쟁에서 한쪽 팔을 잃었지만 좌절하지 않고 남은 한 팔로 연주 활동을 계속했던 불굴의 피아니스트 파울 비트겐슈타인을 위시하여, 건축가 하인리히 폰 페르스텔, 화가 카를 몰 등이 이곳에 묻혔다. 인간을 차별하고 고통을 주었던 조국을 그렇게 싫어했던 작가 토마스 베른하르트도 결국 조국의 묘지인 이곳에 묻혔다. 그런데 대부분의 사람들은 위대한 음악가 구스타프 말러의 무덤을 찾으러 이곳에 온다. 그는 어려서 세상을 떠난, 사랑했던 그의 딸과 함께 묻혀있다. 말러의 묘비는 빈 분리파의 건축가 요제프 호프만이 만들었다. 거칠고 단순한 디자인이 돋보이는 걸작이다.

구스타프 말러의 묘비

슈피텔라우 쓰레기 소각장 Müllverbrennungsanlage Spittelau

처음 빈을 방문했을 때였다. 하일리겐슈타트로 가기 위해서 자동차가 교외로 나갈 무렵에 눈앞에 거대한 구조물이 나타났다. 사전에 알고는 있었지만, 실제 눈으로 보니 생각보다 거대하고 예상보다 멋졌다. 바로 '슈피텔라우 쓰레기 소각장'이다.

이곳에서는 빈에서 배출된 대부분의 쓰레기를 처리한다. 처음 이 건물이 세워졌을 때, 그 모습은 실로 거대하고 위압적이었다. 그러다가 1987년에 훈데르트바서가 건물을 새롭게 단장했다. 훈데르트바서는 소각장의 높은 굴뚝과 공장 시설들을 그대로 둔 채로 외부 장식만 바꾸어서 삭막한 소각장을 아름다운 조형물로 만들어놓았다. 혐오시설이 시민들의 사랑을 받게 되고 나아가 자랑거리가 된 경우다. 이러한 리모델링은 근무하던 직원들의 사기까지 고무시켰으며, 심지어 관광지가 되기에 이르렀다. 이 쓰레기 소각장은 쓰레기를 없애는 데 그치지 않고, 거기서 발생한 열을 통해서 가까운 병원과 인근 6만 가구에 난방을 공급한다.

덕분에 환경문제에 대한 시민들의 관심도 더욱 높아졌다.

소각장을 방문하려면 예약을 해야 한다. 각국의 에너지 및 환경 관계자들이 찾는 필수 코스가 된 이곳은 일반 관광객도 늘고 있다. 내부에서는 훈데르트바서의 사상이나 그림들을 전시하고 있는데, 미학적 측면보다는 자동화된 쓰레기 소각이 제공하는 사회적 혜택과 친환경성에 집중되어 있다. 이 시설 이후,

슈피텔라우 쓰레기소각장

세계의 여러 쓰레기 소각장이나 발전소 혹은 공장 들이 미적인 면에 신경을 많이 기울이게 되었다. 특히 일본의 오사카에 있는 폐기물 처리장은 훈데르트바서가 직접 디자인했다. 우리나라에서도 몇몇 지방자치단체가 훈데르트바서의 정신을 본받은 시설을 세우고 있다.

하일리겐슈타트 유서의 집 Haus des Heiligenstädter Testaments

빈에는 베토벤의 집이 아주 많다. 자기 집이 없이 이리저리 떠돌았던 베토벤이었기에 살았던 장소도 많다. 그러니 그 모든 집이 다 명소나 유적이 될 수는 없다. 그렇다면 가장 중요한 장소는 어디일까? 그가 가장 힘들었던 시기에 유서를 썼던 집이 아닐까? '하일리겐슈타트 유서의 집' 등으로 불리던 이곳은 최근에 베토벤 박물관이 되었다.

베토벤은 난청 외에도 많은 질병과 빈곤 그리고 사랑의 좌절 등으로

인해 자살을 생각했다. 그는 1802년에 의사의 권유로 난청과 위염을 치료하기 위해서 빈 근교의 온천 마을인 하일리겐슈타트를 찾아 머물렀다. 그곳에서 그는 유서를 썼는데, 이것을 '하일리겐슈타트의 유서'라고 부른다. 이후 다행히 자살을 포기한 베토벤은 오직 음악에 자신을 던지기로, 타인들을 위해서 남은 삶을 살기로 결심하고 빈으로 돌아온다.

1967년에 빈시는 이 집을 구입했고, 2017년에 정식으로 시립 박물관에 편입시키면서 '베토벤 박물관Beethoven Museum'이라는 명칭을 부여했다. 안에는 악보, 원고, 편지, 조각상 등 전시물들이 있다. 베토벤 팬이라면 빈까지 와서는 결코 빠뜨릴 수 없는 곳이다.

베토벤 산책로

하일리겐슈타트의 베토벤의 집 주변에도 베토벤과 관련된 흔적들

하일리겐슈타트 유서의 집

이 있다. 술을 좋아했던 베토벤이 즐겨 찾던 술집이 바로 근처에 있다. 동네도 조용하니 걸어 봐도 좋겠다. 표지판을 따라가면 베토벤의 산책로도 나온다. 그 길을 걸으면서 상상해 보자. 베토벤은 이 전원의 소리를 들었던 것이 아니라, 거의 들리지 않는 채로 전원의 소리를 상상하면서 걸었던 것이다. 역경을 극복한 위대한 작곡가에게 고개를 숙이지 않을 수 없다. 산책로가 끝날 무렵, 산책

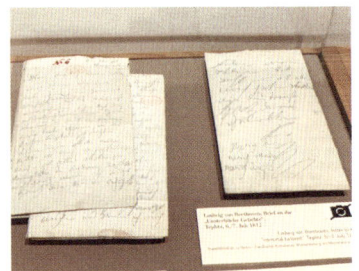
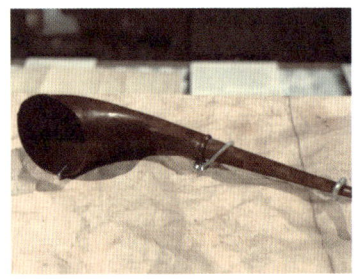
하일리겐슈타트 유서의 집 전시물

하는 모습의 베토벤 입상立像이 보인다. 뒷짐을 지고 걷는 그를 처음 마주쳤을 때 눈물이 나도록 반가웠다. 지금도 베토벤의 음악을 들을 때면 그 산책로의 감격이 떠오른다.

베토벤의 에로이카 하우스 Eroica Haus

하일리겐슈타트 외에도 베토벤이 휴양 삼아서 머물렀던 전원 지역들이 있다. 그중에서도 빈 서북쪽의 교외 지역은 시내에서 가까우면서도 전원의 분위기가 있어서 베토벤이 선호했던 곳이다. 1803년에 베토벤은 이 되블링Döbling 지역에 머물면서 3번 교향곡『영웅』을 작곡했다. 그가『영웅』교향곡을 썼던 장소는 지금 '에로이카 하우스'라는 이름으로 박물관처럼 운영되고 있다. 베토벤과 관련된 여러 물건들을 볼 수 있다.

하일리겐슈타트의 베토벤 입상

루드비히 판 베토벤
Ludwig van Beethoven, 1770~1827

인물

역사상 가장 위대한 음악가인 베토벤에게 붙은 호칭은 악성樂聖이다. 어떻게 성인이라는 칭호까지 붙게 되었을까? 그가 그저 한 명의 음악가이기를 넘어서, 이 세상을 살아간 인간 중에서 가장 위대한 삶을 살았던 인간으로 꼽히기 때문일 것이다.

베토벤은 독일의 본에서 태어났다. 성姓 앞에 붙은 '판'에서 알 수 있듯이, 그의 가계는 플랑드르 즉 지금의 벨기에 지역에서 왔다. 그의 할아버지가 궁정 악사가 되기 위해서 독일로 와서 정착한 것이다. 요즘으로 치면 취업이민에 해당하는 셈이다. 할아버지 루드비히는 궁정 악장이었으며, 베토벤의 아버지는 악장은 되지 못했지만 궁정 악사로 봉직했다. 악장이 되지 못한 베토벤의 아버지는 아들이 궁정 악장이 되기를 바라는 소망을 담아 그의 할아버지의 이름을 물려주고 개인적으로 음악을 가르쳤다. 어린 베토벤이 받은 음악 교육은 모차르트에 비견될 정도로 가혹하고 철저했다. 이후 베토벤은 음악적 완성을 위해서 빈으로 왔고, 살리에리나 하이든 같은 당대 최고의 거장들을 사사했다. 이후 베토벤은 빈을 제2의 고향으로 삼아 평생 빈에서 활동하다가 영면했다. 베토벤은 아버지의 소망처럼 궁정 악장은 되지 못했지만, 대신에 전 유럽의 모든 군주들이 존경하는 예술가이자 진정한 자유인이 되었다.

베토벤 하면 사자갈기처럼 흐트러진 머리카락이 떠오른다. 그 모습은 그의 트레이드마크였다. 악사들이 가발을 쓰고 제복을 입던 시절, 베토벤은 제복과 가발이 필요 없는 자유 예술가의 삶을 살았다. 세상에서 인정받는 음악가를 넘어 인류를 위한 예술 생산자가 된 것이다.

" 역사상 가장 위대한 음악가 "

우리는 베토벤이 말년에 귀가 먹었을 것으로 막연히 생각하지만, 젊은 시절에 이미 귀가 멀었던 그는 대부분의 곡을 상상력을 동원해서 썼다. 또 난청 외에도 많은 질병을 안고 있었던 그는 조카의 부양 문제 등 개인적인 불행도 많았다. 또한 많은 연애가 그를 따라다녔지만, 그는 좋은 연인이나 아내를 얻지도 못하고 독신으로 일생을 마쳤다.

베토벤은 음악의 거의 모든 분야에서 최고의 성과를 이룩했다. 그중에서도 가장 위대하다고 평가받는 것은 9곡의 교향곡과 32곡의 피아노 소나타 그리고 16곡의 현악 사중주다. 이 세 분야는 베토벤이 평생 추구한 장르이며, 그에 의해서 더욱 높은 차원으로 나아갔다. 그는 바흐에서 헨델, 하이든, 모차르트로 이어진 독일 고전음악의 면면한 전통을 모두 습득했고, 그 전통을 스스로 뛰어넘었다. 베토벤이 만년에 이룬 그 경지를 통해, 드디어 음악은 문학이나 철학처럼 인류의 정신적 분야 중 하나로 자리매김했다.

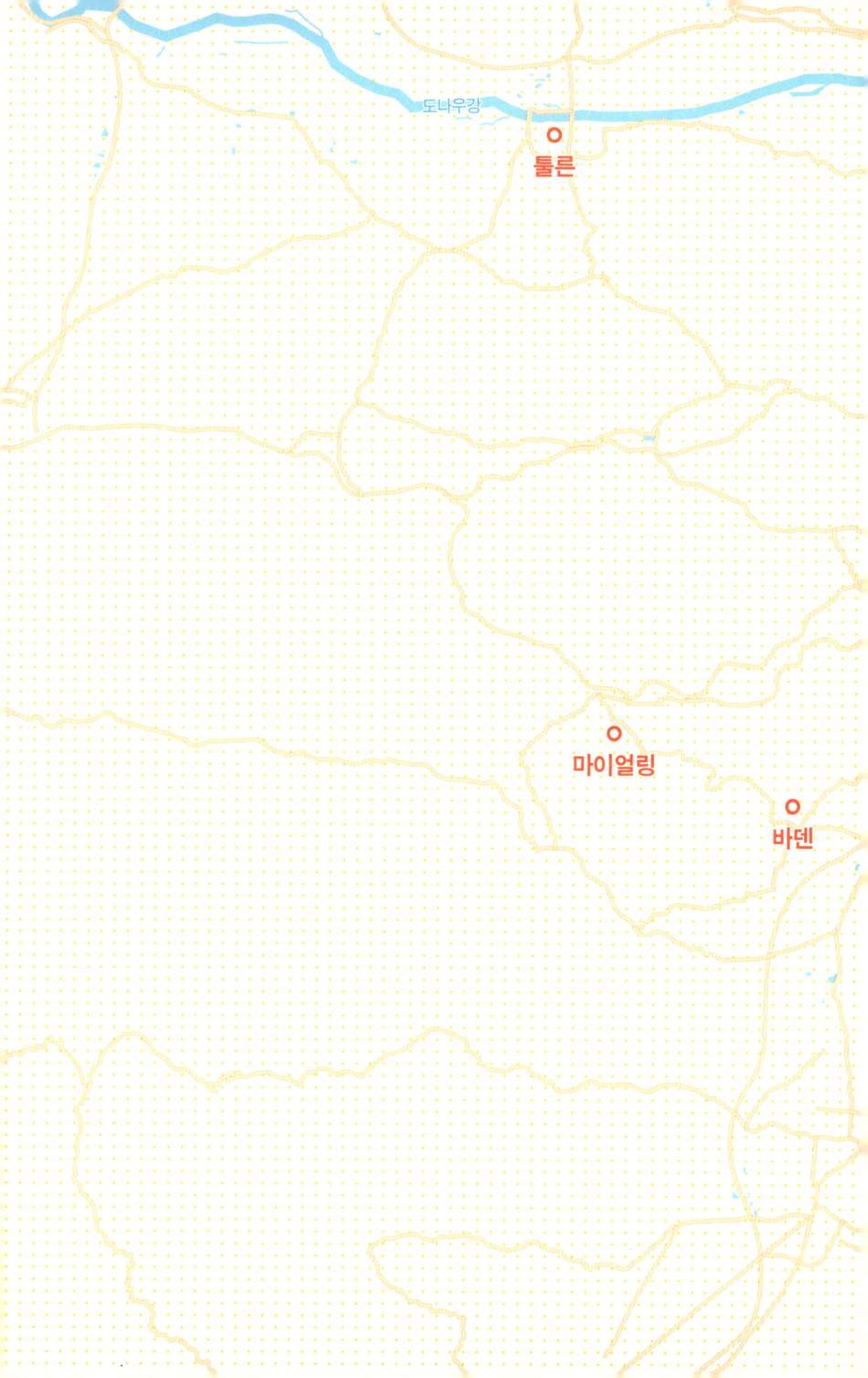

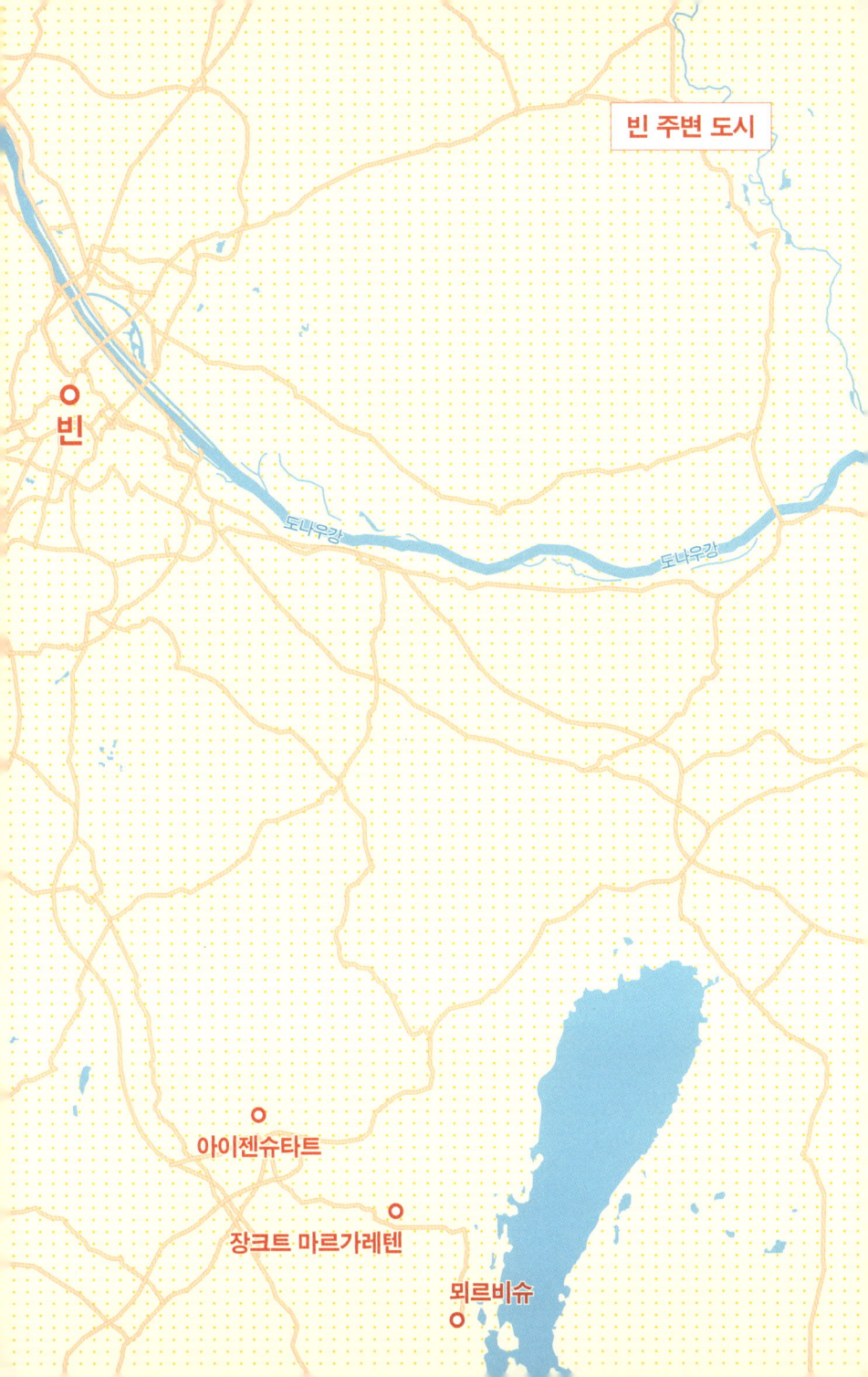

빈의 주변 도시

바덴

바덴 Baden

빈에서 남쪽으로 아우토반을 달려 26킬로미터 정도를 가면 바덴이 나온다. 독일과 오스트리아 쪽에는 '바덴' 또는 '바트'라는 이름이 붙은 지명地名들을 많이 볼 수 있는데, 이는 영어의 '바스Bath'에 해당하는 것으로 '목욕' 또는 '온천'을 지칭하는 것이다. 그러니 바덴도 이름 그대로 유명한 온천장이다. 그런데 바덴이라는 지명은 독일과 스위스에도 있다. 특히 독일의 바덴바덴과 헷갈리는 경우가 많아서, 최근에는 빈에서 가까운 이 바덴을 '빈 근처의 바덴'이라는 의미의 '바덴 바이 빈Baden bei Wien'으로 표기하기도 한다.

바덴은 온천의 효능이 유명하다. 또한 숲이 아름답고 동네가 조용하며 수도 빈에서 멀지도 않아서, 빈 시민들이 여생을 보내고 싶어 하는 곳으로 손꼽는 곳이다. 은퇴한 중류층 노인들이 많이 사는 조용한 동네다. 바덴이 온천으로 알려진 것은 고대 로마 시대 때부터였다. 하지만 1812년에 화재로 도시가 크게 파괴되었는데, 건축가 요제프 코른호이젤의 설계로 도시는 비더마이어 양식으로 재건되었다. 이어 귀족들의 별장이 들어섰고, 극장, 카지노, 병원들이 건립되었다. 음악을 좋아하는 사람에게 바덴은 빠뜨릴 수 없는 도시다. 많은 고전음악 팬들이 베토벤의 족적을 찾아서 빈의 여기저기를 돌아다니지만, 이 위대한 음악가가 가장 위대한 작품을 쓴 장소는 정작 빈이 아니라 바덴에 있다.

베토벤 하우스 Beethovenhaus

'베토벤 하우스'는 베토벤이 머물던 집이다. 베토벤은 후원자의 초청을 받아 처음 바덴에 왔었는데, 바덴의 풍광 특히 숲은 그의 마음에 쏙 들었다. 그 후로 그는 즐겨 이곳을 찾았고 산책을 즐겼다. 이곳의 좋은 환경에서 그는 작곡에 전념할 수 있었다.

베토벤은 바덴에서 그의 위대한 두 작품, 즉 『장엄 미사』와 교향곡 제9번 『합창』을 작곡했다. 당시에 그가 살던 집은 바덴 거리를 걷다 보면 자연히 만나게 된다. 라트하우스 가세Rathausgasse 10번지, 좁지만 중요한 이 길이 세 갈래의 교차로로 갈라지는 지점에 집이 있다. '베토벤 하우스'라고 현판이 붙어 있는 집이다. 창문이 보이는 2층 방이 베토벤의 방

베토벤 하우스

이다. 안으로 들어가면 그의 여러 흔적들이 전시돼 있다. 하지만 그 공간 자체보다는 세계에서 방문객이 끊이지 않고 찾아오는 모습이 더 인상적이다. 모두가 아직도 그를 사랑하고 있다는 점에 다시금 감격하게 되는 것이다.

카페 첸트랄 Café Central

베토벤 하우스를 지나 골목을 나오면 광장이 나타나는데, 이곳이 바덴의 중심이다. 금박을 두른 천사상 주위로 작은 마을치고는 비교적 웅장한 건물들이 늘어서 있다. 커다란 카페가 눈에 들어온다. "카페 첸트랄!" 빈에 있는 카페와 이름이 같은 이곳은 바덴에서도 시의 중심이 된다. 비록 베토벤 시절에는 이 카페가 없었지만, 1841년 이후로는 바덴 시민들의 거실과 같은 구실을 해오고 있다. 아침부터 점잖은 노인이 앉아서 신문을 읽고, 중년 신사는 열심히 컴퓨터 자판을 두드린다. 카페를 중심으로 사람들이 모여서 일상 뿐 아니라 문화와 예술을 논하던 백 년 전의 빈 카페 문화가 여기서 유지되고 있다. 고즈넉하고 한가한 분위기는 번잡한 빈의 카페들보다 더욱 빈 카페의 전통을 잘 유지하고 있는 듯하다. 나도 들어가서 브라우너 한 잔을 시키고 느긋하게 카페를 즐긴다.

롤레트 박물관 Rollettmuseum

롤레트 박물관은 외과의사인 안톤 롤레트의 수집품을 중심으로 바덴시의 전시물들과 자료들을 모은 시립 박물관이다. 고색창연한 외관이 인상적인 이 건물은 원래 지역공동체 회관으로 1905년에 준공되었다가 1957년에 개조되어 박물관이 되었다. 롤레트가 의사이자 자연사 학자였던 만큼, 그의 수집품을 바탕으로 하는 전시물은 동물학, 식물학, 광물학을 중심으로 바덴의 민속, 역사, 예술 분야 등을 아우른다. 특히 롤레트가 모았던 80여 개의 두개골 콜렉션이나 데드마스크 콜렉션은 보기 드문 것이다.

아르눌프 라이너 박물관 Arnulf Rainer Museum

이 멋진 건물은 '아르눌프 라이너 박물관'이라는 이름을 가지고 있지만, 원래는 목욕탕이었다. 로마 시대 때부터 이 자리에 여성욕탕이 있었다고 한다. 1821년에 프랑스 고전주의 양식으로 완성된 건물은 전통을 이어 여성 전용 온천으로 명성을 누렸다.

바덴시는 이곳을 현대미술 전시장으로 만들기로 결정하고, 바덴이 낳은 세계적인 현대화가인 아르눌프 라이너에게 헌정하여 2009년에 개관했다. 우아하고 세련된 내부는 200년 된 욕탕의 모습을 보존하고 있어서, 욕조 같은 시설들이 그대로 남아있다. 이곳은 자체 소장품이 없이 기획전을 여는 곳이다. 보통 연간 두 차례 전시가 바뀌는데, 회화, 조각, 사진 등을 망라한다. 목욕탕 벽에 걸린 회화들은 무척 잘 어울린다.

아르눌프 라이너 박물관

아르눌프 라이너
Arnulf Rainer, 1929~

인물

　아르눌프 라이너는 바덴에서 태어난 세계적인 현대미술가다. 어려서부터 그림을 공부한 그는 일찍이 조숙한 현대성을 보였다. 그는 빈 미술 아카데미에 입학하였지만, 제도권 교육에 만족하지 못해 자퇴했다. 그 후로 스스로 미술의 길을 개척해나가던 그는 20대의 젊은 나이에 에른스트 푹스나 요제프 미클 등이 결성한 '개 그룹Hundsgruppe'의 일원이 된다.

　이후로 그는 전통과 형상의 파괴라는 양식을 추구한다. 주로 소외되고 박해받은 영혼을 주제로 삼은 그의 작품들은 대체로 어두운 것이 특징이었다. 대표적으로 히로시마 원자폭탄의 피해에 관한 작업을 들 수 있다. 특히 그는 사진이나 다른 그림 위에 자신의 그림을 덧칠하는 방식을 즐겨 썼다. 라이너는 이런 작업 방식이 자신의 원초적인 감정을 나타내는 것이며, 또한 타인과 소통하는 근원적인 제스처라고 주장했다.

　그의 작업은 점차 인정받아서 1978년에는 오스트리아 국가대훈장을 받았고, 베니스 비엔날레에 오스트리아 대표로 참가했다. 1981년에 그는 과거 자신이 뛰쳐나왔던 빈 미술 아카데미의 교수가 되었다. 현재 세계의 대표적인 현대미술관들은 대부분 그의 작품을 소장하고 있다.

카지노 바덴 Casino Baden

바덴 시내를 걷다 보면 바로크 양식의 화려한 건물을 만나게 된다. 이곳은 카지노이다. 관광 천국 오스트리아는 어느 지방에서나 '카지노 오스트리아'의 간판을 볼 수 있지만, 이곳의 카지노는 유달리 크고 멋지다. 유럽 전체의 카지노들 가운데에서도 가장 아름다운 건물로 손꼽히는 곳이다. 공연, 전시, 회의 등의 행사도 이루어지는 시설로서, 안에는 고급 식당도 있다.

바덴 시립 극장 Stadttheater Baden

바덴은 인구가 3만 명도 되지 않지만, 호황기에는 주민보다 많은 온천 관광객이 방문했던 도시다. 그중에는 황족이나 귀족도 많다 보니 자연히 극장의 필요성이 대두되었다. 사실 유럽에 있는 대부분의 온천도시에는 낮에 온천을 마친 사람들을 겨냥한 좋은 극장이나 무도장, 카지노 등의 시설이 발달했다. 바덴시에서도 1716년에 자체적으로 극장을 건립했다. 거리를 걷다가 마주치는 지금의 극장 건물은 새로 1909년에 완공된 것이다. 외관은 그리스 신전을 본떴지만, 내부는 아르누보 양식이다. 이 극장은 특히 오페레타의 공연으로 유명했다.

오페라하우스 뒤편으로 걸어가면 흉상이 하나 서 있다. 가까이 가 보니 막스 라인하르트가 아닌가? 맙소사! 내가 존경하는 연출가 중의 한 명이다. 그는 베를린에서 현대적인 연극 연출의 기틀을 닦았으며, 잘츠부르크 페스티벌을 탄생시킨 전설적인 인물이다. 그때 그가 바덴 출신이라는 사실을 처음 알았다. 그의 동상 앞에서 멋진 풍경과 시원한 바덴의 공기를 즐기는 동안 벌써 날이 저문다.

마이얼링

마이얼링 Mayerling

아침부터 눈이 내렸다. 아무도 그곳을 안다는 사람이 없다. 주변의 누구도, 호텔 직원도 가본 적이 없단다. 결국 주소 하나를 들고 호텔을 나온다. 오늘은 장사를 포기한 듯한 기사가 운전석에 누워있는 택시의 창을 두드린다. 기사는 주소를 보고 다시 내 얼굴을 보더니, 뒷자리를 가리킨다. 이로써 그와 나는 오늘 공동 운명체가 되었다.

차는 더 이상 갈 수 없을 것 같은 숲속까지 들어왔다. 이제 쌓인 눈 때문에 어디가 길인지조차 잘 분간되지 않는다. 아무리 독일 차라지만 후륜구동인 택시는 절절매면서 기사의 경험과 감각만으로 눈길을 헤쳐 나간다. '겨울 나그네'라는 말이 떠오른다. 이런 거구나. 이윽고 차는 교회 같은 건물 앞에 선다.

문을 두드린다. 한참 있다가 한 사람이 나온다. 성직자인지 직원인지 알 수가 없다. 영어가 안 된다. 여기를 찾아왔다고 말하자 그는 내게 손을 내민다. 돈을 달라는 것이다. 2유로를 내면 안을 보여주겠다는 뜻이다. 이건 무슨 경우인가? 하지만 빈에서 택시를 타고 눈길을 헤치고 온 사람이 2유로를 내지 않을 리는 없다. 나는 기사 몫까지 5유로를 쥐어

주고 그와 함께 들어갔다. 영문도 모르고 나를 따라 들어온 기사는 모자를 벗고 두 손을 모은다.

오스트리아 제국의 황태자였던 루돌프는 이곳에서 한 여성과 함께 목숨을 끊었다. 제목도 아련한 영화 「비우悲雨」의 장면이 떠올랐다. 초등학교 때 동네의 삼류 극장에서 보았던 영화 속에서 창밖으로 설원을 바라보던 오마 샤리프의 눈빛은 지금도 잊을 수가 없다. 그는 잠든 여인을 먼저 쏘고, 그녀의 손을 잡고서 자신의 머리를 쏜다. 두 방의 총성으로 겨울 숲속의 짐승들이 놀라서 달아난다. 그렇게 젊은 영혼들은 지상에서 사라지고, 제국은 황혼으로 접어든다. 지금 내가 서 있는 곳이 그곳이다. 루돌프가 최후의 장소로 선택했던 그 사냥 여관에

와있는 것이다.

  건물 안에는 작은 예배당이 있다. 그런데 그가 자꾸 제단을 가리킨다. 무슨 말인지 알 수가 없다. 기사 덕분에 나는 긴 설명을 조금 알아들을 수 있었다. 두 젊은이가 죽고 남자의 시신은 황실에서 와서 가져갔지만, 여자의 시신은 방치되었다. 그리고 외아들의 자살 소식을 들은 황제는 사냥 여관을 수녀원으로 만들도록 명령했다. 우리를 안내한 남자가 애써 설명하려고 했던 말은 다음과 같다. 그들이 숨을 거두었던 침대가 놓였던 자리에 제단이 만들어졌고, 그 머리맡에는 십자가가 걸려있다는 것이다. 루돌프의 죽음을 보러 여기까지 왔던 나는 비로소 아들을 잃은 아버지가 눈물을 삼키는 모습을 느낄 수 있었다.

마이얼링

마이얼링 사건 — 에피소드

　마이얼링 사건이란 오스트리아의 루돌프 황태자가 베체라 남작의 딸 마리와 함께 마이얼링에서 목숨을 끊은 사건을 일컫는다. 루돌프는 제국의 사실상 마지막 황제인 프란츠 요제프 1세와 황후 엘리자베트 사이의 외아들이었다. 그를 황제로 키워야 한다는 아버지의 집착 때문에 유아기부터 군대식 훈육을 받았던 그는 그 때문에 평생 힘들어했고 아버지를 두려워했다. 어머니 엘리자베트는 자주 집을 비우고 외국으로 여행 다니는 것이 취미였으며, 루돌프의 육아에는 신경을 쓰지 않았다. 따라서 루돌프는 유아기 때부터 모성애의 결핍을 느끼며 살았다.

　루돌프는 벨기에의 스테파니 공주와 결혼했지만, 결혼은 정략적이었고 애정은 없었다. 성인이 된 루돌프는 아버지와 반대되는 노선을 걸었다. 보수적이고 친독일적인 황제와는 반대로 루돌프는 자유주의를 지지했다. 그는 개혁적이고 친프랑스적인 입장을 취했으며, 가명으로 황제와 제국주의를 비판하는 논설을 썼다.

　그러다 어느덧 죽음에 대한 생각에 사로잡힌 루돌프는 당시 17세였던 베체라 남작의 딸 마리를 알게 된다. 그는 마리를 마이얼링에 있는 사냥 여관으로 오도록 했고, 그곳에서 어머니와 아내,

여동생에게 편지를 썼다. 아버지에게 쓴 편지는 없었다. 1889년 1월 30일에 방으로 들어간 그는 시종에게 깨우지 말라고 말했다. 다음 날 찾아온 그의 친구와 시종은 두 사람의 시신을 발견했다.

"제국의 붕괴를 이끈 자살"

 루돌프의 시신은 비밀리에 열차 편으로 빈으로 옮겨졌다. 교황청은 자살이라는 이유로 교회의 장례식을 거부했다. 오스트리아 정부는 외교적 수단을 동원하여 바티칸을 설득했고, 교황청은 루돌프가 정신병이었기 때문에 장례를 허락한다고 발표했다. 처음에는 황태자가 여자와 함께 있었다는 사실이 은폐되었다. 마리의 어머니는 20일이나 지나서 딸의 죽음을 들었다고 한다. 이 사건으로 황태자 자리는 황제의 조카 페르디난트에게 돌아갔고, 그가 사라예보에서 저격당하면서 1차 대전의 발발과 동시에 제국의 붕괴가 시작되었다.

 이 사건을 다룬 예술 작품들은 적지 않다. 1936년과 1968년에 영화로 두 차례 제작되었고, 오마 샤리프와 카트린느 드뇌브가 주역을 맡은 두 번째 영화는 「비우」라는 제목으로 국내에 개봉되었다. 「황태자 루돌프」라는 영화도 있었다. 1978년에 런던 로열 오페라하우스에서는 프란츠 리스트의 음악을 사용하고 케네스 맥밀란이 안무한 발레 『마이얼링』이 발표되었다.

성 요제프 카르멜파 수도원 교회 Katholische Kirche Karmel St. Josef in Mayerling

루돌프가 죽은 사냥 여관은 1550년 이래로 하일리겐크로이츠 수도원의 소유였다. 1886년에 루돌프 황태자는 이곳을 인수해서 사냥 여관으로 만들었다. 1889년 죽을 때까지 루돌프는 이 사냥 여관을 10회 방문했다. 루돌프가 죽자 이곳은 프란츠 요제프 황제의 명에 의해서 카르멜파 수녀원으로 바뀌었다. 하지만 제국은 붕괴되었고, 1940년에 수도원은 폐쇄되었다. 그리고 2차 대전 중에 건물은 크게 파손되어 더 이상 사용할 수 없었다. 그 시기에 내가 방문했던 것이다. 2014년에 관광객을 위한 현대식 건물을 지어 방문자 센터가 개관했고, 카르멜파 수도원도 일부가 복구되어 다시 공개되었다.

하일리겐크로이츠 묘지

1843년에 생긴 마이얼링의 작은 공동묘지다. 루돌프 황태자와 함께 죽은 마리 베체라는 원래 그와 함께 묻히게 될 것이라는 믿음 속에서 죽었겠지만. 그녀의 바람과는 달리 루돌프의 시신은 빈의 황실 무덤으로 옮겨졌고, 그녀만 쓸쓸히 남아서 이곳에 묻혔다. 그녀의 어머니인 헬레네 폰 베체라 남작부인이 나중에 이곳을 방문하여 딸을 위해서 작은 예배당을 지었다. 사연처럼 쓸쓸한 묘지다. 그래도 그녀를 기억하는 사람들이 찾아와서 꽃다발을 놓고 간다.

하일리겐크로이츠 수도원 Stift Heiligenkreuz

마이얼링의 루돌프 황태자가 죽은 사냥 여관 가까이에 수도원이 있다. 숲속에 숨어 있는 이 대규모 수도원이 하일리겐크로이츠 수도원이다. 이곳은 1133년에 세워져 9백 년의 역사를 헤아리는 봉쇄수도원으로서, 시스터시안 수도원으로는 세계적으로 가장 규모가 큰 축에 속한다. 이후로 수도원은 여러 번 증축되었으며, 1642년에는 수녀원도 설립되었다. 1683년에는 오스만 튀르크의 침략으로 파괴당하고 방화를 당하기도 했다.

수도원 안에는 유서 깊은 신학대학도 있는데, 독일어권에서는 최대의 신학교이자 사제 훈련 기관으로 꼽힌다. 하일리겐크로이츠 수도원 재단은 여기를 중심으로 오스트리아 곳곳에 수도원을 가지고 있다. 이 수도원의 전체 부지는 약 6천만 평으로, 서울시 면적의 3분의1에 해당한다.

또한 이 수도원의 성가대는 오랜 성가 연주의 전통을 보존해 온 것으로 유명하다. 2007년에 유니버설 뮤직에서 이곳을 찾아와서 수도사들의 그레고리안 성가를 녹음했고, 이를 『영혼을 위한 음악Music for the Soul』이라는 음반으로 출시했다. 이 음반은 세계적으로 100만 장 이상이 팔린 것으로 여겨진다. 이 음반 때문에 세계에서 방문객들이 찾아와서 수도원은 엄청난 유명세를 치렀다. 그 후로 수도원은 정오 기도에 한하여 방문객들이 참석할 수 있도록 했다.

마리 베체라의 묘비

아이젠슈타트

아이젠슈타트 Eisenstadt

빈에서 남동쪽으로 달리면 한 시간 정도 지나면서부터 풍경이 달라진다. 이곳은 헝가리에 인접한 부르겐란트 Burgenland다. 오스트리아에서 가장 작은 주州다. 오스트리아에서 가장 따뜻한 지역으로, 백포도주의 명산지로도 유명하다. 구릉이 많고 남유럽의 수종樹種들이 눈에 띄어서 '오스트리아의 토스카나'라고도 하는데, 풍경은 토스카나요 문화는 헝가리에 가깝다. 곳곳에 헝가리어 간판이 보이고 식당의 메뉴에도 헝가리어가 많다. 좀 더 달리면 주도州都가 나온다. 인구가 15,000명에 불과한 아이젠슈타트다.

오랫동안 헝가리의 명문가로 군림했던 에스테르하치 가문이 아이젠슈타트에 기거했다. 중부 유럽에서 가장 부유한 가문으로 꼽혔던 그들은 곳곳에 영지와 궁전을 가지고 있었다. 하지만 그들이 가장 좋아한 장소는 헝가리와 빈의 중간 정도의 지점인 이곳이었다. 에스테르하치 가문은 1760년대에 요제프 하이든을 궁정 음악가로 임명했고, 이후 30여 년 동안 이곳 궁정은 유럽의 음악을 주도하는 중심이 된다. 에스테르하치 가문은 모차르트, 베토벤, 브람스 등 여러 음악가들을 후원했지만, 역시 최고의 협력자는 하이든이었다.

에스테르하치 궁전 Schloss Esterházy

아이젠슈타트 시내의 가장 좋은 자리에 에스테르하치 궁전이 자리하고 있다. 르네상스와 바로크 양식이 혼합된 건물인데, 가문의 명성에 비해서는 소박한 편이며 노란 색채가 인상적이다. 이 궁전은 에스테르하치 가문의 주요 거주지로서, 1672년에 처음 세워지고 나중에 개축되었다. 건물의 일부는 공개하여 박물관으로 쓰인다. 당대 유럽의 최상위 부자였으며 역사상 최고의 음악 애호 가문의 집이었던 만큼, 천천히 살피면서 몸으로 느껴볼 가치가 있다. 현재는 에스테르하치 가문 사유재단의 소유다.

에스테르하치 궁전

하이든잘

　에스테르하치 궁전은 1805년에 건축가 샤를 드 모로에 의해서 고전주의 양식으로 설계되었다. 그런데 건설 도중에 나폴레옹 군대가 아이젠슈타트를 점령하면서 공사는 중단되었으며, 전쟁 후에는 재정적인 어려움으로 인해 원래 설계의 절반 정도만 완성되면서 지금의 형태가 되었다. 에스테르하치 궁전은 볼 것으로 가득하다. 하이든 시대의 고악기와 가구, 소품, 의상들이 전시되어 있다. 또한 지하에는 거대한 와인 저장고가 있다.

　그중에서도 특히 유명한 콘서트 홀인 하이든잘Haydnsaal은 원래 무도회장으로 설계된 것이다. 하지만 무도회 외에도 가문의 행사와 음악회도 열렸다. 하이든잘은 음향이 좋기로 유명해서 방문객에게 음향 시범을 보여주기도 한다. 하이든이 작곡한 수백 편의 곡들이 초연되었던 역사적인 장소다. 당시 이곳의 궁정 오케스트라는 유럽 최고의 연주 수준을 갖춘 악단이었다. 지금은 매년 9월에 열리는 '국제 하이든 주간'의 주 무대가 된다.

성 뒤편에는 바로크식 정원이 있다. 역시 불꽃놀이 등 가문의 행사가 열렸던 곳이다. 하이든은 이곳에 재직 당시에 작곡이나 지휘뿐 아니라 결혼식, 무도회, 불꽃놀이 등 가문의 모든 행사를 주관했다. 요즘의 예술감독과 같은 직책이었던 셈이다. 좀 더 떨어진 동쪽 뒤편에는 더 큰 공원이 있는데, 이곳 역시 과거에는 궁전에 속한 정원이었다.

리스트 기념상 Franz Liszt Dekmal

궁전에서 나오면 오른편으로 에스테르하치 광장Esterhazyplatz이 있는데, 그 가운데에 하얀 남자가 멋진 자태로 벤치에 앉아있다. 그는 바로 당대 최고의 피아니스트이자 작곡가였던 프란츠 리스트다. 리스트는 이곳에서 가까운 라이딩Raiding에서 태어났다(라이딩은 당시에 헝가리였지만 지금은 오스트리아에 속해있다). 이 대리석상은 리스트가 부르겐란트 지역에

리스트 기념상

서 태어난 지 125년이 되던 해를 기려서 조각가 알렉산더 야라이가 제작하여 1936년에 세워졌다. 유럽 곳곳의 리스트의 상들 가운데에서도 특히 예술가적 자태를 잘 보여주는 명작이다.

베르크 교회 Bergkirche

리스트 석상 뒤로 난 오르막길을 오르면 언덕 위에 독특한 교회가 나타난다. '산의 교회'라는 뜻의 '베르크 교회'다. 안으로 들어가면 숭고한 분위기가 조성돼 있다. 1772년에 처음 지어진 이 건물은 그 후로 몇 차례 개조되었다.

그러나 이 교회의 가장 독특한 점은 밖에 있다. 밖에는 지붕 위로 올라가는 계단이 놓여있다. 이 계단은 둥근 지붕을 감아 돌면서 천천히 정상부를 향해 올라가는데, 올라가 보면 예수가 마지막으로 올랐던 갈보리 언덕을 재현한 것을 느낄 수 있다. 구불구불한 계단 곳곳에 갈보리 언덕을 오르던 예수와 주변 사람들의 모습이 작은 조각으로 표현되어 있다. 우리가 이곳을 오르면서 예수의 희생과 고통을 생각하게끔 만든 것이다. 다들 진지하게 한 걸음씩 오른다. 이윽고 지붕에 올라서면, 부르겐란트의 넓고 아름다운 구릉 지대가 눈앞에 펼쳐진다. 대지는 초록이고 하늘에는 흰 구름이 점점이 흘러간다.

하이든 영묘

고전주의 음악의 대가 요제프 하이든은 에스테르하치 가문에서 은퇴한 후에 빈으로 가서 마지막 음악 인생을 살았다. 그리고 그는 1809년에 빈에서 숨을 거두었다. 1820년에는 그의 유해 중 일부가 자신의

베르크 교회

하이든 영묘

젊은 예술혼을 바쳤던 아이젠슈타트로 옮겨져서 베르크 교회 안에 안치되었다. 하지만 그의 두개골은 한동안 도난당한 이후에는 빈 필하모니 협회가 소장하고 있었다. 베르크 교회는 협상 끝에 1954년에 이 두개골을 모셔 왔고, 하이든의 머리는 비로소 나머지 뼈와 함께 놓게 되었다.

베르크 교회 안에 만들어진 하이든 영묘靈廟는 둥근 천개를 가진 공간으로, 프란츠 크라우스가 설계했다. 벽에는 하이든의 오라토리오 『사계』의 네 계절을 나타내는 벽화가 그려져 있으며, 석관은 조각가 오스카 디테의 작품이다.

하이든 하우스 Haydn Museum

에스테르하치 궁전을 나와 왼편으로 걸어가면 아이젠슈타트 도심으로 이어지는데, 그 중심가인 요제프 하이든 가세에 '하이든 하우스'가 있다. 이곳은 하이든이 에스테르하치 궁전에서 봉직하던 시절의 사저私邸다. 하이든은 1766년부터 1778년까지 12년간 이 집에 살면서 궁전까지 출퇴근했다. 지금은 하이든 박물관으로 쓰인다.

이 소박한 집은 16세기에 지어진 것으로, 1766년에 하이든이 사들여서 가족들과 함께 살았다. 여기서 하이든은 작곡도 하고 학생들을 가르치기도 했다. 부르겐란트 주정부는 1970년에 이곳을 사들여서 박물관으로 개조했다. 하이든 시대의 가구들이 놓여 있으며, 하이든과 가족의 그림이나 소장품, 편지, 서적 등 자료를 전시하고 있다.

아이젠슈타트의 하이든 하우스

요제프 하이든
Franz Joseph Haydn, 1732~1809

인물

빈에 온 사람들은 주로 모차르트를 찾지만, 그에 못지않은 고전 음악의 대가가 요제프 하이든이다. 우리는 흔히 그를 '교향곡의 아버지'라고 부르지만, 그는 오페라를 비롯한 거의 모든 장르에서 엄청난 양을 작곡했으며, 그 수준도 매우 높다. 하이든은 아이젠슈타트의 에스테르하치 궁전에서 30여 년을 궁정 음악가로 봉직하면서 후작 3대를 모셨다. 그래서 그는 원하는 장르를 쓸 수 있었던 자유인이 아니라, 후작이나 가문이 원하는 작품은 무엇이나 만들어내야 하는 음악 자동판매기 같은 존재였다. 하지만 이런 상황은 하이든에게 다양하면서도 기본에 충실한 음악을 작곡하게 했으며, 또한 생활인으로서도 성실과 검소와 신실함을 지키도록 이끌어 주었다.

" 성실한 노동자이자 최고의 작곡가 "

하이든은 헝가리와 오스트리아 국경지대의 로라우에서 태어났다. 신분이 낮았던 그의 부모는 음악은 좋아했지만 악보를 읽지 못했다. 그러나 하이든이 음악에 재능을 보이자 그에게 음악을 가르치기로 했고, 6세의 어린 하이든은 부모를 떠나서 하인부르크로 갔다. 그곳의 환경은 나빴지만, 가난하게 살기 싫었던 하이든은 열심히 음악을 배웠다고 한다. 하이든은 음악이론과 하프시코드와 바이올린 등을 익혔는데, 특히 노래를 잘해서 어린이 합창단원으로 활동했다. 그러나 변성기가 닥치자 작곡의 비중을 높였다.

그는 25세에 모르친 백작의 궁정에 궁정 음악가로 취직한다. 그곳에서 그는 작은 오케스트라를 지휘했으며 결혼도 했다. 이어서 그는 에스테르하치 궁전으로 들어가고, 1766년에 궁정 음악감독이 되었다. 이후 하이든은 그곳에서 30여 년간 다양한 음악을 작곡하며 음악과 공연에 관련된 모든 책임을 맡았다. 업무량은 과중했지만, 그의 스타일은 한두 가지에 안주하지 않고 끊임없이 발전했다.

만년에야 그는 에스테르하치 가문으로부터 자유로워졌다. 외부의 위촉도 받을 수 있고, 악보를 출판하여 판매할 수도 있게 되었다. 그는 어려서 여행을 많이 다녔던 모차르트와 반대로 늦게야 여행도 하게 되었다. 특히 파리와 런던을 방문했을 때, 그는 그간의 작품들을 통해 이미 유명해져 있었다. 그곳에서 하이든은 음악적·경제적·사회적 성공을 누리는 행복을 맛봤다. 런던에서는 걸작 교향곡들을 작곡했고, 옥스퍼드에서 명예박사 학위도 받았다.

그는 만년은 빈에서 보냈다. 종교적이고 유머러스하고 유복하며 행복한 만년이었다. 빈에서 그는 베토벤을 가르치는 기쁨을 누렸으며, 두 편의 위대한 오라토리오인 『천지장조』와 『사계』를 작곡했다. 이후 77세의 나이로 세상을 떠났다.

장크트 마르가레텐 Sankt Margarethen

아이젠슈타트에서 동쪽으로 달리면 장크트 마르가레텐이 나온다. 아주 작다. 인구가 2천여 명이니 마을이라는 말에 더 가깝다. 이곳은 1세기경 고대 로마 시대부터 채석장으로 이름을 떨쳤다. 빈의 링 슈트라세가 건설될 때에도 석재를 공급한 곳 중의 하나다. 2천 년 동안 돌을 캐고 나자 산에는 거대한 바위 구덩이가 생겼다.

오스트리아 전역에 페스티벌이 성행하면서 여기서도 채석장을 이용하여 오페라를 올리고자 하는 열망이 커졌다. 열띤 준비 끝에 "세계에서 가장 큰 자연적인 야외 오페라 무대"라고 선전하면서 1977년부터 오페라 페스티벌을 열었다. 이곳은 전기음향을 사용하지만, 오케스트라가 객석에서 보이게 배치된다. 채석장의 바위들을 무대미술로 뒤덮어서 관객이 무대 속에 안겨있는 듯한 스펙터클한 기분을 안겨준다. 이 페스티벌이 지닌 최고의 매력이다. 또한 놀이공원 같은 분위기와 먹거리 장터는 다른 페스티벌들보다 가볍고 가족적이다. 어린이를 위한 프로덕션도 만들어서 가족 청중을 겨냥하기도 한다. 하지만 최근 재정난에 빠져서 페스티벌의 존폐가 기로에 서 있다.

뫼르비슈 Mörbisch

노이지들 호수 Neusiedlersee는 오스트리아와 헝가리의 국경에 걸쳐 있는 호수다. 이 호숫가에 호반 휴양지로 유명한 도시 뫼르비슈가 있다. 보트, 낚시 및 다양한 수상 스포츠가 발달해서 빈 사람들이 주말이나 휴가를 보내러 찾아온다. 거기에 맞추어 이곳에서는 뫼르비슈 호수 축제 Seefestspiele Mörbisch가 열린다. 이 축제는 오페레타만을 상연하는 페스티벌들 중에서는 세계에서 관객 수가 가장 많다. 노천 무대에서 여름 저녁에 오페레타를 보는데, 무대의 배경으로 호수가 자연스럽게 들어와서 뫼르비슈만의 특징을 보여준다.

이 페스티벌은 뫼르비슈의 관광산업을 확장하기 위해 1957년에 시작되었다. 첫 오페레타는 요한 슈트라우스 2세의 『집시 남작』으로서, 지금까지도 여기서 가장 많이 올라간 작품으로 꼽힌다. 관객들은 수영복이나 반바지 차림으로 오페레타를 즐기며, 사운드의 경우 전기음향을 사용한다. 객석은 6,000석이다. 최근에는 어린이들을 위한 공연도 별도로 상연된다. 여기서는 한 시즌에 한 작품만을 올리는데, 요한 슈트라우스나 프란츠 레하르, 에머리히 칼만, 오스카 슈트라우스 등 독일어로 된 오페레타가 중심이다.

뫼르비슈 호수 축제

툴른

툴른 안 데어 도나우 Tulln an der Donau

빈에서 북쪽 40킬로미터 지점에 '툴른 안 데어 도나우'가 있다. 이름대로 "도나우강이 흐르는 도시"다. 오스트리아에서 가장 오래된 도시 중의 하나인 툴른에는 고대 로마 때부터 정착촌이 있었다. 당시에 도나우강은 로마 제국의 북방 한계선이었고, 툴른은 그곳을 지키는 요새와 같았다. 그래서 이 도시는 오스트리아에서 로마 시대 유적이 가장 많은 곳이다. 또한 도나우강과 만나기 때문에 그때나 지금이나 교통의 요지다. 철도를 이용한 육상 교통과 강을 이용한 수상 교통이 모두 발달했으며, 공군 기지까지 있다.

하지만 우리가 이곳을 찾는 이유 중 하나는 화가 에곤 실레가 여기서 태어났기 때문이다. 이왕이면 기차를 타고 가는 것이 좋다. 빈에서 40분이면 도착하는데, 역에 도착하는 순간 실레를 만난다. 실레의 아버지가 이 역의 역장이었으며, 실레는 바로 역장의 관사에서 태어났다. 어려서부터 실레는 아버지의 영향으로 기차와 철도를 아주 좋아한 철도 마니아였다. 그래서 그는 기차를 많이 그렸고 기차 장난감을 가지고 놀았다. 역에서부터 전시된 실레의 사진과 그의 독특한 필체를 만나면서 우리는 그의 어린 시절 속으로 들어갈 수 있다.

에곤 실레 박물관 Egon Schiele Museum

툴른시 당국은 자신들이 낳은 화가 에곤 실레를 기념하기 위해서 박물관을 세우기로 하고 1898년에 지어진 감옥 건물을 개조했다. 실레가 3주간 감옥에 갇혔던 사실을 생각하면 기발한 선택이었다. 사실 실레의 수감이 그에 대한 이미지를 왜곡시키긴 했지만, 동시에 유명세를 만드는 데 기여했던 것도 사실이다.

에곤 실레 박물관

박물관은 실레의 탄생 100주년인 1990년에 개관했다. 박물관 앞에 서 있는 실레의 모습이 어딘가 쓸쓸한데, 러시아 출신의 조각가 미하일 노긴의 작품이다. 박물관의 내부는 실레가 투옥되었던 노일렝바흐Neulengbach 감옥의 방을 참조하여 개조되었다. 실레의 작품들보다는 그의 어린 시절을 돌아볼 수 있게 하는 데에 더욱 무게를 둔다. 실레가 살았던 집과 흡사한 환경에서 디지털 기술을 이용해 보여주는 전시가 흥미롭다. 여기에는 실레에 관한 가구와 집기, 사진, 결혼증명서 등이 있다. 또한 실레의 아버지가 툴른의 역장이었으며 실레 역시 철도애호가였다는 점을 보여주듯, 그가 좋아했을 법한 열차 모형도 전시되어 있다.

마르쿠스 아우렐리우스 기념상

도나우강 변을 걷다 보면 말을 탄 사내가 강 너머 북쪽을 바라보고 있는 모습이 보인다. 이것은 로마 황제 마르쿠스 아우렐리우스의 기마상이다. 이역만리 남쪽의 로마 황제가 왜 여기에 서 있을까? 과거에 툴른이 로마 제국의 북쪽 경계였음을 상기할 필요가 있다. 당시에는 이곳을 기점으로 도나우 북쪽의 야만인들의 세상과 남쪽의 문명화된 로마 제국으로 나누어졌던 것이다. 즉, 이

마르쿠스 아우렐리우스 기념상

동상은 지표석과 같은 의미이다. 그렇게 보면 오스트리아는 독일권이기에 앞서, 예로부터 로마 즉 이탈리아 문명권이 아니었을까? 카이사르의 『갈리아 원정기』에서 볼 수 있듯이, 도나우 북쪽의 이민족은 로마의 경계 대상이었다. 그 이민족들 중 하나인 게르만족이 도나우강을 넘어 남침했을 때, 아우렐리우스 황제는 친히 최전방인 이곳까지 올라와서 그들과 맞섰다. 당시의 황제가 지금도 도나우강을 지키고 있는 광경을 본 나의 사념은 수천 년을 넘나든다.

이것은 로마의 캄피돌리오 광장에 있는 것과 모양이 같은 복제품이다. 그런데 아우렐리우스 황제는 도나우강 인근에서 전투를 지휘하던 도중에 병을 얻어 야전에서 그만 숨을 거두었다고 한다. 그렇다면 그가 죽은 장소가 바로 이 부근 어디일 것이다. 도나우강에 비가 내리는 날, 홀로 강변에 서 있는 황제를 바라보면서 이역만리 전쟁터에서 죽을 자리를 찾았던 진정한 용사를 생각해본다. 우리는 어디에 무덤을 마련해야 할까?

니벨룽의 분수 Nibelungenbrunnen

아우렐리우스 기념상을 지나 강변을 걷다 보면 독특한 조각상을 만난다. 이 조각은 '니벨룽의 분수'라고 부른다. 그런데 이 분수보다는 그 뒤에 서 있는 조각군상彫刻群像에 관심이 간다. 분수 앞에 책이 펼쳐져 있는데, 거기에는 '니벨룽의 노래 Nibelungenlied'라고 적혀있다. 바로 바그너의 4부작 악극 『니벨룽의 반지』의 원전에 해당하는 문학이다. 중세의 장편 서사시인 이 책의 석조 모형이 펼쳐진 부분을 보면 훈족의 왕 에첼(아틸라의 독일식 이름이다)이 부르군트의 공주 크림힐트를 맞아 여기서 결혼했다고 적혀있다. 그 장소가 바로 도나우강 변의 툴른이다. 에곤 실레 상을 만든 미하일 노긴이 이 조각들도 만들었다. 한쪽이 신랑 에첼의 일행이며, 반대편이 신부 크림힐트의 일행이다.

   역사가 오래되어 전설이 되었고, 빛바랜 노래는 이제는 다시 악극으로 이어진다. 그 기나긴 이야기를 도나우강의 황혼 속에서 이렇게 만난다. 아틸라처럼 동양의 저 끝에서 여기까지 온 나그네는 도나우강 옆에 서서 고대와 중세와 근대를 넘나드는 역사와 예술 속에 가만히 잠겨 있다. 강 멀리로 해가 넘어간다.

니벨룽의 분수

부록

빈의 호텔

빈은 유럽의 주요 도시들 가운데에서 특히 호텔들이 좋은 도시 중의 하나다. 최고급 호텔부터 대중적인 호텔들까지 다양할 뿐 아니라 대부분 시설이 좋다. 잘 고른다면 저렴한 호텔들 중에서도 내부가 현대식으로 완전히 개조되거나 디자인적으로 뛰어나고 안락하게 머물 수 있는 곳들이 많다. 다만 외관은 대부분 과거의 형태를 유지하여 직접 들어가 보기 전에는 알 수 없으므로, 사전 정보나 안내가 필요하다. 다만 결정적인 결점으로 숙박비가 비싼 편이다.

빈의 명소와 방문지들은 대부분 링 슈트라세 안에 있거나 링 슈트라세를 따라서 길 양편으로 위치하기 때문에, 가급적 링 안쪽이나 링을 따라서 숙박하는 것이 시간 절약이 된다. 외곽에 있는 호텔들은 여기서 가급적 언급하지 않았다. 링 안이라면 대부분 걸어서 다닐 수 있다.

빈 국립 오페라극장에서 슈테판 대성당에 이르는 지역

호텔 자허
Hotel Sacher

빈을 대표하는 지역 호텔로서, 오랜 역사와 인지도를 자랑한다. 처음에는 귀족 고객만 받았을 정도로 높은 콧대로 유명했는데, 지금도 빈 상류층의 격조를 자랑하는 곳이다. 아주 전통적인 인테리어와 시설을 가지고 있다. 호텔 자허의 또 다른 장점은 역시 위치로서, 국립 오페라극장 바로 뒤여서 오페라를 보기에 최고의 위치다. 특히 많은 연주가들이 투숙하는 곳이기도 하여, 식당이나 로비에서 많은 지휘자나 성악가의 얼굴들을 마주치기도 한다. 5성급. (47쪽)

아스토리아 호텔
Austria Trend Hotel Astoria

케른트너 슈트라세로 들어가서 자허 호텔 바로 다음으로 나오는 건물이 아스토리아 호텔이다. 이곳은 그레이엄 그린의 소설 『제3의 사나이』에도 나오는데, 굳이 자허 호텔에 들고 싶지는 않거나 저렴한 곳을 찾는 분에게 권한다. 어쩌면 전후 빈의 모습을 더욱 잘 담고 있는 호텔이라 볼 수도 있다. 백 년이 넘은 호텔은 위치가 아주 좋으며 여전히 과거 빈의 분위기를 느낄 수 있다. 낡은 시설이 단점이다. 그러나 구도심에서 과거의 분위기를 느낄 수 있다면 그 정도는 참아야 할 것이다. 원래 아스토리아 호텔이지만 지금은 체인 이름을 붙여 오스트리아 트렌드 호텔 아스토리아(Austria Trend Hotel Astoria)가 정식 명칭이기는 하다. 4성급.

앰버서더 호텔
Hotel Ambassador Wien

케른트너 슈트라세 뒤편으로 조용한 노이어 마르크트(Neuer Markt) 쪽을 바라보고 있는 호텔이다. 빈의 구도심을 다니기에 최고의 위치다. 100년이 넘는 역사를 가진 곳으로, 전통적이나 시설은 많이 낡았다. 덕분에 비교적 저렴하다. 원래는 고급이지만 이제 5성급 호텔 등급의 끝자락에 매달렸다고나 할까. 하지만 넓고 깨끗하므로 위치를 중요하게 생각하는 분들에게 추천한다. 4성급.

게스트하우스 비엔나
The Guesthouse Vienna

알베르티나 입구 건너편에 숨어있는 뛰어난 숙소인데, 아직 널리 알려져 있지 않다. 원래 이곳은 학생 여행자를 위한 호스텔이었는데, 최근에 리노베이션되어 빈 시내의 가정집과 같은 40여 개의 세련된 방을 거느린 고급 호텔로 거듭났다. 1층의 브라세리는 이 부근에서 훌륭한 아침 식사 장소로서, 투숙객이 아니어도 이용할 수 있다. 5성급.

호텔 카이저린 엘리자베트
Hotel Kaiserin Elisabeth

슈테판 성당 부근의 골목에 있는 아주 오래된 호텔이다. 거의 200년의 역사를 자랑하는 호텔의 로비는 이름대로 엘리자베트 황후만큼이나 화려한 양식이지만, 객실은 소박하고 낡은 스타일이다. 그러나 호텔의 더 큰 자랑은 역사적인 예술가들이 빈을 방문할 때 이곳에 묵곤 했다는 사실이다. 모차르트, 클라라 슈만, 리스트, 바그너, 브루크너 등이 숙박계의 이름을 채우고 있다. 무엇보다도 빈 도심의 정중앙으로서 위치가 아주 좋다. 4성급을 내세우나 실제로는 3성급에 가깝다. 3~4성급.

도 앤 코 호텔
Do & Co Hotel Vienna

슈테판 대성당 건너편의 초현대식 건물은 외식업체인 도 앤 코가 소유하고 있는데, 안의 식당이나 바와 함께 운영하는 호텔이다. 현대식 인테리어에 전면 창문을 통하여 슈테판 성당이 다 보이는 좋은 위치다. 그러므로 관광이나 여행에 최적의 위치이다. 하지만 동시에 번잡함도 피할 수 없으니, 조용히 쉬고 싶은 사람은 이 점을 고려해야 한다. 주방이 있는 방들도 많다. 4성급.

빈 국립 오페라극장에서 링 슈트라세를 따라 슈타트파크에 이르는 지역

브리스톨 호텔
Hotel Bristol Wien

처음부터 영국풍의 인테리어에 영국식 클럽을 만들어 인기를 끌었던 고급 호텔이다. 특히 타이타닉호의 선내식당과 같은 인테리어로 식당을 꾸며서 성공하였다. 영국의 에드워드 공이 심슨 부인과 함께 여행했을 때 묵었던 곳이며, 테오도어 루즈벨트 대통령도 묵었다. 특히 조지 거쉰이 이 호텔에서『파리의 아메리카인』을 작곡했다. 그리고 위치 때문에 옆의 빈 국립 오페라극장에서 공연하는 많은 예술가들이 이용하였는데, 그 명단은 푸치니에서 카라얀에 이른다. 2008년에 인테리어를 개보수하면서 세기말의 아르누보 스타일을 더욱 강조하여 멋을 냈다. 5성급. (195쪽)

그랜드 호텔
Grand Hotel Wien

1870년에 개관할 때부터 고급 호텔로 인기를 얻었다. 그 후로 국제원자력기구가 매입하여 1979년까지 국제원자력기구(IAEA) 본부로 쓰였다. 그러다 일본 항공사인 전일본공수(ANA)가 인수하여 호텔로 복원하여 '아나 그랜드 호텔'(ANA Grand Hotel)로 개관하였다. 이때 실내도 개조되었는데, 맨 위층에 있는 두 개의 식당, 즉 프랑스 식당인 '르 시엘'(Le Ciel)과 일본 식당 '운카이'가 유명했다. 2002년에 ANA는 호텔을 매각하였고 지금은 다시 '그랜드 호텔 빈'이라는 이름으로 되었다. 5성급. (197쪽)

호텔 임페리얼
Hotel Imperial

링 슈트라세에서 눈에 띄는 신르네상스 양식의 건물인데, 그냥 '더 임페리얼'이라고도 부른다. 2차 대전 때는 빈 주둔 나치군 사령부로 사용되는 등, 이 호텔은 나치와 많은 인연을 가지고 있다. 마리야나 카포넨코(Marjana Gaponenko)의 소설『마르타는 누구입니까?』는 이 호텔을 배경으로 한다. 현재는 이탈리아 국적을 가진 중동 왕자가 매입하여, 호텔의 소유자는 이탈리아인이다. 바로 뒤가 무지크페라인 건물이어서, 이곳의 콘서트를 볼 때에 편리하다. 방은 호사스럽고 넓다. 5성급. (197쪽)

리츠 칼튼 호텔
The Ritz Carlton

세기말에 링 슈트라세에 지어진 건물을 최근에 고급 호텔로 개조하여 개관했다. 처음부터 럭셔리 서비스를 지향하여 단번에 빈의 최고급 호텔의 라인업에 올랐다. 대형 호텔은 아니지만, 소수를 겨냥해 만들어진 방은 넓으며 인테리어는 중후하고 고전적이다. 5성급.

르 메리디앙 호텔
Le Méridien

빈 국립 오페라극장의 건너편의 링 슈트라세에 면하고 있어서 위치가 아주 좋다. 특히 링 슈트라세 내부의 구도심에서 가까운 현대식 호텔로서, 쾌적한 시설을 원하는 사람에게 추천할 만하다. 아주 현대적인 인테리어로서 과감한 배치와 원색적인 가구가 인상적이다. 위치와 시설에 비해서 저렴한 편이다. 4성급.

호텔 더 링
Hotel The Ring

원래 그랜드 호텔에서 링 슈트라세의 건너편에 서브 호텔로 세운 것이다. 비즈니스 호텔급으로 세워졌지만, 고급 인테리어와 세심한 서비스 등으로 일류 호텔의 수준을 즐길 수 있으면서도 상대적으로 저렴한 호텔로 자리 잡았다. 실제로 위치도 좋고 시설도 새롭고 쾌적하다. 또한 아침의 링 슈트라세를 바라보면서 즐기는 아침 식사는 이 호텔의 매력이다.

팔레 코부르크 레지덴츠
Palais Coburg Residenz

19세기의 신고전주의 건물인 작센 코부르크 궁전(Palais Saxe-Coburg)이 고급 호텔로 변신하였다. 1970년대 마지막 소유주였던 미망인이 매도하여, 33개의 스위트룸만 갖춘 럭셔리 호텔로 꾸며졌다. 호텔은 시내 한복판에 있음에도 불구하고 높은 대지와 나무가 많은 부지 등의 조건으로 조용하고 한적한 느낌을 주기 때문에 도심 속의 궁전 같은 느낌을 안겨준다. 내부에는 두 등급으로 나뉘는 최고급 레스토랑이 있다. 투숙하지 않으면서 궁전을 즐기려면 저녁 식사만 하는 것도 좋은 방법이다. 5성급.

인터콘티넨탈 호텔
InterContonenetal Vienna

슈타트파크의 남쪽 입구 앞에 있는 대형 호텔이다. 시설이 좀 낡은 것이 단점이기는 하지만, 대신에 방은 비교적 넓고 대부분의 방이 전망이 좋은 것이 장점이다. 구도심도 링 슈트라세를 건너가면 생각보다 빨리 도달할 수 있다. 바로 앞에 슈타트파크가 있어서 매일 아침에 산책할 수도 있다. 아침 식사에 일본식 아침도 준비되어 있어서 일본 단체 관광객이 많은 편이다. 4~5성급.

힐튼 비엔나
Hilton Vienna

혹시 택시를 타고서 "힐튼"이라고만 하면 곤란한데, 빈에만 힐튼이라는 이름이 붙은 호텔이 세 개나 있기 때문이다. 그중에서 가장 크고 시설이 좋은 것이 힐튼 비엔나다. 호텔의 위치는 슈타트파크의 북쪽에 면해있는데, 여기가 이른바 도심 공항 터미널 단지인 셈이다. 공항 수속이 여기서 가능하고 공항버스의 출발지라서, 공항으로 오고 가는데 편리한 곳이다. 아주 큰 호텔이다. 4~5성급.

메리어트
Vienna Marriott Hotel

슈타트파크를 바라보는 링 슈트라에 면해 있는 호텔이다. 아주 고급이라고 할 수는 없지만 기능적이고 편리하다. 방과 침대가 넓고 깨끗한 편이다. 구도심으로의 접근이 쉽고 아침에 슈타트파크를 산책할 수 있다. 4성급.

호텔 암 파크링
Hotel Am Parkring

메리어트 호텔 뒤편에 있는 작은 호텔이다. 작지만 어쩌면 더욱 만족할 수도 있는 호텔이다. 현대적인 설비는 떨어지지만 정감 있고 푸근한 분위기를 느낄 수 있다. 구시가로 접근이 쉽고 호텔 부근도 조용하고 분위기가 괜찮다. 4성급.

헤렌 가세 지역

슈타인버거 호텔 헤렌호프
Steigenberger Hotel Herrenhof

멋진 파샤트가 눈에 띄는 고색창연한 건물이다. 원래는 1913년에 세워진 기숙학교 건물이었는데, 독일 최고의 호텔 체인에 의해서 멋진 호텔로 개조되었다. 외부는 가장 역사적이고 실내는 가장 현대적이다. 위치가 좋아서 관광이나 쇼핑에 아주 편리하다. 시설이나 서비스 모두 수준급이다. 5성급.

래디슨 블루 스타일 호텔
Radisson Blu Style Hotel

헤렌 가세 지역의 오래된 귀족 거주지 사이에 숨어있는 최신식 호텔이다. 카페 첸트랄 부근의 아르누보풍의 은행 건물을 개조하여 최근에 최신식 호텔로 만든 곳으로, 이름처럼 스타일리시한 멋이 넘친다. 주변의 관광이나 쇼핑에 최적인 위치로서, 유럽인들에게 인기가 높은 부티크 스타일의 호텔이다. 4~5성급.

나슈마르크트 주변

호텔 베토벤
Hotel Beethoven

베토벤이 안 데어 빈 극장과 많은 작업을 할 때에, 이 호텔은 아니지만 이 지역에 묵었었다. 베토벤과의 연관성을 이어가려는 마음이 가상한 호텔이다. 새로 수리된 인테리어지만 빈의 분위기를 살리려고 노력하였으며, 베토벤과 관련된 장식으로 치장했다. 귀여운 파파게노 라운지에는 뵈젠도르퍼 그랜드 피아노가 놓여있는데, 여주인의 어머니가 피아니스트였을 때에 사용했던 것이라고 한다. 투숙객을 위하여 작은 콘서트를 종종 연다. 호텔 앞에 나슈마르크트가 있어서 저녁이면 많은 식당과 술집들에서 빈의 서민적인 저녁 문화를 엿보게 된다. 4성급.

다스 트리스트
Das Triest

빈 공대 뒤편에 숨어있는 작은 호텔이다. 하지만 아주 현대적인 인테리어로서, 좀 좁기는 하지만 불편할 정도는 아니다. 디자인은 멋지고 분위기는 쾌적하다. 특히 주변의 나슈마르크트에서 간단하고 저렴하게 다양한 식사를 해결할 수 있다는 장점도 있다. 4성급.

호텔 카이저호프
Hotel Kaiserhof

빈 공대 뒤편의 작은 호텔이다. 아르데코풍의 인테리어가 친근하다. 시내로의 접근이 좀 멀지만, 도리어 걷는 것을 좋아한다면 많이 걸을 수 있다는 장점도 있다. 3성급.

벨베데레 부근

린트너 호텔 암 벨베데레
Lindner Hotel Am Belvedere

작지만 비교적 쾌적하게 지낼 수 있는 호텔이다. 새 건물에 현대식 인테리어를 갖추고 있다. 벨레데레 옆에 있어서 시내와 관광지로의 접근이 좀 귀찮다는 단점이 있지만, 트램에 익숙해지면 괜찮다. 4성급.

NH 빈 벨베데레 호텔
Hotel NH Wien Belvedere

벨베데레 옆의 호텔이다. 단순하지만, 편리하고 기능적이다. 트램으로 시내 이동이 쉽고 걸어서 갈 수도 있다. 3성급.

호텔 사보이엔
Austria Trend Hotel Savoyen Vienna

벨베데레 부근에 있는 과거 정부 건물을 호텔로 개조한 것이다. 아주 큰 컨퍼런스룸을 가지고 있어서 여러 가지 회의가 많이 열린다. 사람이 많고 번잡한 것이 흠이다. 4성급

우르나바우츠
Urbanauts Hospitality

벨베데레 부근에 있는 작은 호텔이다. 세련된 인테리어로 젊은이들의 마음을 사로잡은 곳이다. 단순하지만 세련된 디자인과 독특한 서비스로 인기를 끌었다. 젊은이들에게 맞는 작은 게스트하우스 스타일 호텔이다. 3성급.

무제움스 콰르티어 및 시청 부근

호텔 상 수시
Hotel Sans Souci

다른 대부분의 고급 호텔과 달리 이 지역에 뚝 떨어져 있다. 완전히 새롭게 인테리어 되어 있어서 편리하고 쾌적하다. 모든 면에서 어느 정도의 수준에 올라 있는 좋은 호텔이다. 중심가에서 떨어진 점에만 개의치 않는다면, 아마 가격 대비 최고의 호텔일 것이다. 5성급.

레반테 팔리아먼트
The Levante Parliament

시청 뒤편에 있는 작은 호텔로서 세련되고 현대적인 인테리어를 갖춘 일종의 디자인 호텔이라고 할 수 있다. 위치도 시내와는 좀 멀다. 하지만 가격이 좋고, 이 부근에 묵고 싶은 분에게는 추천할 만한 호텔이다. 4성급.

호텔 라트하우스
Hotel Rathaus – Wein & Design

'시청 호텔'이라는 이름이지만 정작 시청 바로 옆은 아니므로 위치를 확인해야 할 것이다. 그러나 쾌적하고 좋은 호텔로서 인테리어 디자인이 뛰어나다. 특히 아침 식사가 좋다. 또한 '와인 및 디자인'이라는 이름이 호텔명 옆에 붙어 있는 데서 알 수 있듯이, 무려 450종의 오스트리아 와인을 갖춘 이곳의 호텔 바는 오스트리아 와인의 보고이기도 하다. 4성급.

K+K 호텔 마리아 테레지아
K+K Hotel Maria Theresia

MQ의 바로 뒤편에 있는 호텔이다. 로비는 넓지만 방들은 대부분 작다. 하지만 깨끗하고 큰 불편함은 없다. 몇몇 방은 빈 시내가 보이는 전망을 가지고 있다. 3성급.

호텔 알트슈타트 비엔나
Hotel Altstadt Vienna

이름은 '오래된 빈 호텔'이지만, 실제로는 빈에서 가장 앞선 현대적인 호텔이다. 오래된 역사적인 건물을 개조하여 디자인 호텔로 거듭났다. 모든 방들의 인테리어가 다 다른데, 대부분 뛰어난 인테리어 감각을 보인다. 식사도 좋고, 직원들도 세련되고 친절하다. 실제로는 거의 5성급의 만족도다. 4성급.

다스 티롤
Das Tyrol

레오폴트 미술관 뒤편 골목에 있는 작은 호텔이다. 수줍게 숨어 있다시피 하지만, 들어가면 기분이 좋아지는 예쁜 호텔이다. 많은 작은 호텔들이 말로만 디자인이나 부티크 호텔을 표방하고 있지만, 관리는 문제가 있는 곳들이 많다. 하지만 조용한 동네 어귀에 있는 이 작은 장소는 진정한 부티크 호텔이다. 방뿐만 아니라 작은 식당, 로비, 사우나까지 모든 것이 앙증맞다. 4성급.

25 아워스 호텔 바임 무지엄스 콰르티어
25hours Hotel beim Museums Quartier

특이한 분위기의 개성적인 호텔로서 개관 때부터 화제를 모았다. 팝아트와 전위적 분위기의 인테리어로 빈이라는 보수적인 도시의 이미지를 뒤집는 곳이다. 당연히 젊은 고객들에게 인기가 높고, 특히 안의 루프탑 바와 식당은 투숙객이 아닌 사람들도 많이 찾는다. 분명 호불호가 극명하게 나뉠 호텔이다. 4성급.

호텔 암 브릴란텐 그룬트
Hotel am Brillantengrund

이 호텔을 좋아하는 사람은 방보다는 가운데에 있는 안마당을 잊지 못해서일지도 모른다. 빈이 아니라 마치 스페인이나 모로코의 어느 뒷골목에서 쉬는 것 같다고나 할까? 호텔임에도 마치 펜션이나 기숙사처럼 다른 투숙객들과도 자연스럽게 어울리는 곳이다. 주방이 훌륭하여 호텔의 등급에 비해서는 만족스러운 식사를 제공한다. 3성급.

슈테판 대성당 북쪽 지역

팔레 한젠 켐핀스키 빈
Palais Hansen Kempinski Wien

시내 구석진 곳에 있는 거대하고 장엄한 고급 호텔이다. 명소들과 조금 떨어진 것이 단점이지만 그만큼 편히 쉴 수 있어서 장점이기도 하다. 방들은 아르데코 스타일을 기조로 하는데, 넓은 것이 장점이다.

파크 하얏트 호텔
Park Hyatt Wien

1915년에 완공된 육중한 분위기의 건물은 저지(低地) 오스트리아 할인은행 본점이었다. 그러다가 최근에 건물을 개조하여 호텔로 사용하게 되었다. 로비의 인테리어 곳곳에 화폐와 금과 같은 금융과 관련된 이미지를 사용하고 있다. 방들은 넓고 화려하며 현대식이다. 럭셔리 쇼핑을 하기에 편리한 곳이다. 5성급. (101쪽)

홀만 벨레타게
Hollmann Beletage Design & Boutique Hotel

복잡한 상가 빌딩 안에 있어서 입구에서 머뭇거려지겠지만, 일단 들어가면 안은 뛰어난 디자인으로 된 세련된 호텔이다. 디자인 및 부티크 호텔이라는 이름이 들어있는 데서 알 수 있듯이 19세기의 건물에 추가된 21세기의 디자인이 멋들어지게 잘 어울린다. 식사가 뛰어나고 투숙객들에게 페이스트리를 무료로 서비스한다. 4성급.

호텔 쾨니히 폰 웅가른
Hotel König von Ungarn

오스트리아 황제가 헝가리 왕을 겸했던 역사를 되살려 '헝가리 왕'이라는 이름을 붙인 호텔이다. 빈 구시가지에서도 사람이 뜸한 가장 깊은 곳에 있다. 건물은 낡았지만 관리 상태는 좋다. 무엇보다도 위치가 뛰어나고 과거의 빈 분위기가 묻어난다. 3성급.

스타라이트 호텔
Starlight Hotel

빈 구도심의 깊숙한 지역에 있는 호텔. 단순한 인테리어이지만 방들이 넓은 것이 특징이다. 침대도 대부분 넓고 부엌이 딸린 방도 있다. 3성급.

K+K 팔레 호텔
K+K Palais Hotel

구도심 깊숙이 위치한 호텔이다. 오래되고 장엄한 건물이지만 내부는 비교적 현대식인 구조다. 썩 아름답다고 할 수는 없지만, 비교적 편리한 편이다. 3성급.

호텔 알마
Boutique Hotel Alma

작은 골목 안에 숨어있는 작은 호텔이다. 전반적으로 좁지만 구석구석 앙증맞게 신경을 많이 썼다. 싱글룸도 제법 있고 전망이 좋은 낭만적인 방도 있다. 3성급.

도나우 운하 이북 지역

소피텔
Sofitel

세계적인 건축가 장 누벨이 설계한 현대적인 건물 자체가 아주 멋지다. 도나우 운하 변에 있어서 주변의 경관도 좋고, 고층에서 바라보는 빈의 풍경 특히 저녁의 황혼은 압권이다. 시설도 좋고 서비스도 훌륭하다. 고급 체인인 만큼 가격은 비싸지만, 빈 도심의 최고급 호텔들보다는 상대적으로 저렴한 편이다. 전망이 좋은 식당 르 로프트(Le Loft)는 아주 훌륭한 음식을 제공한다.

노보텔 빈 시티
Novotel Wien City

도나우 운하를 건너서 생활 지역에 있는 호텔이다. 사실 시내까지 다니는 데 어려움은 없으나, 빈의 분위기가 나는 지역은 아니다. 일종의 비즈니스 호텔인데, 방은 낡고 작은 편이다. 바로 옆에 한국 식당이 있다. 3~4성급.

마이닝거 호텔 빈 다운타운 프란츠
Meininger Hotel Wien Downtown Franz

도심에서 좀 떨어졌어도 저렴하면서도 세련되고 깨끗한 숙소를 찾는다면 이곳이 좋다. 도나우 운하 건너편이어서 도심에서 좀 멀지만, 걸어서 갈 수도 있는 거리이며 트램을 이용할 수 있다. 공동 부엌이 있어서 간단한 취사를 할 수도 있다. 다인실도 있어서 가족이 묵기에도 좋다. 2성급.

디스 이즈 낫 어 호텔
This is not a Hotel

재미있는 이름을 가진 이곳은 이름대로 호텔은 아니고 일종의 아파트에 더 가깝다고 할 수 있다. 저렴하고 소박하지만, 여러 명이 함께 묵기에 좋은 곳이다. 멀지 않은 곳에서 트램을 이용할 수 있다. 2성급.

빈의 카페 및 식당

빈에서 식사할 때는 굳이 식당이라고 이름이 붙은 장소에서 끼니를 해결할 필요가 없다. 빈 전역에 산재한 카페에서 질 좋은 식사를 할 수 있기 때문이다. 세계적으로 유명한 빈의 카페들은 아침부터(모든 카페가 다 그런 것은 아니지만) 저녁까지 중간에 쉬는 시간도 없이 항상 좋은 식사를 제공한다. 당연히 커피와 차, 빵과 과자도 즐길 수 있으며, 가격도 부담스럽지 않다. 빈의 카페에서는 빈의 전통적인 음식인 타펠슈피츠, 비너 슈니츨, 굴라시, 빈 스타일의 소시지(우리가 알고 있는 비엔나 소시지와는 다르다) 등을 거의 다 취급한다. 그 외에도 다양한 샐러드, 샌드위치(특히 빈 특유의 오픈 샌드위치), 케이크, 빵 등을 식사로 이용할 수 있다.

그리고 빈은 국제적인 도시로서, 굳이 빈 음식을 고집하지 않고 다양한 나라의 음식을 먹을 수도 있다. 빈은 이탈리아가 가까운 관계로, 이탈리아 음식점이 많으며 수준도 높다. 그 외에 아시아 즉 베트남, 태국, 중국, 일본 그리고 한국 음식점도 적지 않다. 빈이라고 해서 일부러 독일 식당을 찾는 분이 계신데, 빈은 오스트리아지 독일이 아니라는 점을 명심해야 한다. 즉 학세나 독일식 소시지나 맥주 같은 독일 음식은 여기서 보편적인 것이 아니다. 생각보다 맥줏집(비어가르텐)을 찾기 어렵다. 현지인들이 가장 선호하는 주류는 와인이다. 특히 우리나라에서는 접하기 쉽지 않은 다양한 오스트리아 와인을 즐길 수 있다.

빈 국립 오페라극장에서 슈테판 대성당에 이르는 지역

카페 자허
Café Sacher

대표적인 빈 카페다. 유명한 케이크 '자허 토르테'로 크게 유명해진 곳이다. 하지만 이곳에서 자허 토르테만 먹는 것은 아니다. 모든 카페가 그렇듯이 식사를 하는 곳이기도 한데, 특히 카페 자허의 음식은 뛰어나다. '자허 부르스트'라고 부르는 소시지가 유명하며, 그 외에 비너 슈니첼이나 타펠 슈피츠, 빈 스타일의 수프인 크뇌델 주페 등이 다 훌륭하다. 그만큼 다른 카페에 비해서는 조금 비싼 편이다. (47쪽)

자허 호텔 식당

여기에 굳이 식당 이름을 쓰지 않는 것은 식당의 이름이 여러 차례 바뀌었기 때문이다(앞으로도 바뀔 것 같다). 그리고 이 호텔 식당들은 거의 같은 부엌을 쓴다. 최근에는 '레스토랑 그뤼네 바(Restaurant Grüne Bar)'라는 이름을 쓰고 있지만, 원래는 '안나 자허'라는 이름으로 오랫동안 불리어 왔다. 자허 호텔 안에서 식당으로 사용하는 여러 방들은 원래

빨간 방, 푸른 방, 초록 방 등으로 불리어왔는데, 한때는 그 방마다 각기 다른 식당의 이름을 내걸어서 '로테 자허', '안나 자허' 등으로 불렸던 것이다. 그중에서 시그니처 식당이 초록 방을 사용하는 안나 자허였는데, 이를 '초록 바'라는 뜻의 '그뤼네 바'로 개명한 것이다. 프랑스 음식을 바탕으로 오스트리아 스타일을 가미해 국제적인 메뉴를 선보인다. 격조가 있고 역사를 느끼게 하는 서비스를 여전히 고수한다.

자허 에크
Sacher Eck

빈을 찾는 사람들은 자허 호텔의 정식 식당이나 카페 자허만을 염두에 두는 경우가 많은데, 의외로 만족스러운 식당이 호텔 밖에 입구가 따로 있는 자허 에크다. 이곳은 보다 캐주얼한 식당으로서, 빈 스타일의 비너 슈니첼, 자허 부르스트, 샐러드 등 간단한 음식을 먹을 수 있다.

게르스트너
Gerstner K.u.K. Hofzuckerbäcker

170년의 역사를 가진 또 하나의 역사적인 카페로서, 나름의 고객층을 보유하고 있다. 과자 가게로 시작했지만, 지금은 카페와 레스토랑도 운영하고 있다. 빈 국립 오페라극장 옆에 위치하며, 특유의 올리브색 인테리어가 기분을 좋게 한다. 2,3층의 좌석에서는 과자와 케이크 외에도 다양한 빈의 음식들을 맛볼 수 있다. 또한 게르스트너는 빈의 대표적인 예술 공간인 국립 오페라극장이나 무지크페라인 그리고 미술사 박물관 등의 내부 카페들을 모두 운영하고 있다. (46쪽)

게스트하우스 비엔나 : 브라세리 앤 베이커리
Guesthouse Vienna : Brasserie & Bakery

호텔 '게스트하우스 비엔나'에 있는 브라세리다. 좋은 맛과 뛰어난 품질, 세련된 분위기 그리고 아주 편리한 위치 때문에 투숙객보다도 외부인들이 더 많이 찾는 식당이 되었다. 특히 아침과 브런치의 인기가 좋다.

플라후타스 가스트하우스 추어 오퍼
Plachuttas Gasthaus zur Oper

유명한 식당 플라후타에서 낸 또 다른 가게다. 국립 오페라극장 뒤에 있어서 이런 이름이 붙었다. 관광객들에게는 플라후타 본점보다도 접근성이 훨씬 좋다. 이곳은 보다 가볍고 접근하기 쉬운 오스트리아 전통요리를 내는데, 가장 잘하는 요리는 비너 슈니츨이다. 빈에서 비너 슈니츨을 가장 잘하는 집의 하나로, 역사가 오래 되지는 않았지만 늘 사람들로 넘친다. 그 외에 타펠 슈피츠나 크뇌델 주페 등 모든 메뉴가 어느 이상의 수준에 올라 있다.

시키
Shiki

빈에서 가장 고급스럽고 가장 뛰어난 일식당이다. 아니, 모든 아시아계 식당 중에서 최고일 것이다. 유럽에 있는 일식당으로서는 드물게 미슐랭 가이드의 별 하나를 얻었다. 전통적인 일식만이 아니라 유럽적인 스타일의 분위기나 장식을 더해서 그들만의 요리를 완성했다. 분위기나 서빙은 완전히 현대 유럽식으로서 세련되고 시크하다.

팔멘하우스
Palmenhaus

호프부르크 궁전 내의 정원인 부르크가르텐 안에 있는 식당이다. 아트리움에 앉아서 먹는 식사는 아주 맛있는 편은 아니지만, 유리창 밖으로 보이는 초록의 정원이 모든 것을 용서해 줄 것이다. 빈 스타일의 전통 음식을 낸다. (139쪽)

도 앤 코 알베르티나
DO & CO Albertina

알베르티나 미술관 안에 있는 식당이다. 그러나 여느 구내식당과는 격이 다를 만큼 뛰어난 식당이다. 밖으로는 멋진 테라스가 보이는 식당의 벽면은 (비록 복사본이지만) 에곤 실레의 그림들이 장식하고 있어서 "내가 빈에 있구나"하는 느낌이 밀려온다. 유명한 도 앤 코에서 운영하는 곳으로, 어떻게 보면 본점보다 더 분위기가 좋고 맛도 뛰어난 것 같다. 점심때는 사람이 너무 많다는 게 유일한 단점이다.

다니엘리
Danieli

빈 중심부에 있어서 접근성이 좋은 이탈리아 리스토란테다. 가벼운 음식도 있지만 제대로 된 요리도 다 제공한다. 오스트리아 음식에 싫증이 났다면 선택할 만하다. 이탈리아 본토의 기준에서 보면 평범한 수준이다.

도 앤 코 슈테판 광장
DO & CO Restautant Stephansplatz

슈테판 광장에 있는 도 앤 코 건물 안에 있는 식당이다. 프랑스식을 중심으로 한 국제적인 음식을 제공한다. 앞에 있는 슈테판 성당을 바라보면서 식사하는 것은 분명 인상적인 경험이며, 음식도 맛있다. 그러나 가격에 비해서 즐거운 식사가 되기는 어려운데, 너무 스놉하고 화려한 분위기와 서비스가 불편하게 느껴질 수 있기 때문이다.

콜마르크트 지역

율리우스 마이늘
Julius Meinl

그라벤에 있는 유명한 고급 식품 매장인 율리우스 마이늘 안에는 카페와 식당도 있다. 1층의 카페에서는 간단하지만 질 좋은 재료로 만든 식사를 할 수 있는데, 특히 혼자 식사할 사람에게 좋다. 대신에 2층에 있는 식당은 상당한 수준의 고급 식당으로서 오스트리아와 프랑스식을 조합한 국제적인 음식을 내놓는다. (70쪽)

데멜
Demel

빈에서 가장 저명한 과자 가게는 데멜(Café Konditorei Demel)이다. 이름처럼 '커피 겸 과자 가게 데멜'이 원래 상호이니 과자 가게로 봐야겠지만, 1층 안쪽과 2층은 카페로서 간단한 식사를 할 수 있다. 대부분의 음식들이 뛰어난데, 그중에서도 오픈 샌드위치가 유명하다. 간단한 빈 음식들은 다 한다. (73쪽)

카페 첸트랄
Café Central

카페의 도시 빈을 대표하는 카페다. 이제 유적지나 다름없다. 과거 세기말의 작가와 화가들이 모이던 곳에서 직접 식사를 한다는 흥분되는 경험을 할 수 있다. 어지간한 빈의 음식들은 다 가능하다. 그러나 음식의 질은 평균 수준 정도이며, 자허나 데멜에는 미치지 못한다. (86쪽)

카페 모차르트
Café Mozart

알베르티나 광장의 유명 카페다. 전후의 카페 모차르트의 모습은 그레이엄 그린의 소설 『제3의 사나이』에 나온다. 이 역사적인 카페에서는 빈 스타일의 식사도 제공하므로 간단히 요기를 하기에도 좋다. (115쪽)

카페 브로이너호프
Café Bräunerhof
구도심 깊숙한 골목 속에 있는 이 카페는 낡을 대로 낡아보여서 입장이 내키지 않는 분들도 있을 것이다. 빈 구도심의 카페들 중에서 수리하지 않고 그대로 남아있는 곳으로는 카페 하벨카 다음으로 꼽힌다. 하지만 적지 않은 사람들이 이곳을 찾는다. 비운의 작가 토마스 베른하르트가 빈에 살 때에 거의 매일 이 허름한 곳에 와서 식사를 하고 신문을 읽었기 때문이다. 그래서 지금도 세계의 문학 애호가들이 이곳을 찾는다. 식사나 음식의 질은 크게 기대하지 않는 것이 좋을 것 같다. (124쪽)

카페 하벨카
Café Hawelka
빈에는 유명한 카페들이 많지만, 카페 하벨카야말로 가장 커피가 맛있는 집이며 진정한 빈 스타일의 커피를 만드는 집으로 많은 사람들이 손꼽는다. 물론 이곳에서 간단한 식사를 할 수도 있다. 하지만 식사의 질은 그리 뛰어나지는 않다. 대신에 이곳에서 개발한 디저트인 '부흐텔른'은 커피와 함께 먹어볼 만하다. (126쪽)

슈테판 대성당 북쪽 지역

에드바르트
Restaurant EDVARD
국제 요리를 중심으로 한 훌륭한 파인 다이닝 식당이다. 과하지 않은 세련됨이 인상적이다. 창의적이면서도 전통을 잊지 않는 뛰어난 요리를 제공한다.

뱅크 브라세리 앤 바
The Bank Brasserie & Bar
파크 하얏트 호텔 내부에 있는 캐주얼한 브라세리 겸 주점이다. 호텔에 속해 있기는 하지만, 출입구가 보그너 가세 쪽으로도 나 있어서 독립된 술집 같은 분위기를 준다. 이 건물이 은행이었다는 사실을 강조하기 위해 은행을 상징하는 구리 등의 금속을 사용해서 육중하고 세련된 인테리어를 보여준다. 아침부터 저녁까지 수준 있는 식사를 제공한다.

카페 암 호프
Café am Hof
파크 하얏트 호텔에 설치된 19세기 빈 스타일의 카페다. 생긴 지 얼마 되지 않아서 자랑할 만한 역사는 없지만, 빈의 유서 깊은 카페들에게 도전장을 내밀었다. 넓은 창으로 보이는 보그너 가세의 전망이 좋고, 파격적으로 화려한 인테리어는 마치 분리파 시대의 별실로 들어온 듯한 기분을 불러일으킨다. 커피나 케이크들은 품질이 뛰어나고 간단한 식사도 훌륭하다. 앞으로 이 카페가 빈의 전통 속에서 살아남을 수 있을지는 지켜보아야 할 것이다. (101쪽)

춤 슈바르첸 카멜
Zum Schwarzen Kameel

보그너 가세의 터줏대감 같은 오래된 카페로서, 상호는 '검은 낙타에게도' 정도의 뜻이다. 많은 종류의 케이크와 오픈 샌드위치가 눈길을 사로잡는데, 이 집에 가장 많은 것은 음식이 아니라 사람들이다. 400년이 넘은 이 집은 유독 편안하게 느껴진다. 음식도 대부분 괜찮은 수준이다.

오펜로흐
Ofenloch

유덴플라츠(유대인 광장) 부근에 있는 전통적인 빈 스타일의 식당으로, 주변의 현지인들에게 좋은 평가를 받고 있다. 오래되었지만 깨끗하고 시스템이 깔끔하다. 빈의 전통 요리는 모두 다 잘하는데, 어느 것 하나 빠지는 것이 없다. 이 부근에 와서 식사할 때에 꼭 기억해둘 만한 장소다.

카페 코르브
Café Korb

1904년에 세워진 카페 코르브는 암 호프와 유대인 광장 지역에서 사랑방 같은 역할을 하는 명소다. 1950년대의 분위기를 간직하고 있는데, 지금도 배우나 작가 같은 예술가들이 많이 찾는다. 지하 화장실의 인테리어 덕에 국제적으로 유명해졌다. 음식도 평판이 좋아서, 많은 예술가나 지성인들이 시내에 나오면 이곳에서 끼니를 해결한다. 특히 애플파이의 일종인 전통 메뉴 아펠슈트루델이 유명하다. (105쪽)

칸티네타 안티노리
Cantinetta Antinori

빈에 왔다고 해서 꼭 오스트리아 음식만 먹다보면 한국 사람은 금방 힘들어질 수도 있다. 이럴 때 이탈리아 음식을 찾는 것도 좋다. 빈에는 아주 뛰어난 이탈리아 식당들이 있다. 피렌체에 있는 아주 유명한 이탈리안 리스토란테인 칸티네타 안티노리는 이탈리아 외에도 취리히와 모스크바 등에 지점을 가지고 있는데, 그중에서도 최고로 꼽히는 지점이 슈테판 성당 건너편에 있는 빈 지점이다. 전통적인 이탈리아 분위기 속에서 확고한 피렌체 풍의 요리를 내놓는다. 모든 메뉴가 피렌체 정통의 맛이다. 직접 와이너리를 운영하는 본점이 있는 만큼, 엄청난 이탈리아 와인 리스트를 갖추고 있기도 하다.

파비오스
Fabios

빈의 젊은 상류층을 중심으로 한때 최고의 인기를 누렸던 고급 식당이다. 럭셔리 쇼핑가의 중심부에 위치한 식당은 바와 비스트로와 레스토랑으로 나뉜 대규모 시설인데, 늘 젊은 멋쟁이로 넘친다. 이탈리아식과 프랑스식을 바탕으로 한 현대적인 요리를 제공하는데, 음식의 수준은 아주 뛰어나다. 저녁에는 바를 찾는 사람도 많다.

카페 알트 빈
Kaffee Alt Wien

빈 구시가지 깊숙한 곳에 숨어 있는 카페다. 서민적인 빈의 분위기가 고스란히 남아 있으며, 아직도 관광객에게 점령되지 않은 카페 중의 하나다. 유명한 카페 주인인 레오폴트 하벨카가 1936년에 열었으며, 그레이엄 그린의 소설 『제3의 사나이』의 주인공이 자주 들르는 곳이기도 하다. 진짜 소박한 빈의 서민적인 음식으로 한 끼를 때우기에 좋은 곳이다. (109쪽)

카페 디글라스
Café Diglas

빈 시민들이 '작은 디글라스(Kleine Diglas)'라고 부르며 사랑하는 곳이다. 아침 식사부터 케이크까지 다 괜찮다. 현지인들과 함께 생활하는 느낌이 드는, 살아있는 카페다. (109쪽)

클라이네스 카페
Kleines Café

이름조차 '작은 카페'인 클라이네스 카페는 빈 구도심의 골목 깊숙한 곳에 있다. 정확히 확인할 수는 없지만 '빈에서 가장 작은 카페'로 알려져 있다. 식사는 맛있다고 하기는 곤란하다. 분위기를 먹는 곳이다. (61쪽)

그리헨바이슬
Griechenbeisl

건물 앞에 있는 커다란 간판과 선전문구들로 보아 고상한 곳은 아니라는 생각도 드는데,

안에 들어가면 오래된 만큼 칙칙한 면도 있다. 그럼에도 불구하고 이곳은 여전히 관광객들에게 인기 높은 식당이며, 여전히 여기저기 언론 기사에 등장하는 곳이기도 하다. '빈에서 가장 오래된 식당'이라는 타이틀을 붙이고 있는데, 설립이 1447년이라니 그 역사가 반세기를 훌쩍 넘었다. 그 덕에 많은 사람들이 찾는 이 식당은 빈의 전통 음식을 제공한다. 음식은 아주 뛰어나지는 않지만, 비너 슈니츨은 평판이 좋다. (110쪽)

빈 국립 오페라극장에서 링 슈트라세의 슈타트파크에 이르는 지역

브리스톨 라운지
Bristol Lounge

브리스톨 호텔의 1층에 있는 장소로서, 과거에 유명했던 고급 식당이 있던 자리다. 원래는 타이타닉 선박 내부의 인테리어를 연상시키는 고급 인테리어를 자랑하던 곳이지만, 최근에 이름을 바꾸고 카페와 같은 스타일로 변환했다. 덕분에 역사적인 분위기에서 보다 가벼운 식사를 저렴하고 편하게 할 수 있는 곳으로 바뀌었다. 식사도 다과도 서비스도 모두 좋다. (195쪽)

르 시엘
Le Ciel

그랜드 호텔의 최상층에 있는, 호텔의 간판격인 식당이다. 격조 있는 분위기 속에서 정통 프랑스 요리를 즐길 수 있다. 창밖으로 빈의 스카이라인을 보면서 하늘의 풍경을 즐길 수 있다. 빈에서 정식으로 누군가를 접대하기에 적합한 분위기다. 점심은 그리 비싸지 않으므로 더욱 추천한다. (197쪽)

운카이
Unkai

그랜드 호텔의 최상층에 있는 유명한 일식당이다. 그랜드 호텔이 전일본공수(ANA)의 소유였을 때 그날 아침에 도쿄의 츠키지 시장에서 구입한 생선이 이곳의 저녁 식탁에 오른다며 크게 유명해졌다. 하지만 지금은 주인도 바뀌었고 더 이상 일본에서 공수하지도 않는(것 같)다. 하지만 여전히 일본의 전통을 지키는, 유럽에서는 뛰어나게 일본다운 일식당 중 하나임에는 분명하다. 점심이나 주말에는 시즌에 맞는 특별 뷔페가 저렴하게 마련되기도 한다. (197쪽)

카페 임페리얼
Cafe Imperial

호텔 임페리얼의 1층에 있는 카페로서 호텔이 처음 개장할 때 함께 만들어졌다. 주변에 관광객이 적은 지역이고 격조가 있어서 편안하게 쉬기에 좋은 곳이다. 음식은 아주 뛰어나서 어지간한 레스토랑의 수준에 뒤지지 않는다. 또한 맛있는 커피와 유명한 임페리얼 토르테(Imperial Torte)도 먹어 보는 게 좋다. (199쪽)

오푸스
Restaurant Opus

임페리얼 호텔 안의 메인 레스토랑이다. 호텔의 격과 어울리는 격식 넘치는 음식을 제공한다. 어디 결점을 잡을 데가 없는 좋은 곳이다. 굳이 흠을 잡자면 너무 완벽하고 너무 정통적이라 개성이 부족하다고나 할까.

카페 슈바르첸베르크
Café Schwarzenberg

링 슈트라세를 건설할 때 함께 세워진 전통적인 카페다. 건축가 요제프 호프만의 인테리어를 지금도 즐길 수 있다. 음식은 카페 중에서는 뛰어난 편으로, 빈 전통 메뉴를 중심으로 좋은 식사를 할 수 있다. (199쪽)

카페 프뤼켈
Café Prückel

막(MAK) 건너편에 있는 카페 프뤼켈은 나치 집권 시대에 독일에서 건너온 예술가들이 지하에서 저항적인 연극을 했던 역사적인 장소다. 주변의 교수나 학생들이 많이 모여드는 곳으로, 간단한 음식도 괜찮은 곳이다. (214쪽)

플라후타
Plachutta Wollzeile

빈에서 빈의 전통 음식으로는 가장 유명한 식당일 것이다. 빈 음식을 체계화하고 귀족들이 주로 즐기던 것들을 대중화시킨 주역이 이 식당이다. 특히 우리나라의 쇠고기 수육과 갈비탕을 연상시키는 타펠슈피츠라는 음식의 본가다. 이 식당이 성공하면서 빈 시내에 대여섯 종류의 식당을 더 내었는데, 모두 맛있고 손님이 많다. 웨이터들이 먹는 법을 친절하게 설명해준다. 초록색 인테리어와 유니폼은 이 식당의 상징인데, 늘 사람들이 아주 많으며 온 실내가 즐거운 활기로 넘친다. 기다리지 않으려면 예약을 하는 게 좋다.

로카
Loca

작고 소박한 식당이지만, 어쩌면 빈에서 만날 수 있는 최고의 요리를 제공하는 식당일지도 모른다. 가장 좋은 유기농 재료를 바탕으로, 작은 부엌에서 창의적으로 조리된 음식들은 모두 산뜻하고 건강하며 또한 맛있다. 최고의 메뉴는 요리사가 알아서 그날의 좋은 재료로 만드는 테이스팅 메뉴다. 빈에 왔다면 한 번은 먹어볼 가치가 충분한 곳이다.

실비오 니콜
Silvio Nickol

호텔 팔레 코부르크 레지덴츠 안에 있는 시그니처 레스토랑이다. 스타 셰프인 실비오 니콜의 이름을 내세우면서 몇 년째 빈에서 가장 럭셔리한 식당의 자리를 지키고 있다. 그런 쪽으로 취미가 있다면 한 번은 가볼 만할 것이다. 인테리어나 분위기는 극히 럭셔리하다. 계절마다 바뀌는 주방장의 테이스팅 메뉴가 유명하며, 최고급 와인을 중심으로 한 와인 컬렉션은 5,000종이 넘는다.

인도치네 21
Indochine 21

빈에는 많은 아시아 식당이 있지만, 동남아시아 식당 중에서 가장 고급에 속하는 곳이다. 이름처럼 베트남 음식을 중심으로 태국, 인도네시아, 중국, 일본 등의 다양한 요리가 가미된 아시아 음식을 취급한다. 분위기는 시크하다.

슈타이어레크
Steirereck

슈타트파크 안의 낭만적인 건물에 들어있는 아름다운 식당이다. 한때는 미슐랭 가이드의 별 세 개를 받았던 곳으로, 여전히 빈의 대표적인 식당 중 하나다. 오스트리아 각지의 좋은 음식을 프랑스풍의 요리법을 가미하여 제공하며, 오스트리아를 대표하는 와인들을 잘 구비하고 있다. 점심은 그리 비싸지 않으며, 꼭 예약을 하는 것이 좋다.

시청과 부르크 극장 주변

라트하우스켈러
Rathauskeller

빈 시청사 지하에 있는 거대한 식당이다. 1899년에 개장한 유서 깊은 곳으로, 면적이 1

천 평에 이른다. 처음에 시청에서 설립한 만큼 빈을 대표하는 대형 와인저장소를 갖추고, 내부도 전통적인 빈 스타일의 인테리어로 되어 있다. 빈의 유명 음악가들의 이름을 딴 라너잘이나 레하르잘 같은 단체용 방들이 있다. 빈의 전통적인 음식들을 제공하며, 수준은 괜찮다. (167쪽)

카페 란트만
Café Landtmann

명성 높은 카페 란트만은 좋은 식당이기도 하다. 130년이 넘은 이곳은 프로이트를 위시하여 펠릭스 잘텐이나 페터 알텐부르크 같은 작가들도 즐겨 식사를 했던 곳이다. 뛰어난 요리를 노련한 웨이터들이 제공하는데, 빈 음식 외에도 샌드위치나 샐러드 혹은 파스타 등도 괜찮다. (169쪽)

페스티불
Vestibul

부르크 극장의 유명한 계단실 아래에 만들어진 럭셔리 레스토랑이다. 원래 이곳은 황제의 마차가 들어오던 현관 같은 곳이라, 이런 건축 용어가 식당 이름이 되었다. 스놉과 엘레강스의 사이를 아슬아슬하게 오가는 집이다. 유기농의 최고급 재료만을 사용하는데, 프랑스 음식을 바탕으로 한 국제적인 요리를 내놓는다. 빈 사람들도 특별한 외식을 할 때에 찾는 집이다. 과거 살롱의 마담 같은 역할을 하는 여주인의 환대도 이 집의 특징 중 하나다.

므라츠 앤 존
Mraz & Sohn

작은 식당이지만 상당히 개성이 넘치는 흥미로운 곳이다. 창작 요리를 표방하는 곳으로 국제 요리의 범주라고 할 수 있다. 나름대로 빈 시내에서 마니아층을 거느리고 있는 곳이다.

김소희 식당
Kim

빈에서 성공한 한식당이다. 빈 시민들에게 한식의 매력을 알린 공로가 크다. 세팅은 유럽식으로서 조심스럽게 다양한 한식을 보여준다. 완전한 한식 메뉴도 있지만, 김소희 셰프가 나름대로 현지의 방식을 가미해서 어느 정도 오스트리아 스타일에 가까운 것도 있다. 가격은 다른 유럽의 한식당에 비해서 싸지는 않다. 서빙이 느린 것이 불편할 수도 있다.

카페 무제움
Cafe Museum

아돌프 로스가 인테리어를 했다는 사실만으로도 여전히 많은 사람들이 찾는 카페다. 여러 역사를 거쳐서 다시 로스가 만든 스타일을 조금이나마 회복했다고 한다. 몇 가지의 빈 스타일의 식사를 제공한다. 장소의 역사성에 비해서 음식은 평범한 편이다. (231쪽)

카페 슈페를
Café Sperl

빈의 전통 카페의 모습을 가장 잘 보존하고 있어서 문화재로 지정된 카페다. 영화에까지 나오는 바람에 관광객들이 줄을 선다. 내부는 분명 한 번 들어가서 볼 가치가 있다. 커피와 케이크는 맛있다. 하지만 식사는 그저 그런 편이다. (254쪽)

카페 드레흐슬러
Café Drechsler

100년 역사를 가진 유서 깊은 카페다. 원래 새벽에 술꾼들을 상대로 하여 성공한 곳으로, 우리로 치면 해장국집 같은 곳이다. 빈의 전통적인 메뉴를 제공한다. 물론 해장국은 없다. (260쪽)

외곽 지역

르 로프트
Le Loft

도나우강 건너편에 있는 소피텔 호텔에 위치한 식당이다. 장 누벨이 만든 멋진 현대식 빌딩의 18층에서 해가 넘어가는 빈 시내의 전경을 바라보면서 식사를 하는 경험 자체가 커다란 매력이다. 프랑스 요리에 오스트리아 와인이 가미된 식사 역시 뛰어나다.

카페 돔마이어
Café Dommayer

히칭 지역에 있는 유명한 카페다. 요한 슈트라우스 2세가 아버지의 방해를 받아가면서 자신의 악단을 이끌고 데뷔 공연을 했던 곳이다. 지금은 그 전통을 잇는 카페 겸 식당으로서, 빈의 전통 식사들을 제공한다. (304쪽)

가는 방법

빈
Wien

항공 인천-빈 직항 항공편은 대한항공이 일주일에 3회 운항하고 있다. 물론 유럽의 다른 허브 공항을 통해서도 갈 수 있다. 경유하는 편으로는 루프트한자가 편수가 많고, 터키항공이 비행시간이 적게 걸리는 편이다.
빈 공항 홈페이지 www.viennaairport.com

열차 최근에 새롭게 지어진 빈 중앙역(Hauptbahnhof)으로 대부분의 국제열차가 들어온다. 그 외 마이들링(Wien Meidling)역과 미테(Wien Mitte)역도 국제열차가 여전히 이용하고 있다. 빈은 특히 동유럽 교통의 거점으로 브라티슬라바, 부다페스트, 프라하, 류블랴나 등 각국과 연결편이 많다. 이탈리아와 독일로는 야간열차도 이용할 수 있다.
베를린 : 직행 1일 1편 7시간 40분 소요, 야간열차 약 12시간 30분.
베네치아 : 산타루치아 역까지 7시간 40여분 소요, 야간열차 약 11시간 소요.
뮌헨 : 직행 1일 7편 약 4시간 소요
프라하 : 직행 1일 12편 4시간 소요
부다페스트 : 직행 1일 13편 약 2시간 30분 소요
브라티슬라바 : 직행 1일 20편 이상, 50분~1시간10분 소요
잘츠부르크 : 2시간 20분~30분 소요.
오스트리아 철도청 www.oebb.at
유레일 열차시각표 www.eurail.com/en/plan-your-trip/eurail-timetable

빈 공항에서 시내로 들어가기

직행열차 빈 공항에서 빈 시내에 가까운 미테(Mitte)역까지 직행열차가 운행한다. CAT(City Airport Train)을 이용하면 16분 만에 시내로 간다. 편도 12유로이며 왕복은 21유로다. 미테역에서 U-Bahn U3, U4 혹은 S-Bahn을 이용할 수 있다. 미테역에서 슈테판 성당까지는 도보로 10분 거리다.
공항 출발 : 첫차 06:09, 막차 23:39 (매시 9분, 39분에 출발)
미테역 출발 : 첫차 05:37, 막차 23:07 (매시 7분, 37분에 출발)
CAT홈페이지 www.cityairporttrain.com

열차 공항 기차역(Flughafen Wien)에서 잘츠부르크행 열차로 빈 중앙역까지 15분 소

요. S-Bahn S7을 이용해서 미테역까지 갈 수 있다.

하일리겐슈타트
Heiligenstadt

빈 시내에서 U-Bahn 하일리겐슈타트(Heiligenstadt)행 U4를 타고 종점인 하일리겐슈타트 중앙역 하차. S-Bahn S40을 타고 하일리겐슈타트역에서 하차. 쇼텐토어(Schottentor)에서 트램 D선 또는 그린칭(Grinzing)행 버스 38A로도 갈 수 있다.

베토벤 박물관 (유서의 집)
Beethoven Museum

하일리겐슈타트 중앙역 앞에서 38A 버스 칼렌베르크(Kahlenberg)행을 타고 다섯 정거장 후인 암브루스터 가세(Ambrustergasse) 정거장에서 하차 후, 도보로 3분.
개관 화요일 ~ 일요일, 공휴일, 10~13시, 14~18시, 12월24일, 12월31일 : 10~13시
휴관 월요일, 1월1일, 1월5일, 12월25일
주소 Probusgasse 6, 1190 Wien
홈페이지 www.wienmuseum.at/de/standorte/beethoven-museum.html

슈타인호프 교회 및 슈타인호프 병원
Kirche am Steinhof, Sozialmedizinisches Zentrum Baumgartner Höhe Otto-Wagner-Spital

폭스테아터(Volkstheatre) 앞에서 48A 버스 또는 U4를 타고 운터 장크트 바이트(Unter St.Veit)역에서 내려, 47A 버스로 환승. Otto-Wagner-Spital 정류장 하차. 정류장에서 교회까지 도보로 6분.
교회개관 토요일 16~17시, 일요일 12~16시, 투어 : 토요일 15시, 일요일 16시
　　　　미사 : 일요일 9시30분, 휴일미사 10시30분
주소 Baumgartner Höhe 1 , 1140 Wien
홈페이지 교회 : www.kz-gedenkstaette-dachau.de, 병원 : www.wienkav.at/kav

쓰레기소각장
Müllverbrennungsanlage Spittelau - Hundertwasser

기차 혹은 국철 S-Bahn S40을 이용하면 슈피텔라우 중앙역(Wien Spittelau Hbf)에서 하차. 또는 U4, U6선을 이용하여 슈피텔라우(Spittelau)역에서 하차하면 보인다.
주소 Spittelauer Lände 45, 1090 Wien
홈페이지 www.wienenergie.at/eportal3/ep/channelView.do/pageTypeId/67856/channelId/-51177

중앙묘지
Wiener Zentralfriedhof

시청(Rathhaus)앞이나 카를스플라츠(Karlsplatz)에서 71번 트램 또는 지머링(Simmering)역에서 6번 트램을 이용. 중앙묘지인 첸트랄프리드호프(Zentralfriedhof) 1~3 Tor 역 하차. 정문은 제2문(Tor 2)다. 음악인의 묘지를 가려면 정문으로 들어가서 직진하면 나타난다. 정문에서 오디오가이드를 빌릴 수 있고, 투어도 가능하다.

주소 Simmeringer Hauptstrasse 234, 1110 Wien
홈페이지 www.friedhoefewien.at/eportal3/ep/tab.do/pageTypeId/75473
빈 대중교통 홈페이지 www.wienerlinien.at

바덴 (바덴 바이 빈)
Baden bei Wien

빈 중앙역(Wien Bahnhof) 혹은 마이들링(Wien Meidling)역에서 바덴 바이 빈 중앙역(Baden bei Wien Bahnhof)까지 10분~20분 간격으로 출발한다. 소요시간 약 30분.

마이얼링 수도원
Mayerling Cistercian Abbey Stift Heiligenkreuz

빈에서 바로 가기는 복잡하고, 바덴 바이 빈에서 직행 버스가 있다. 바덴 바이 빈 중앙역 앞에서 459번 버스를 타고 30여분 달려 하일리겐크로이츠 바덴 슈티프트(Heiligenkreuz b. Baden Stift/Badner Tor) 정거장에서 하차 후, 100미터 가량 도보로 이동하면 된다.

개관 8시-12시30분 / 13시-17시15분
홈페이지 https://www.stift-heiligenkreuz.org

아이젠슈타트
Eisenstadt

빈 중앙역에서 아이젠슈타트 중앙역까지 한 시간마다 직행이 있고, 불카프로더스도르프(Wulkaprodersdorf)역에서 환승 가능하다. 약 1시간 10분 소요.

툴른
Tulln an der Donau

빈 프란츠 요제프(Wien Franz Josefs Bahnof) 역에서 기차 혹은 S-Bahn이 각각 30분 간격으로 툴른 중앙역(Tulln/Donau Bahnhof)까지 간다. 약 40분 소요. 툴른 시내는 중앙역 다음 역인 Tulln/Donau Stadt Bahnhof역에서 내리는 편이 접근이 용이하다.

빈 추천 투어 코스

제1코스
빈 국립 오페라극장에서 그라벤까지의 구도심 반나절 코스

빈 국립 오페라극장 → 카페 게르스트너 → 카페 자허 → 호텔 자허 → 케른트너 슈트라세 → 무지크 뮐러 → 다 카포 → 음악의 집 → 케른트너 슈트라세 → EMI → J. & L. 로브마이어 → 로스 아메리칸 바 → 슈테판 대성당 → 하스 운트 하스 → 하스 하우스 → 그라벤 → 앙커 하우스 → 알트만 운트 퀴네 → 게네랄리 호프 → 크니체 → 그라벤 호프 → 페스트조일레 → 성 페터 성당 → 율리우스 마이늘 → 여기서 투흐라우벤 방향(제2코스)과 콜마르크트 거리 방향(제3코스)으로 나누어짐

제2코스
그라벤에서 슈테판 성당 북쪽으로 보다 한가한 구도심 반나절 코스

율리우스 마이늘 → 투흐라우벤 → 보그너 가세 → 카페 춤 슈바르첸 카멜 → 뱅크 브라세리 바 → 카페 암 호프 → 파크 하얏트 → 암 호프 광장 → 암 호프 교회 → 유대인 광장(유덴 플라츠) 및 홀로코스트 기념비 → 유대인 박물관 → 카페 코르브 → 슈테판 성당 → 모차르트하우스 (모차르트 박물관) → 슈테판 성당 → 카페 디글라스 → 카페 알트 빈

제3코스
그라벤에서 알베르티나까지 보다 복잡한 골목의 구도심 반나절 코스

율리우스 마이늘 → 콜마르크트 거리 → 데멜 → 만츠 → 미하엘 광장 → 로스 하우스 → 여기서 헤렌 가세로 가서 카페 첸트랄까지 다녀올 수도 있다 → 헤렌 가세 → 카페 첸트랄 → 미하엘 광장 → 로덴 플랑클 → 빌마이어 → R. 호른스 → 카페

브로이너호프 → 도로테움 → 도로테움 주변의 갤러리 골목들을 자유롭게 즐긴다 → 무지크하우스 도블링거 → 카페 하벨카 → 아우가르텐 도자기 → 극장 박물관 → 카페 모차르트 → 알베르티나 (알베르티나를 제대로 즐기려면 반나절 정도는 더 할애해야 한다)

알베르티나에서 호프부르크 궁전을 거쳐 무제움스 콰르티어까지 반나절 코스 　제4코스

알베르티나 광장 → 아우구스티너 슈트라세 → 스페인 승마학교 → 요제프 광장 → 오스트리아 국립 도서관 → 호프부르크카펠레(궁정 교회) → 미하엘 광장 → 호프부르크 궁전 → 시시 박물관 → 황실 박물관 → (부르크 정원) → 헬덴플라츠(영웅 광장) → 링 슈트라세 방면으로 나온다 → 마리아 테레지아 광장(마리아 테레지아 좌상) → 미술사 박물관 → 자연사 박물관 → 무제움스 콰르티어(MQ) → 레오폴트 미술관 → 발터 쾨니히 서점 → 무목(MUMOK) → 빈 폭스 오페라 극장 → 제5코스로 이어진다

시청 광장 부근의 반나절 코스 　제5코스

국회의사당 → 시청 광장 → 시청 공원 → 빈 시청사 → 라트하우스켈러 → 부르크 극장 → 리히텐슈타인 도시 궁전 → 여기서 코스를 바꾸어 북쪽으로 가면 카페 첸트랄과 이어져 구도심으로 들어갈 수 있다 → 카페 란트만 → 베토벤 파스콸라티하우스 → 빈 대학 (안마당, 도서관, 강당) → 지그문트 프로이트 공원 → 포티프키르헤(봉헌교회) → 지그문트 프로이트 박물관

제6코스
빈 국립 오페라극장에서 남쪽으로 나슈마르크트에 이르는 반나절 코스

빈 국립 오페라극장 → 카페 무제움 → 카를스플라츠역 → 카를 광장 → 브람스 기념상 → 빈 박물관 → 무지크페라인 → 뵈젠도르퍼 → 카를 교회 → 빈 공대 → 제체시온 → 실러 광장 → 빈 미술 아카데미 → 제체시온 → 카페 슈페를 → 나슈마르크트 → 안 데어 빈 극장 → 카페 드레흐슬러 → 무젠하우스 폰 오토 바그너 (빈차일렌호이저, 마욜리카하우스) → 문학의 집 → 포노 박물관 → 슈베르트 최후의 집 → 카를 광장

제7코스
빈 국립 오페라극장에서 링 슈트라세를 따라 슈타트파크 방면으로 반나절 코스

빈 국립 오페라극장 → 링 슈트라세 → 호텔 임페리얼 → 카페 임페리얼 → 무지크페라인 → 뵈젠도르퍼 → 카페 슈바르첸베르크 → 여기서 링 슈트라세를 건너 슈바르첸베르크 광장 방면으로 가면 제8코스로 이어진다 → 빈 콘체르트하우스 → 베토벤 광장 (베토벤 좌상) → 슈타트파크 (쿠어 살롱, 요한 슈트라우스상, 슈베르트상, 브루크너상) → 북쪽 입구로 나온다 → 카페 프뤼켈 → 막(MAK) → 빈 응용 미술 대학 → 연방정부 청사 → 저축중앙은행

제8코스
카페 슈바르첸베르크에서 벨베데레 궁전 방면으로 반나절 코스

카페 슈바르첸베르크 → 슈바르첸베르크 광장 → 벨데베레 궁전 하궁의 남쪽 입구 → 여기가 잠겨 있는 경우도 있는데, 그러면 상궁의 북쪽 입구로 가야한다) → 벨베데레 하궁 → 벨베데레 정원 → 벨베데레 상궁 → 북쪽 입구로 나와서 → 벨베데레 21 → 군사 역사 박물관

풍월당 문화 예술 여행 04
빈

초판 1쇄 펴냄   2019년 10월 15일
초판 2쇄 펴냄   2023년 5월 4일

지은이   박종호

펴낸곳   풍월당
                06018 서울시 강남구 도산대로 53길 39, 4층
                전화 02-512-1466   팩스 02-540-2208
                www.pungwoldang.kr
출판등록일   2017년 2월 28일
등록번호   제2017-000089호

ISBN 979-11-89346-08-9 14980
ISBN 979-11-960522-4-9 14980 (세트)

이 책의 판권은 지은이와 출판사에 있습니다.
이 책 내용의 일부 또는 전부를 재사용하려면 반드시 양측의 동의를 얻어야 합니다.

이 책은 아리따 글꼴을 사용하여 디자인 되었습니다.